ZfB Sonderhefte

Erfolgreich durch E-Management
Horst Albach/Horst Wildemann (Hrsg.)
E-Business
Management mit E-Technologien
2001. X, 162 S. (ZfB-Ergänzungsheft, Bd. 3/2001) Br. € 49,00
ISBN 3-409-11876-4

Unternehmen besser führen
Horst Albach/Peter-J. Jost (Hrsg.)
Theorie der Unternehmung
2001. XIV, 194 S. (ZfB-Ergänzungsheft, Bd. 4/2001) Br. € 49,00
ISBN 3-409-11883-7

State-of-the-Art des Marketing
Horst Albach/Christoph Weiser (Hrsg.)
Marketing-Management
2002. XIV, 190 S. (ZfB-Ergänzungsheft, Bd. 1/2002) Br. € 49,00
ISBN 3-409-11984-1

Evolution der Unternehmung
Horst Albach/Bernd Schauenberg (Hrsg.)
Unternehmensentwicklung im Wettbewerb
2002. XII, 164 S. (ZfB-Ergänzungsheft, Bd. 2/2002) Br. € 49,00
ISBN 3-409-11996-5

- **Bestell-Coupon** -----------------------
Fax: 0611.7878-420

Ja, ich bestelle zur sofortigen Lieferung:

☐ Albach/Wildemann (Hrsg.)
E-Business
Br. € 49,00
ISBN 3-409-11876-4

☐ Albach/Jost (Hrsg.)
Theorie der Unternehmung
Br. € 49,00
ISBN 3-409-11883-7

☐ Albach/Weiser (Hrsg.)
Marketing-Management
Br. € 49,00
ISBN 3-409-11984-1

☐ Albach/Schauenberg (Hrsg.)
Unternehmensentwicklung im Wettbewerb
Br. € 49,00
ISBN 3-409-11996-5

Vorname und Name

Straße (bitte kein Postfach)

PLZ, Ort

Unterschrift   321 01 006

Änderungen vorbehalten Erhältlich beim Buchhandel oder beim Verlag   Abraham-Lincoln-Str. 46, 65189 Wiesbaden, Tel: 0611.7878-124, www.gabler.de

Zeitschrift für Betriebswirtschaft

Ergänzungsheft 5/2002

Gründungs- und Überlebenschancen
von Familienunternehmen

ZfB-Ergänzungshefte

1/99 Innovation und Investition
Schriftleitung: Horst Albach
142 Seiten. ISBN 3 409 13958 3

2/99 Innovation und Absatz
Schriftleitung: Horst Albach
176 Seiten. ISBN 3 409 11455 6

3/99 Finanzmanagement 1999
Schriftleitung: Horst Albach
212 Seiten. ISBN 3 409 11509 9

4/99 Planung und Steuerung von Input-Output-Systemen
Schriftleitung: Horst Albach/Otto Rosenberg
178 Seiten. ISBN 3 409 11493 9

5/99 Krankenhausmanagement
Schriftleitung: Horst Albach/Uschi Backes-Gellner
209 Seiten. ISBN 3 409 13959 1

1/2000 Corporate Governance
Schriftleitung: Horst Albach
152 Seiten. ISBN 3 409 11600 1

2/2000 Virtuelle Unternehmen
Schriftleitung: Horst Albach/Dieter Specht/Horst Wildemann
260 Seiten. ISBN 3 409 11628 1

3/2000 Hochschulorganisation und Hochschuldidaktik
Schriftleitung: Horst Albach/Peter Mertens
223 Seiten. ISBN 3 409 13960 5

4/2000 Krankenhausmanagement 2000
Schriftleitung: Horst Albach/Uschi Backes-Gellner
160 Seiten. ISBN 3 409 11764 4

1/2001 Personalmanagement 2001
Schriftleitung: Horst Albach
188 Seiten. ISBN 3 409 11801 2

2/2001 Controlling-Theorie
Schriftleitung: Horst Albach/Ulf Schiller
160 Seiten. ISBN 3 409 11833 0

3/2001 E-Business
Schriftleitung: Horst Albach/Horst Wildemann
162 Seiten. ISBN 3 409 11876 4

4/2001 Theorie der Unternehmen
Schriftleitung: Horst Albach/Peter J. Jost
193 Seiten. ISBN 3 409 11883 7

1/2002 Marketing-Management
Schriftleitung: Horst Albach/Christoph Weiser
190 Seiten. ISBN 3 409 11984 1

2/2002 Unternehmensentwicklung im Wettbewerb
Schriftleitung: Horst Albach/Bernd Schauenberg
164 Seiten. ISBN 3 409 11996 5

3/2002 Privatisierung von öffentlichen Unternehmen
Schriftleitung: Horst Albach/Eberhard Witte
117 Seiten. ISBN 3 409 12075 0

4/2002 Sportökonomie
Schriftleitung: Horst Albach/Bernd Frick
262 Seiten. ISBN 3 409 12282 6

Gründungs- und Überlebenschancen von Familienunternehmen

Schriftleitung

Prof. Dr. Dr. h.c. mult. Horst Albach
Prof. Dr. Andreas Pinkwart, MdB

GABLER

Die Deutsche Bibliothek – CIP-Einheitsaufnahme

Zeitschrift für Betriebswirtschaft : ZfB. – Wiesbaden :
Betriebswirtschaftlicher Verl. Gabler
   Erscheint monatl. – Aufnahme nach Jg. 67, H. 3 (1997)
   Reihe Ergänzungsheft: Zeitschrift für Betriebswirtschaft /
   Ergänzungsheft. – Fortlaufende Beil.: Betriebswirtschaftliches
   Repetitorium. – Danach bis 1979: ZfB-Repetitorium
   ISSN 0044-2372
2002, Erg.-H. 5. Gründungs- und Überlebenschancen
von Familienunternehmen
Gründungs- und Überlebenschancen von Familienunternehmen /
Schriftl.: Horst Albach, Andreas Pinkwart – Wiesbaden : Gabler, 2002
   (Zeitschrift für Betriebswirtschaft ; 2002, Erg.-H. 5)
   ISBN 978-3-409-12330-3

Alle Rechte vorbehalten

© Betriebswirtschaftlicher Verlag Dr. Th. Gabler GmbH, Wiesbaden 2002
Lektorat: Ralf Wettlaufer/Annelie Meisenheimer

Der Gabler Verlag ist ein Unternehmen der Fachverlagsgruppe BertelsmannSpringer

Das Werk einschließlich aller seiner Teile ist urheberrechtlich geschützt. Jede Verwertung außerhalb der engen Grenzen des Urheberrechtsgesetzes ist ohne Zustimmung des Verlags unzulässig und strafbar. Das gilt insbesondere für Vervielfältigungen, Übersetzungen, Mikroverfilmungen und die Einspeicherung und Verarbeitung in elektronischen Systemen.

http://www.gabler.de
http://www.zfb-online.de

Höchste inhaltliche und technische Qualität unserer Produkte ist unser Ziel. Bei der Produktion und Verbreitung unserer Bücher wollen wir die Umwelt schonen: Dieses Buch ist auf säurefreiem und chlorfrei gebleichtem Papier gedruckt. Die Einschweißfolie besteht aus Polyäthylen und damit aus organischen Grundstoffen, die weder bei der Herstellung noch bei der Verbrennung Schadstoffe freisetzen.

Die Wiedergabe von Gebrauchsnamen, Handelsnamen, Warenbezeichnungen usw. in diesem Werk berechtigt auch ohne besondere Kennzeichnung nicht zur der Annahme, daß solche Namen im Sinne der Warenzeichen- und Markenschutz-Gesetzgebung als frei zu betrachten wären und daher von jedermann benutzt werden dürften.

ISBN 978-3-409-12330-3   ISBN 978-3-322-90859-9 (eBook)
DOI 10.1007/978-3-322-90859-9

Inhalt

Zeitschrift für Betriebswirtschaft, Erg.-Heft 5/2002

Editorial VII

Die Evolution von Unternehmen im Haushalts- und Familienkontext – Grundgedanken zu einer Theorie sozioökonomischer Hybridsysteme
Prof. Dr. Michael-Burkhard Piorkowsky, Bonn 1

Indikatoren für Erfolg und Überlebenschancen junger Unternehmen
Univ.-Prof. Dr. Axel G. Schmidt, Trier 21

Die Unternehmensgründung als Problem der Risikogestaltung
Prof. Dr. Andreas Pinkwart, MdB Siegen 55

Netzwerkbildung und Gründungserfolg
Prof. Dr. Peter Witt, Vallendar, Dr. Stephanie Rosenkranz, Bonn 85

Entrepreneurial Teams – A Survey of German and US Empirical Studies
Dr. Thomas Mellewigt, Mainz, Dipl.-Hdl. Julia F. Späth, Mainz 107

Gründungs-Controlling als Erfolgsfaktor
Prof. Dr. Johannes Georg Bischoff, Wuppertal 127

Einige grundsätzliche Bemerkungen zum Bewertungsproblem beim Börsengang junger Unternehmen
Prof. Dr. habil. Thomas Hering, Hagen (Westf.),
Dipl.-Kfm. Dr. Michael Olbrich, Hagen (West.) 147

Hat das Familienunternehmen eine Zukunft?
Prof. Dr. Horst Albach, Bonn 163

ZfB · Grundsätze und Ziele XII
ZfB · Herausgeber/Internationaler Herausgeberbeirat XIII
ZfB · Impressum/Hinweise für Autoren XIV

Innovation in der Organisation

Die Edition der Schweizerischen Gesellschaft für Organisation (SGO) hat sich bereits seit Jahre als fachlich hochstehende und gleichzeitig praxisorientierte Reihe für Managementliteratur ir deutschsprachigen Raum fest etabliert.

Wilfried Krüger (Hrsg.)
Excellence in Change
Wege zur strategischen
Erneuerung
2., vollst. überarb. Aufl.
2002. 370 S.
Geb. € 44,50
ISBN 3-409-21578-6

Rolf Wunderer / Sabina von Arx
**Personalmanagement
als Wertschöpfungs-Center**
Unternehmerische
Organisationskonzepte für
interne Dienstleister
3., akt. Aufl. 2002. 357 S.
Geb. € 49,90
ISBN 3-409-38966-0

Oskar Grün /
Jean-Claude Brunner
Der Kunde als Dienstleiste
Von der Selbstbedienung
zur Co-Produktion
2002. 263 S.
Geb. € 39,00
ISBN 3-409-12003-3

Manfred Bruhn
Integrierte Kundenorientierung
Implementierung einer kundenorientierten
Unternehmensführung
Unter Mitarbeit von Astrid Frommeyer /
Karsten Hadwich / Mark Richter / Sven Tuzovic
2002. 282 S.
Geb. € 39,90
ISBN 3-409-12004-1

Gründungs- und Überlebenschancen von Familienunternehmen

Die Euphorie der Gründung von „start-ups" im e-commerce-Bereich ist vergangen. Im Mittelpunkt des betriebswirtschaftlichen Interesses steht nicht mehr der Gründungsprozess solcher Unternehmen. Zwei Probleme beschäftigen heute die Betriebswirtschaftslehre:

1. Wie kann man das Überleben von Unternehmen sichern, die vor allem im letzten Dezennium, meist als Familienunternehmen, gegründet worden sind? Die Beantwortung dieser Frage enthält im Allgemeinen auch Hinweise auf die Überlebenschancen von Familienunternehmen allgemein.
2. Wie wird der exitus von start-ups, vor allem von e-commerce-Unternehmen betriebswirtschaftlich optimal gesteuert?

Mit dem ersten Problem beschäftigt sich dieses Ergänzungsheft der ZfB. Das zweite Problem wird in einem zweiten Ergänzungsheft der ZfB behandelt, das in Kürze erscheint.

In der betriebswirtschaftlichen Gründungsforschung wird zwar immer wieder und vorwiegend anekdotisch auf die bedeutende Rolle hingewiesen, die der Ehepartner im Gründungsgeschehen und für den Gründungserfolg spielt, es wird dagegen wenig theoretische Aufmerksamkeit der Einheit von Haushalt und Unternehmen im Gründungsgeschehen gewidmet. Das ist in der landwirtschaftlichen Betriebswirtschaftslehre ganz anders. In der Landwirtschaft bilden Haushalt und Betrieb im Allgemeinen immer noch eine Einheit. Für viele Unternehmensgründungen im Dienstleistungsbereich ist eine solche Einheit ebenfalls typisch. Aber auch im gewerblichen Bereich spielt der Haushalt der Gründerperson eine bedeutende Rolle, und sei es nur, weil der Partner und die Kinder im jungen Unternehmen mitarbeiten oder weil ihr anderswo erworbenes Einkommen zum Haushaltseinkommen beiträgt und damit die Risiken des jungen kleinen Unternehmens absichern hilft.

Der Beitrag von Michael-Burkhard Piorkowsky lenkt den Blick auf diese Einheit von Haushalt und Unternehmen. Er gibt nicht nur einen schönen Überblick über die Fülle an Literatur, die, von der Betriebswirtschaftslehre zu wenig beachtet, in der landwirtschaftlichen Betriebswirtschaftslehre hierzu entstanden ist, sondern zeigt anhand verschiedenster statistischer Quellen auf, welche große Bedeutung den Unternehmen zukommt, die sich in sehr enger Verbindung mit den Gründerhaushalten entwickeln. Wir haben deshalb auch den Beitrag von Piorkowsky an den Anfang dieses Ergänzungsheftes gestellt.

Einen Beitrag von Horst Albach stellen wir an den Schluss dieses Heftes. Er versucht die häufig von mittelständischen Unternehmen an ihn gerichtete Frage zu beantworten: „Hat das Familienunternehmen eine Zukunft?" Dieser Beitrag ist, um das Vorwort von Spoerl in seiner „Feuerzangenbowle" abzuwandeln, ein „Loblied auf die Theoretiker, aber es ist möglich, dass sie es nicht merken". Er speist sich aus empirischen Untersuchungen, aus praktischen Erfahrungen, die in Beirats- und Aufsichtsrattätigkeit gewonnen wurden, aus dem Studium von Firmenfestschriften und verleugnet auch seinen teilweise anekdotischen Charakter nicht. Die Betonung von „Öffnungsmanagement" und „Präzisionsmanagement" als den beiden Führungsaufgaben, welche die Überlebenschancen von Familienunternehmen verbessern, mag, so hoffen wir, sowohl theoretisch interessant als auch für die Praxis der Familienunternehmen anregend sein.

Editorial

Zwischen diesen beiden Aufsätzen finden sich fünf Arbeiten, die sich mit den Überlebenschancen vorwiegend junger Unternehmen beschäftigen, und ein Aufsatz, der die Verbesserung der Überlebenschancen durch Börsengang untersucht.

Einen sehr schönen Überblick über die in der Literatur vorgeschlagenen Maße für die Beurteilung des Erfolgs junger Unternehmen und für die Abschätzung der Überlebenschancen von Familienunternehmen gibt Axel Schmidt. Er zeigt, dass man gerade bei jungen Familienunternehmen nicht nur den Shareholder Value oder den Unternehmenswert und ihre Steigerung im Laufe der Zeit zugrunde legen darf. Vielmehr ist aus objektiven, subjektiven, finanziellen und immateriellen Größen ein mehrdimensionales Erfolgsmaß zu bilden, das eine klare Trennung von erfolgreichen und weniger erfolgreichen Familienunternehmen erlaubt. Schmidt schlägt darüber hinaus vor, phasenspezifische Erfolgsmaße zu verwenden. Er unterscheidet die Gründungsphase, die Phase der Etablierung und die Phase der Normalisierung und entwickelt für jede dieser Phasen geeignete Erfolgsindikatoren.

Andreas Pinkwart geht das Problem der Überlebenschancen von start-ups direkt an. Sein Beitrag beschäftigt sich mit den Gründungsrisiken und ihrer Bewältigung. Damit stellt sich Pinkwart in direkten Gegensatz zur Unternehmertheorie von Joseph Schumpeter, der, wenn auch nicht die Risiken des Überlebens von Unternehmen, so doch die Risiken des Unternehmers leugnete. Schumpeter ging so weit zu behaupten, dass der Unternehmensgründer nicht einmal in Erwägung zöge, dass es Gründungs- und Überlebensrisiken gäbe. Pinkwart untersucht weitere Unternehmertheorien auf ihren methodischen Ansatz zur Behandlung von Unternehmerrisiken. Er plädiert für ein ausgefeiltes System des Risiko-Controlling zur Sicherung des Überlebens von Familienunternehmen und stellt die „Riskadjusted Balanced Scorecard" als ein hilfreiches Instrument zur laufenden Überwachung der Unternehmensentwicklung vor.

In den Anfängen der Gründungsforschung ist der Gründerpersönlichkeit, der Gründungsidee und dem Business Plan besondere Aufmerksamkeit geschenkt worden. Sie wurden als die entscheidenden Voraussetzungen für positive Überlebenschancen einer Unternehmensgründung angesehen. Spätere Untersuchungen zeigten, dass sich die Erfolgschancen verbessern, wenn nicht ein einzelner Gründer, sondern ein Team die Gründung vornimmt. Die Überlebenschancen steigen im Verlaufe der Entwicklung des Unternehmens, wenn sich die Gründungsidee gegenüber der Gründerpersönlichkeit in einer „egoless company" verselbständigt. In jüngerer Zeit wurde das Umfeld des Unternehmensgründers bzw. der Unternehmensgründer zur Beurteilung der Überlebenschancen einer Unternehmensgründung herangezogen. Mit dem Zusammenhang von Gründungserfolg und Netzwerkbildung von Unternehmensgründern beschäftigt sich der Beitrag von Peter Witt und Stephanie Rosenkranz. In diesem Beitrag wird ein Überblick über die Literatur zum Netzwerkansatz in der Gründungsforschung gegeben. Die Autoren entwickeln einen eigenen theoretischen Rahmen für die Analyse des Zusammenhangs von Unternehmenserfolg und Kunden- und Lieferanten-Netzwerken sowie Informationsnetzwerken. Existenzgründer wie Samwer und Finger haben die Bedeutung der „mind share" gegenüber der „market share" für den Gründungserfolg betont. Das findet seinen theoretischen Niederschlag in dem Verhältnis von Informationsnetzwerk zu Kundennetzwerk. Die Verfasser bestimmen den Wert eines Kontaktes zu Netzwerkpartnern und leiten daraus den Wert des Netzwerks als der Summe aller Werte von Netzwerkkontakten ab. Man mag streiten,

Editorial

ob der Wert eines Netzwerks tatsächlich als Summe der Werte von Verbindungen zwischen Knoten des Netzwerks verstanden werden darf, zumal die Autoren selbst die Nichtlinearität des Zusammenhangs von Wert des Netzwerks und Anzahl der Netzwerkkontakte betonen. Wichtig für die weitere empirische Forschung ist, dass die Überlebenswahrscheinlichkeit mit der Größe des Netzwerks, mit der Dichte des Netzwerks und mit der Diversifität der Netzwerkpartner steigt.

Thomas Mellewigt und Julia Späth untersuchen die Hypothese, dass die Überlebenschancen von Unternehmen, die von Gründerteams geleitet werden, größer sind als von Unternehmen mit einer Gründerpersönlichkeit. Auch dieser Beitrag gibt einen Überblick über den Stand der Forschung zu diesem Problem. Es werden die Ergebnisse von 20 deutschen Arbeiten zu Team-Gründungen 10 amerikanischen Untersuchungen gegenübergestellt. Dabei zeigt sich, dass Gründerteams in den USA sehr viel häufiger vorkommen als in Deutschland, dass sie größer sind als in Deutschland, dass komplementäre Teams in den USA häufiger vorkommen als in Deutschland (die Mitglieder des Teams gehören nicht derselben Fachrichtung an, sondern verschiedenen, sich sinnvoll ergänzenden Disziplinen). Insgesamt kommen die Autoren zu dem Urteil, dass die Überlebenschancen des Unternehmens mit der Größe des Gründerteams positiv korreliert sind.

Frühere Untersuchungen haben gezeigt, dass die Überlebenschancen eines jungen Unternehmens, das einen Gründungsplan (business plan) aufstellen muss, um öffentliche Förderung zu erhalten, größer sind als die einer Existenzgründung ohne business plan. Nun ist der Gründungsplan allein nichts anderes als eine Zusammenstellung von konsistenten Zahlen. Heute sind auch alternative Szenarien, worst case und best case-Analysen und Simulationen sowie Risikoanalysen notwendige Bestandteile von Geschäftsplänen. Als besonders wichtig für das Überleben von Start Ups haben sich aber auch Controlling-Instrumente erwiesen, mit denen die Entwicklung junger Unternehmen laufend überwacht wird. Als besonders hilfreich hat sich dabei das Instrument „MOTE" der Zukunftsagentur Brandenburg (ZAB) erwiesen. Dieses Instrument wird von Professor Schulze im nächsten Ergänzungsheft zu dem Thema „Familienunternehmen" vorgestellt. In diesem Heft berichtet Johannes Bischoff über ein Controlling-Instrument, mit dem die Entwicklung von jungen Unternehmen überwacht und gesteuert werden kann. Der Autor sieht die Aufgaben des Controlling bei jungen Unternehmen wie folgt: „Controlling bei Start Ups dient der ergebnisorientierten Steuerung von Unternehmen in der Vor-, Gründungs-, Frühentwicklungs- und frühen Wachstumsphase. Es wird – wie z.B. das Sanierungscontrolling – ein Teilbereich des Entwicklungscontrolling". Mit diesem Controlling-Instrument soll auch der bei mit einer dünnen Eigenkapitaldecke ausgestatteten Gründungsunternehmen besonders großen Gefahr gesteuert werden, dass die Unternehmen in die „Planungsfalle" des § 19 der Insolvenzordnung geraten, wonach bei Überschuldung ein Antrag auf Insolvenz gestellt werden muss.

Die Eigenkapitalausstattung wird natürlich durch einen Börsengang verbessert. Thomas Hering und Michael Olbrich liefern in ihrem Aufsatz einige grundsätzliche Bemerkungen zum Bewertungsproblem beim Börsengang junger Unternehmen. Die beiden Autoren gehen auf die Preisvorstellungen der Eigentümer, der möglichen Erwerber von Aktien und auf die Preisverhandlungen mit den Emissionsbanken vor dem IPO ein. Sie plädieren für die Bewertung des Unternehmens mit Hilfe des „Allgemeinen Zustands-Grenzpreismodells". In neueren Arbeiten ist vorgeschlagen worden, die Grundgedanken der Bewertung nach dem „Consumer-Equity-Verfahren" auf die Bewertung von Start-Up-Unternehmen anzuwenden. Dabei müssen die aktuellen und potentiellen Kundenbeziehungen, das Verhalten der Kunden, insbesondere das Lieferantenwechselrisiko, sowie das Wettbewerbsverhalten der Konkurrenten bei der Bewertung Berücksichtigung finden (Rehbach, 2002). Im zweiten Ergänzungsheft der ZfB, das sich mit den Überlebenschancen von Start-Up-Unternehmen im Speziellen und von Familienunternehmen im Allgemeinen beschäftigt (s.o.), wird auch ein konkreter Fall der Vorbereitung eines IPO geschildert, der die grundsätzlichen Bemerkungen von Hering und Olbrich zum Verhandlungsprozess, welcher der Kursfestsetzung vorausgeht, anschaulich unterstreicht.

Wir hoffen, dass dieses Ergänzungsheft Aufmerksamkeit in der Wissenschaft und in der Praxis findet. Es eignet sich nach unserer Meinung besonders gut als Vorbereitungslektüre für Seminare im Fach „Betriebswirtschaftslehre kleiner und mittlerer Unternehmen (KMU)" und an den in den letzten Jahren gegründeten Lehrstühlen für Entrepreneurship oder „Existenzgründung und Unternehmertum". Für Hochschulabsolventen, die ihr eigenes Unternehmen gründen wollen, ist das Ergänzungsheft sicherlich Pflichtlektüre.

Bonn und Siegen, im Juli 2002

Horst Albach   Andreas Pinkwart

Die Evolution von Unternehmen im Haushalts- und Familienkontext – Grundgedanken zu einer Theorie sozioökonomischer Hybridsysteme

Von Michael-Burkhard Piorkowsky

Überblick

- In der Betriebswirtschaftslehre – wie auch in anderen ökonomischen Disziplinen – ist es selbstverständlich, Unternehmen und Privathaushalte als gesonderte Wirtschaftseinheiten zu betrachten. Fraglich ist aber, ob dieses analytische Konzept den empirischen Gegebenheiten in allen Fällen entspricht. Zum einen starten die meisten Unternehmensgründungen im Haushalts- bzw. Familienzusammenhang. Zum anderen sind sehr kleine Unternehmen auch nach der Gründungsphase personell und materiell mit den zugehörigen Privathaushalten in besonderer Weise verbunden.

- Vor allem in der Agrar- und Haushaltsökonomik finden sich Konzepte und Modelle einer integrativen Betrachtung von kleinen Familienunternehmen im Haushaltskontext. Diese lassen sich prinzipiell auf alle Unternehmen außerhalb der Landwirtschaft und alle Haushaltsformen anwenden. Damit kann ein Beitrag zum Verständnis von Gründungsprozessen und der Entwicklung von Kleinunternehmen geleistet werden.

- Hier werden nach einer Einleitung zunächst ausgewählte Ansätze zur Beschreibung und Erklärung der Existenz und Entwicklung kleiner, haushaltsverbundener Unternehmen skizziert. Anschließend wird die empirische Bedeutung eines solchen Konzepts dargelegt. Abschließend werden Ergebnisse empirischer Forschung zur Komplexbildung von Haushalten und Unternehmen präsentiert und ein Ausblick gegeben.

Eingegangen: 19. Februar 2002

Professor Dr. Michael-Burkhard Piorkowsky, Professur für Haushalts- und Konsumökonomik, Institut für Landwirtschaftliche Betriebslehre, Rheinische Friedrich-Wilhelms-Universität Bonn, Meckenheimer Allee 174, 53115 Bonn. E-Mail: piorkowsky@uni-bonn.de.

© Gabler-Verlag 2002

A. Einleitung

I. Problemstellung

Unternehmen sind insofern abgeleitete Betriebe, als sie von anderen Wirtschaftseinheiten gegründet werden. Gründende Institutionen können Unternehmen, Privathaushalte und Verbände einschließlich öffentlicher Körperschaften sein. Der größte Teil der Gründungen von Unternehmen entfällt auf Privathaushalte. Für die Analyse von Gründungs- und Entwicklungsprozessen solcher Unternehmen liegt es nahe, dem Haushaltskontext besondere Aufmerksamkeit zu widmen. Dies gilt insbesondere in Anbetracht der Tatsache, dass Gründungsprozesse oft Monate oder sogar Jahre dauern, meist in einem sehr kleinen Rahmen neben einer anderen Haupttätigkeit betrieben werden und nicht immer unmittelbar auf eine Vollerwerbsselbstständigkeit gerichtet sind (vgl. Albach 1987; Preisendörfer 1996; Mellewigt/Witt 2002).

In der Gründungs- und Entwicklungsforschung wird dennoch, wie auf fast allen Gebieten der Wirtschaftswissenschaften, von der institutionellen bzw. funktionalen Trennung von Unternehmen und Privathaushalten ausgegangen. Grundlegend dafür sind paradigmatische Äußerungen maßgeblicher Autoren sowie die daran anknüpfenden Modellbildungen der Theorieschulen, von denen einige hier erwähnt seien:

- *Max Weber* (1922) hat auf die Tendenz der Trennung von „Haushalt und Erwerbsbetrieb" i.S. eines gesellschaftlichen Entwicklungsgesetzes hingewiesen (S. 52–53).
- Auf *Nicklisch* (1932) geht die in der Betriebswirtschaftslehre übliche Unterscheidung zwischen ursprünglichen Betrieben (Haushalten) und abgeleiteten Betrieben (Betrieben i.e.S.) zurück (S. 175).
- Die Mikroökonomik betrachtet Privathaushalte und Unternehmen als stets schon vorhandene Teilsysteme des Wirtschaftskreislaufs; und auch *Coase* (1937), der erklären will, „why a firm emerges at all in a specialised exchange economy" (S. 390), geht nicht auf die sozioökonomische Herkunft von Unternehmen ein.
- *Egner* (1976) insistiert in seiner Grundlegung der Haushaltsökonomik, dass ein sozioökonomisches Gebilde in letzter Konsequenz nur entweder ein Haushalt oder ein Erwerbsbetrieb sein könne (S. 42).

Es finden sich aber auch differenzierende Bemerkungen und Betrachtungen zum Verhältnis von Haushalten und Unternehmen, sogar bei den genannten Autoren und Theorieschulen. Solche Darlegungen haben allerdings bisher wenig Beachtung gefunden; sie seien deshalb hier hervorgehoben:

- *Max Weber* (1922) hat dargelegt, dass Haushalten und Erwerben keine exklusiven Alternativen seien, sondern bei Formen nicht kontinuierlichen Erwerbshandelns erst der letzte Akt (Absatz oder Verzehr) über den Charakter des Handlungssystems entscheide (S. 47).
- *Nicklisch* (1932) hat darauf hingewiesen, dass die Anwendung der Unterscheidung von ursprünglichen und abgeleiteten Betrieben auf haushaltsverbundene Familienunternehmen problematisch sei (S. 176).

- *K. O. Becker* (1967) hat ein neoklassisches Haushaltsmodell formuliert, in dem Konsum- und Investitionsentscheidungen nicht separiert, sondern als interdependent betrachtet werden.
- *Egner* (1976) hat die Existenz von sozioökonomischen Mischformen erwähnt, die er Nahrungserwerbsbetriebe nennt: „Handwerksbetriebe, mittelständische Kleinhandels- und bäuerliche Betriebe fallen darunter" (S. 39).
- In der Agrar- und Haushaltsökonomik ist dieser Theoriestrang national und international bis heute weiter entwickelt worden. Insbesondere kleine landwirtschaftliche Familienbetriebe werden als Einheit von Haus und Hof verstanden (vgl. Singh et al 1986; Henning 1994).

Der Verbundcharakter resultiert aber nicht in erster Linie aus den Besonderheiten der Landwirtschaft und des Familiensystems, sondern vor allem aus der Interdependenz der Ressourcen und Restriktionen im Haushaltszusammenhang. Diese Sicht, die in frühen betriebswirtschaftlichen Analysen zu finden ist (vgl. z.B. Kienzerle 1939), aber zunehmend als obsolet erscheinen musste, könnte wieder an Bedeutung gewinnen, die sich aus den Erkenntnissen empirischer Forschung über Gründungsprozesse und Strukturen des Unternehmenssektors ergibt. Generell ist – vor allem seit *Birch* (1987) – eine verstärkte Wahrnehmung von kleineren Unternehmen und kleinbetrieblichen Gründungen festzustellen, was bereits als Renaissance des Kleinunternehmens gedeutet worden ist (vgl. dazu z.B. Domeyer/Funder 1990; Storey 1994; Reformkommission Soziale Marktwirtschaft 1999). Dies hat in Ergänzung zu den herkömmlichen Größenkategorien für Unternehmen (Groß-, Mittel- und Kleinbetriebe) und der politökonomischen Kennzeichnung „Mittelstand" insbesondere zur Akzentuierung zunächst von „Klein- und Mittelunternehmen (KMU)", dann von „Mikro- bzw. Kleinstunternehmen" (Eurostat) und neuerdings von „Solo-Unternehmern" (Leicht/Philipp 1999) geführt.

Zwei zahlenmäßige Belege seien angeführt: Der *European Observatory for SMEs* (1997) weist für die EU-19 den Anteil der Unternehmen außerhalb der Landwirtschaft mit bis zu zehn Beschäftigten („very small enterprises") mit rund 93% aus (S. 47). Die *OECD* (1996) bezeichnet die Unternehmen dieser Größenklasse als „micro enterprises" (S. 19). Und nach den aktuellen Ergebnissen des Mikrozensus des Statistischen Bundesamts sowie verschiedenen Berechnungen haben rund 50% der Selbstständigen keine Beschäftigten und weitere rund 40% weniger als fünf Beschäftigte (Hansch/Piorkowsky 1999). Zahl und Betriebsgrößenstruktur der Selbstständigen entsprechen zwar nicht 1:1 den analogen Quantifizierungen des Unternehmenssektors (vgl. dazu Abschnitt C I), aber dennoch kann festgestellt werden, dass im Unternehmensbestand – auch in Deutschland – die sehr kleinen Betriebsgrößen zahlenmäßig dominieren (vgl. Bundesministerium für Wirtschaft 1997).

Dass die meisten Unternehmensgründungen kleinbetrieblich starten, ist wohl unbestritten; alle empirischen Daten deuten darauf hin (vgl. z.B. Preisendörfer 1996; Sternberg et al. 2000). Die Ergebnisse der Forschungen zum Vor- und Frühgründungsgeschehen (vgl. z.B. Mellewigt/Witt 2002) sowie zu Kleingewerbetreibenden und Freiberuflern (vgl. z.B. Merz 2001) öffnen den Blick auch für „Garagen- und Schlafzimmergründungen" und werfen ein Licht auf die privaten sozioökonomischen Kontexte Haushalt bzw. Familie, in die solche Gründungs- und Entwicklungsprozesse eingebettet sind. Diese Sichtweise soll hier zur Geltung gebracht werden.

II. Ziel und Aufbau des Beitrags

In dem Beitrag soll gezeigt werden, dass es für die Analyse von Prozessen der Gründung und Entwicklung von Unternehmen hilfreich sein kann, die in der Theorie allgemein anerkannte Trennung von Privathaushalten und zugehörigen Unternehmen bzw. Entwicklungskernen von Unternehmen durch eine integrative Betrachtung zu ergänzen. Damit werden die faktischen Interdependenzen zwischen den beiden Bereichen Haushalt und Unternehmung, insbesondere der Ressourcentransfer und damit die Ressourcenkonkurrenz, besser erfassbar.

Der Beitrag ist wie folgt aufgebaut: In Abschnitt B werden ausgewählte Ansätze zur Beschreibung und Erklärung der Existenz von kleinbetrieblichen, haushaltsverbundenen Unternehmen vorgestellt. In Abschnitt C wird die Bedeutung dieses Konzepts durch Bezugnahme auf Ergebnisse der amtlichen Statistik und der empirischen Forschung zum Unternehmenssektor und Gründungsgeschehen belegt. In Abschnitt D werden Erkenntnisse empirischer Forschung über Gründungs- und Entwicklungsprozesse sehr kleiner Unternehmen präsentiert. In Abschnitt E wird ein weiterer Forschungsbedarf aufgezeigt.

B. Zur Theorie kleinbetrieblicher Verbundsysteme von Haushalt und Unternehmung

I. Das Modell der landwirtschaftlichen Familienwirtschaft

In der neueren agrarökonomischen Literatur zur Verbundenheit von Haushalt und Unternehmung in der Landwirtschaft wird der besondere Charakter der Wirtschaftseinheit anknüpfend an die grundlegende Arbeit von *Tschajanow* (1923) thematisiert. Dieser hatte mit Bezug auf die Dominanz der weitgehend deckungsgleichen landwirtschaftlichen Haushalts- und Betriebsgrößen im damaligen Russland und die Familienarbeitsverfassung der Kleinbauern die Abhängigkeit der betrieblichen Agrarproduktion von der Familiengröße in den Mittelpunkt seiner Analyse gestellt. Der Ansatz ist national und international im agrarökonomischen Bereich aufgegriffen und in verschiedenen Varianten weiter entwickelt worden.

In den USA haben *Heady* et al. (1953) die Interdependenzen zwischen landwirtschaftlichen Haushalten und zugehörigen Unternehmen untersucht und vor allem mit der Konkurrenz der alternativ einsetzbaren Ressourcen in der Haushalts- und Agrarproduktion erklärt. In Deutschland war es zunächst vor allem *Schmitt* (1990), der die Einheit von Haushalt und Unternehmung betont hat und ebenfalls mit der Art der Produktion sowie mit der Verbundenheit mit dem Konsum und mit dem Effizienzvorteil der Familienarbeitsverfassung erklärt: Die Agrarproduktion habe Gemeinsamkeiten mit der Haushaltsproduktion, insbesondere mit den hauswirtschaftlichen Tätigkeiten, und „kann als eine spezifische Haushaltsproduktion gelten" (S. 212). Etliche Vorleistungen, die teils vom Markt beschafft, teils im eigenen Haushalt und Betrieb gewonnen werden, würden prinzipiell gleichermaßen im Betrieb wie auch im Haushalt veredelt und ständen alternativ für Absatz oder Verzehr zur Verfügung. Der entscheidende Vorteil sei, dass die räumliche Einheit von

Haus und Hof eine optimale Grenzverwertung der Arbeitskraft ermögliche (S. 213). Aus betriebswirtschaftlicher bzw. haushaltsökonomischer Sicht haben *Schulz-Borck* (1962) sowie *Bell-Jeub* (1990) den landwirtschaftlichen Familienhaushalt in Wechselwirkung mit dem zugehörigen Unternehmen untersucht und u.a. die Abstimmung zwischen Konsum und Investition, zwischen Arbeit und Freizeit sowie zwischen den Generationen behandelt. *Henning* (1991, 1994) und *Witzke* (1991) haben in Erweiterung neoklassischer Haushaltsmodelle mit Haushaltsproduktion im Anschluss an *G. S. Becker* (1965) und *Lancaster* (1966) „Unternehmens-Haushalts-Modelle" spezifiziert, mit denen Produktions- und Konsumentscheidungen simultan abgebildet werden. Insbesondere durch die Berücksichtigung des „vollen Einkommens" aus Haushaltsproduktion, Marktgüterproduktion und Konsum sowie nicht handelbarer Güter, z.B. Freizeit, und interner Abstimmungsmechanismen zwischen den Teilbereichen, die in Partialmodellen unberücksichtigt bleiben, können empirisch beobachtbare, scheinbar paradoxe Verhaltensweisen, wie inverse Angebots- und Nachfragereaktionen, rational erklärt werden.

Besondere Aufmerksamkeit hat die transaktionskostentheoretische Interpretation kleiner landwirtschaftlicher Familienbetriebe durch *Pollak* (1985) erfahren. Er hebt vier Besonderheiten hervor, die teils positiv, teils negativ wirken können: Vorteile biete vor allem der Arbeitseinsatz der Familie. Dieser werde durch die persönlichen und vermögensbedingten Bindungen stark motiviert. Auf Teile des Gegenwartseinkommens könne im Austausch gegen erwarteten Kapital- bzw. Vermögenszuwachs vergleichsweise leicht verzichtet werden. Das gemeinsame Wohnen und die permanente Kommunikation reduzierten tendenziell die Planungs- und Kontrollkosten. Dagegen müssten familienfremde Arbeitskräfte gesucht, eingewiesen und überwacht werden; und sie würden nicht ohne Kompensation auf Einkommensteile verzichten. Nachteile der Familienarbeits- und -vermögensverfassung betreffen die quantitative Einschränkung bei der Arbeitskräfteauswahl, die Tendenz zur Hinnahme unwirtschaftlichen Verhaltens sowie die Gefahr, dass Konflikte von einem Bereich in den anderen getragen werden.

II. Das Modell der Familienunternehmung

Familienunternehmen existieren in einer großen Artenvielfalt. Insofern gibt es *das* Modell der Familienunternehmung nicht. In statischer Betrachtung kommen zunächst alle Familienformen und beliebige Unternehmensgrößen in allen privatrechtlichen Unternehmensformen sowie in der Rechtsform der Stiftung des privaten Rechts in Frage. Die Unternehmensentwicklung wird durch den Arbeits- und/oder Kapitaleinsatz von Familienmitgliedern maßgebend getragen und geprägt, indem diese oder deren Vertreter den obersten Willensbildungszentren angehören. In dynamischer Betrachtung gilt häufig als konstitutiv für Familienunternehmen, dass eine Familie über mehrere Generationen hinweg Eigentumsrechte ausübt. Daraus ergeben sich die zwei zentralen Problembereiche in Familienunternehmen: die familienspezifische Durchsetzung der Unternehmensphilosophie und -politik sowie die Regelung der Nachfolge (vgl. Hahn 1985; Zucker 1990; Rock 1991; Hinterhuber et al. 1994).

Diese Probleme lassen sich auf die teilweise divergierenden Funktionen, Strukturen und Regelsysteme von gesonderten Familienhaushalten und Unternehmen zurückführen.

Kernfamilienhaushalte dienen der Versorgung der Mitglieder einschließlich der Zeugung, Erziehung und Platzierung von Nachwuchs. Sie beruhen wesentlich auf Zuneigung und Solidarität. Dagegen sind Unternehmen Fremdbedarfsdeckungssysteme. Sie produzieren für den Markt, um Einkommen und Vermögen zu erwirtschaften und orientieren sich dabei an ökonomisch-finanziellen Erfolgsmaßstäben (vgl. dazu Lansberg 1983; Hammer/Hinterhuber 1994; Stafford et al. 1999).

Familienunternehmen sind folglich hybride Systeme, deren wechselseitig sich störende Teilbereiche harmonisiert werden müssen, damit eine nachhaltig positive Entwicklung gelingt. Je nach Familiensystem, Unternehmensgröße und Rechtsform können unterschiedliche Strategien vorteilhaft sein. Je kleiner das Unternehmen ist, desto eher muss eine integrative Lösung gefunden werden, die eine Evolution im Haushalts- und Familienkontext fördert.

III. Das Modell des Haushalts-Unternehmens-Komplexes

Die Überlegungen zu einem Modell des Haushalts-Unternehmens-Komplexes knüpfen zum einen an die Feststellung von Gemeinsamkeiten zwischen kleinen landwirtschaftlichen Familienbetrieben und kleinen Familienunternehmen außerhalb der Landwirtschaft an, wie sie in der Literatur beschrieben werden. Zum anderen motivieren die aus der amtlichen Statistik und der empirischen Forschung abzuleitende Zunahme der Zahl und des Anteils der Selbstständigen seit 1982/83 sowie die Dominanz der Kleinbetriebe und Kleingründungen zur Suche nach einem angemessenen Konzept. Hinzu kommen Bemühungen der Gründungsforschung zur Aufhellung der Gründerpersönlichkeit und des mikrosozialen Umfelds (vgl. Klandt 1984; Frese 1998) sowie die verschiedentlich festgestellte Tendenz einer Bedeutungszunahme des Haushalts gegenüber der Familie (vgl. Hoffmann-Nowotny 1988; Piorkowsky 1994).

Als Haushalts-Unternehmens-Komplexe bezeichnen wir kleine sozioökonomische Systeme mit Haushaltsproduktion und Marktgüterproduktion sowie überwiegender Haushalts- bzw. Familienarbeitsverfassung und Interdependenz der Konsum- und Investitionsentscheidungen der Träger (Piorkowsky 1998; Hansch/Piorkowsky 1999). Die starke Verflechtung der Personen, Ziele und Mittel der Privathaushalte und zugehörigen Unternehmungen legen die Bezeichnung „Haushalts-Unternehmens-Komplex" nahe. Zur näheren Kennzeichnung dienen folgende Merkmale:

- Die Beschaffung von Geld, teils auch von Sachmitteln für den Haushalt erfolgt zumindest teilweise durch selbstständige, unternehmerische Tätigkeit. Im Mehrpersonenhaushalt muss die Unternehmung nicht die Haupteinkommensquelle sein.
- Die Betriebsgröße der Unternehmung ist, gemessen an der Zahl der Beschäftigten, gering. Neben dem tätigen Inhaber bzw. der Inhaberin kommen nur mithelfende bzw. mitarbeitende Familien- bzw. Haushaltsangehörige und/oder einige wenige sonstige Beschäftigte in Betracht. Als Kriterium kann gelten, dass die Zahl der Fremdarbeitskräfte nicht (erheblich) größer ist als die der tätigen Haushalts- bzw. Familienmitglieder[1].
- Die Leitungsbefugnis in der Unternehmung liegt beim tätigen Inhaber bzw. der Inhaberin oder einem Mitglied des Haushalts bzw. der Familie.

Die Evolution von Unternehmen im Haushalts- und Familienkontext

- Wenn es sich bei dem Unternehmen um eine Personen- bzw. Kapitalgesellschaft handelt, halten zumindest ganz überwiegend Haushalts- bzw. Familienmitglieder die Gesellschaftsanteile.

Begriff und Konzept des Haushalts-Unternehmens-Komplexes unterscheiden sich von denen des Unternehmerhaushalts und des Familienunternehmens zum einen durch die integrative Betrachtung der Bereiche Haushalt *und* Unternehmen und zum anderen durch die Eingrenzung auf *kleinbetriebliche* Einheiten. Aus der Kleinheit resultiert der spezifische Charakter der Wirtschaftseinheit, der sich zwangsläufig in der Mischung der Funktionen und Strukturen niederschlägt. Die Unternehmenskomponente ist kein Unternehmen i.S. eines gesonderten Erwerbsbetriebs, und die Haushaltskomponente ist kein Privathaushalt i.S. einer konsumorientierten Ausgabenwirtschaft. Haushalts-Unternehmens-Komplexe sind aber nicht etwa sowohl Haushalte als auch Unternehmen, sondern – logisch betrachtet – weder Haushalte noch Unternehmen. Hier werden sie als Wirtschaftseinheiten eigener Art mit hybridem Charakter gedeutet, die sowohl relativ stabile Mischformen von Privathaushalten und Unternehmen als auch Übergangsformen sein können.

Für die Erklärung der Existenz von Haushalts-Unternehmens-Komplexen lassen sich eine Reihe ökonomischer Argumente anführen: Grundlegend ist das Full income-Theorem von *G. S. Becker* (1965). Danach maximiert der Haushalt den Nutzen seiner Mitglieder durch Haushaltsproduktion, d.h. durch Kombination von beschafften Vorleistungen und Haushaltsarbeit. Die produktive Zeit wird von den Haushaltsmitgliedern nach Maßgabe der Präferenzen und der Effizienz auf Erwerbs- und Haushaltsarbeit verteilt. Bleiben Transferzahlungen außer Betracht, muss sich der Haushalt durch Erwerbstätigkeit mit Geld versorgen. Dafür kommt selbstständige oder abhängige Erwerbsarbeit in Betracht. Auch diese Entscheidung wird von Präferenz- und Effizienzüberlegungen bestimmt. Selbstständige Erwerbstätigkeit kann sich in Unternehmen unterschiedlicher Größe und entsprechend variierender Vernetzung mit den Haushalten der Unternehmer vollziehen. Die Transaktionskostentheorie erklärt die jeweils gewählten Organisations- und Koordinationsformen bekanntlich mit Marktunvollkommenheiten und Kostenvorteilen. Die Entscheidung für eine kleinbetriebliche Selbstständigkeit ohne abhängig Beschäftigte bzw. mit nur wenigen Fremdarbeitskräften kann zum einen in Unvollkommenheiten der Faktormärkte begründet sein: Arbeitskräfte mit bestimmten Qualifikationen stehen nicht in jeder Region in ausreichender Zahl zur Verfügung. Zudem gelten frisch gegründete und junge Unternehmen für abhängige Erwerbsarbeit Suchende als besonders risikoreiche Arbeitsplätze. Und Fremdkapital kann am Kapitalmarkt nur entsprechend den Rentabilitäts- und Wachstumsaussichten für das Unternehmen beschafft werden. Vor allem die Märkte für Chancenkapital sind intransparent. Zum anderen können Kostenvorteile i.w.S. dafür ausschlaggebend sein, dass eine kleinbetriebliche Existenz gewählt wird. Diese bietet zu geringen Organisationskosten eine sehr weitgehende Autonomie beim Arbeits- und Kapitaleinsatz und damit in hohem Maße die Möglichkeit zur Selbstverwirklichung. Bei Einpersonenunternehmen entfallen Reibungsverluste, die durch Auseinandersetzungen mit Beschäftigten entstehen können, gänzlich. Die Verteilung der Ressourcen auf Haushalt und Unternehmung kann eigenständig entschieden und flexibel an veränderte Situationen angepasst werden. Der Einpersonenunternehmer kann verhältnismäßig frei wählen zwischen Einkommensmaximierung, Vermögensmaximierung und Wohlstandsmaximierung (*D. Schneider*). Das eigene haushaltsverbundene Unternehmen bietet die Möglichkeit einer optimalen Grenzverwertung von Arbeit, die wegen Marktunvollkommenheiten nicht oder nicht zum Marktlohnsatz verwertet werden kann. Dies gelingt besonders gut, wenn Haushalt und Unternehmen unter einem Dach sind. Bei enger Verzahnung von Haushalt und Unternehmung, insbesondere bei räumlicher Nähe, ist eine Nutzung von Haushaltsgütern für das Unternehmen und von Unternehmensgütern für den Haushalt möglich. Hinzu kommen, soweit hier noch nicht erwähnt, die oben angesprochenen von *Pollak* (1985) herausgearbeiteten Vorzüge. Es sei aber auch noch einmal an die ebenfalls oben bereits angesprochenen Nachteile erinnert.

Nunmehr sei der Frage nachgegangen, ob und in welchem Ausmaß das Konzept des Haushalts-Unternehmens-Komplexes – quantitativ betrachtet – Relevanz beanspruchen kann, d.h. ob sich entsprechende Betriebsgrößenstrukturen bei der Analyse des Unternehmenssektors und des Gründungsgeschehens nachweisen lassen.

C. Größenstrukturen bestehender und neu gegründeter Unternehmen

I. Größenstrukturen des Unternehmenssektors

Der statistische Nachweis von Größenstrukturen des Unternehmenssektors muss sich auf die Primärdaten der amtlichen Statistik bzw. der vor- und nebengelagerten Datenlieferanten stützen und ist damit auf die den Erhebungen zu Grunde liegenden Einheiten (z.B. Arbeitsstätte, Betrieb, Unternehmen) und deren Definition verwiesen. Die Erhebungseinheiten und Definitionen wie auch die Statistiken sind vielfältig und decken in keinem Fall alle Unternehmen ab[2].

Durch Kombination und Interpretation verschiedener Statistiken kann folgendes Bild gewonnen werden, das die Größenstruktur nur näherungsweise, aber für das hier verfolgte Anliegen hinreichend genau wiedergibt: Der *European Observatory for SMEs* (2000) weist für die Unternehmen in Deutschland 1998 eine durchschnittliche Betriebsgröße von 8 Beschäftigten einschließlich tätiger Inhaber ohne abhängig Beschäftigte aus (S. 48). Das Institut für Arbeitsmarkt- und Berufsforschung der Bundesanstalt für Arbeit beziffert für 1996 den Anteil der Betriebsstätten mit einem sowie mit zwei bis neun sozialversicherungspflichtig Beschäftigten auf 29,3 % und 51,1 % (Bundesministerium für Wirtschaft 1997, S. 165); nicht berücksichtigt sind hier Landwirte und Unternehmen ohne sozialversicherungspflichtig Beschäftigte einschließlich Einpersonenunternehmen, die in der zitierten Quelle allein für die alten Bundesländer näherungsweise mit „mehr als eine Million" (S. 165) beziffert werden. Würden auch die landwirtschaftlichen Betriebe in die Betrachtung einbezogen, ergäben sich eine geringere durchschnittliche Beschäftigtenzahl und ein größerer Anteil sehr kleiner Unternehmen.

Zunehmend wird der Mikrozensus genutzt bzw. empfohlen, um die Struktur und Dynamik des Unternehmenssektors zu erfassen (vgl. z.B. Institut für Mittelstandsforschung Mannheim 1999; Institut für Mittelstandsforschung Bonn 2001). Die im Mikrozensus erhobene erwerbsstatistische Kategorie „selbstständig" ist zwar nicht deckungsgleich mit der institutionellen Abgrenzung „Unternehmung", weil ein Selbstständiger mehrere Unternehmen betreiben kann und weil ein Unternehmen von mehreren Selbstständigen getragen werden kann. Aber die allermeisten Unternehmen sind Einzelunternehmen einschließlich Freiberufler, und die Zahl der Mehrfachunternehmer dürfte für die hier verfolgte Frage zu vernachlässigen sein. Probleme mit dem Mikrozensus bereiten auch die Erhebungseinheiten (Betriebsstätte, Arbeitsstätte), die Beschäftigtengrößenklassen sowie die teilweise Zusammenfassung und teilweise Trennung von Selbstständigen im Haupt- und Neben- bzw. Zuerwerb. Zur Klärung der Probleme sind Sonderauswertungen, teils mit Unterstichproben, erforderlich, auf die hier teilweise zurückgegriffen werden kann.

In Analysen der Selbstständigen mit dem Mikrozensus werden fast ausschließlich die Daten über „Selbstständige in der ersten oder einzigen Erwerbstätigkeit" herangezogen. Dabei kann gezeigt werden, dass der Anteil der Selbstständigen ohne Beschäftigte seit Mitte der 80er Jahre recht kontinuierlich auf gegenwärtig rund 50 % der gut 3,6 Mio. Selbstständigen gestiegen ist. *Leicht/Philipp* (1999) haben dies als „Trend zum Ein-Personen-Unternehmen" gedeutet. Es sei aber zum einen noch einmal auf die Inkongruenz der Kategorien Selbstständig(e/r) und Unternehmung hingewiesen. Zum anderen dürften unter den Selbstständigen ohne Beschäftigte auch solche sein, in deren Betrieb „Mithelfende Familienangehörige", die im Mikrozensus gesondert erfasst und ausgewiesen werden, tätig sind. Außerdem bewegt sich der Anteil der Selbstständigen ohne Beschäftigte, d.h. auch ohne geringfügig Beschäftigte, aber ggf. mit Mithelfenden, seit Jahrzehnten zwischen 45 und 50 %.

An der Dominanz kleinbetrieblicher Strukturen der von Selbstständigen getragenen Unternehmen ist aber kaum zu zweifeln. *Pfeiffer (1997)* hat am Zentrum für Europäische Wirtschaftsforschung, Mannheim, in Berechnungen mit der 70 %-ZEW-Stichprobe des Mikrozensus die Betriebsgrößenstrukturen der Selbstständigen für drei aus dem Mikrozensus 1991, 1993 und 1995 ableitbare Beschäftigtengrößenklassen berechnet. Danach haben – rund gerechnet – 45 % der Selbstständigen keine Beschäftigten, 43 % haben bis zu vier Beschäftigte und 12 % haben mehr als vier Beschäftigte (Piorkowsky 1998, S. 94). Das Überwiegen der Kleinstbetriebe zeigt sich noch ausgeprägter, wenn die rund 0,4 Mio. Selbstständigen in der zweiten Erwerbstätigkeit (Nebenerwerbsselbstständige) sowie die etwa 0,2 Mio. Zuerwerbsselbstständigen, z.B. Haushaltsführende und Erwerbsarbeitslose, die ihre Selbstständigkeit zu rund 90 % ohne Beschäftigte ausüben, berücksichtigt werden (Hansch/Piorkowsky 1999, S. 68–69; Piorkowsky 2002).

Die hier ausgewiesenen Ergebnisse scheinen sich im Großen und Ganzen mit der Unternehmensgrößenstruktur nach Rechtsformen zu decken. Nach Berechnungen des Instituts für Mittelstandsforschung Bonn ist die bei weitem wichtigste Rechtsform für die rund 3,2 Mio. mittelständischen Unternehmen 1996 mit über 70 % das Einzelunternehmen, die zweitwichtigste Rechtsform ist mit 13,2 % die Gesellschaft mit beschränkter Haftung; es folgen die Personengesellschaften und – in der Quelle nicht erwähnt – die Aktiengesellschaft (Bundesministerium für Wirtschaft 1997, S. 23).

II. Betriebsgrößen von Unternehmen im Gründungsprozess

Der statistische Nachweis des Gründungsgeschehens ist ebenso lückenhaft wie der des Unternehmensbestands. Eine vollständige Gründungsstatistik existiert nicht. Der überwiegende Teil der publizierten Daten zu den Betriebsgrößen und Beschäftigungseffekten von Gründungen basiert auf Gewerbemeldedaten und beinhaltet, von den oben genannten und anderen Mängeln abgesehen, Mehrfachmeldungen und Scheingründungen (vgl. dazu Struck 1998). Deshalb ist die nicht selten zu findende Aussage, durch jede Gründung entstünden durchschnittlich vier zusätzliche Arbeitsplätze (Bundesministerium für Wirtschaft und Technologie 1999, S. 3), zweifelhaft. Vielmehr deuten die oben dargestellten Größenstrukturen des Unternehmensbestands und verschiedene Untersuchungen zum Gründungsgeschehen in allen Wirtschaftsbereichen darauf hin, dass Minigründungen überwiegen.

Nach Berechnungen der Enquête-Kommission „Zukunft der Erwerbsarbeit" des Nordrhein-Westfälischen Landtags (2000) für ganz Deutschland schufen über 70% aller Neugründungen der letzten Jahre lediglich Arbeitsplätze für den Gründer oder die Gründerin selbst, manchmal auch für einen mithelfenden Familienangehörigen (S. 69). Technologieorientierte Unternehmensgründungen, denen meist ein deutlich größer Beschäftigungseffekt zugesprochen wird, machen nach derselben Quelle – je nach Definition – weniger als 0,5% oder gar weniger als 0,1% aller Markteintritte aus (ebenda). Als Ergebnis wird festgestellt: „Schließt man die klein- und nebengewerblichen Gründungen mit ein, so entfielen auf alle Gründungen maximal drei Arbeitsplätze inklusive der Arbeitsplätze der Betriebsinhaberinnen und -inhaber" (Der Präsident des Landtags Nordrhein-Westfalen 2000, S. 69). *Sternberg* et al. (2000) beziffern den Anteil der schnell wachsenden Unternehmen an den Gründungen auf 3 bis 4% (S. 17).

Diese Einschätzungen decken sich mit Ergebnissen von Erhebungen bzw. Datenanalysen für verschiedene Teilräume in Deutschland. *Pannenberg* (1998) hat mit Daten des für die Privathaushalte als repräsentativ geltenden Sozio-oekonomischen Panels die Neugründungen in Ost- und Westdeutschland von 1990 bis 1996 untersucht und u.a. die Betriebsgrößen zum Zeitpunkt der Aufnahme der selbstständigen Tätigkeit dokumentiert. Danach starten von den Selbstständigen in Westdeutschland (Ostdeutschland) 47,3% (41,4%) ohne Beschäftigte, 37,3% (38,4%) mit bis zu vier Beschäftigten und 15,4% (20,2%) mit mehr als vier Beschäftigten (S. 688). Insgesamt und rund gerechnet haben demnach 45% der Gründer und Gründerinnen keine und 37% zwischen einem und vier Beschäftigten zum Zeitpunkt der Gründung. Wenn Nebenerwerbsgründungen berücksichtigt werden, zeigt sich die Dominanz der sehr kleinen Gründungen noch deutlicher. *Weihe* (1994) hat auch diese Form der Existenzgründung in seine Analyse des Gründungsgeschehens im Landkreis Lüneburg einbezogen. Von den 215 dort untersuchten Gründungen entfallen 36,7% auf Nebenerwerbsgründungen und 41,9% auf Kleinstgründungen ohne Beschäftigte, 20,5% auf Kleingründungen mit einem bis zehn Beschäftigten und 0,9% auf mittelgroße Gründungen mit elf bis 50 Beschäftigten (S. 137).

Die vorstehend referierten Ergebnisse werden hier als empirische Belege dafür gewertet, dass die Berücksichtigung des Haushalts- und Familienkontextes – i.S. des Modells des Haushalts-Unternehmens-Komplexes – bei der Analyse von Gründungs- und Entwicklungsprozessen von sehr kleinen und kleinen Unternehmen einen produktiven Beitrag leisten kann.

D. Gründung und Entwicklung sehr kleiner und kleiner Unternehmen im Haushalts- und Familienkontext

Zur Aufhellung der Verflechtungen zwischen dem Privathaushalt und der eigenen Unternehmung im Zuge von Gründungs- und Entwicklungsprozessen kleiner Unternehmen wurden in den Jahren 1997 bis 2001 drei nicht repräsentative Erhebungen mit insgesamt knapp 370 Interviews durchgeführt, von denen hier Ergebnisse erstmalig zusammen dargestellt werden[3]. Ergänzend werden Ergebnisse einer Sekundäranalyse mit Daten des Sozio-oekonomischen Panels referiert.

I. Gründungs- und Entwicklungsprozesse kleiner Unternehmen

1997 wurden im Raum Köln-Bonn standardisierte Interviews mit 45 Inhaberinnen und 52 Inhabern von kleinen Unternehmen[4] in den Bereichen Landwirtschaft, Gewerbe und freie Berufe mit teilweise langer Bestandsdauer (bis über zehn Jahre) durchgeführt (Piorkowsky, Holland 2001). 1999 wurde ein Teil der Interviewpartner (27 Frauen und 19 Männer) ein zweites Mal befragt, wobei der Schwerpunkt der ebenfalls standardisierten Befragung auf dem Gründungsprozess lag (Piorkowsky 2000).

Zunächst werden Ergebnisse der spezifisch gründungsbezogenen Erhebung 1999 (n = 48) präsentiert: Unter dem Gründungsprozess verstehen die Befragten mehrheitlich einen Prozess, der mit einer Idee beginnt und über die Vorbereitungsphase zur Gründung führt; einige wenige Befragte schließen dabei die ersten zwei bis drei Jahre ein. Der Gründungszeitpunkt i.e.S. wird individuell mit jeweils unterschiedlichen Ereignissen in Zusammenhang gebracht. Genannt wurden – mit abnehmender Häufigkeit – vor allem die folgenden Ereignisse: Laden- oder Praxiseröffnung/Arbeitsbeginn; Idee/Entschluss; Beendigung der früheren Tätigkeit; erster Auftrag/Verdienst; erste Investition; Gewerbeanmeldung. Die Unternehmensidee entstand meist zu Hause bzw. bei Freunden, oft mit der Familie bzw. mit dem oder der Lebenspartner/in, seltener am Arbeitsplatz. Unter den Haushaltsformen der befragten Unternehmer/innen dominieren Familienhaushalte mit Kindern und Paarhaushalte (78 %). Im ersten Jahr nach der Gründung (i.e.S.) übten 83 % der Befragten die Unternehmenstätigkeit im Hauptberuf aus, 17 % hatten noch eine andere berufliche oder sonstige Beschäftigung. Der maßgebliche Einfluss auf Unternehmensentscheidungen im ersten Geschäftsjahr wird vor allem dem oder der Lebenspartner/in sowie Familien- bzw. Haushaltsmitgliedern zugeschrieben. Die Unterstützung des Gründungsprozesses durch Familien- bzw. Haushaltsmitglieder stieg – den Angaben der Befragten zufolge – von der Vorgründungs- bis zur Nachgründungsphase kontinuierlich an, wurde fast ausschließlich positiv empfunden und – erwartungsgemäß, wie von *Pollak* (1985) beschrieben – mit geringen Transaktions- und Produktionskosten einschließlich positiven emotionalen Prozessergebnissen begründet. Für die Finanzierung des Haushalts spielt die eigene Unternehmung mit zunehmender Reifung eine zunehmende, aber nicht immer voll tragende Rolle.

Unter den Haushaltsformen der befragten Unternehmer/innen der ersten Erhebung 1997 (n = 97), von der im Folgenden ausgewählte Ergebnisse referiert werden, dominieren ebenfalls Familienhaushalte mit Kindern und Paarhaushalte (75 %). In 63 % der Fälle sind Haushalt und Unternehmung unter einem Dach oder zumindest auf demselben Gelände. Im Zielsystem überlagern sich die Bereiche bei vielen Befragten: Als Kriterien des Unternehmenserfolgs wurden nicht nur Zufriedenheit der Kunden und Qualität, Umsatz und Aufträge, sondern auch persönliche Zufriedenheit genannt; und als Kriterien des Haushaltserfolgs gelten nicht nur Zufriedenheit und Glück, Familie und Freunde sowie Ruhe und Zeit, sondern auch materieller und finanzieller Erfolg. Ratgeber für strategische Konzepte sind – nach der Reihenfolge der Nennungen – vor allem die (Ehe-)Partner/innen, Familie/Freunde sowie Teilhaber/Kollegen; erst danach wurden, deutlich seltener, Beratungsfachkräfte genannt. Als fördernde Faktoren der Unternehmensentwicklung gelten in erster Linie Familie/Freunde/Kollegen sowie (Ehe-)Partner; und als Hemmnisse wurden – weit vor allen anderen potenziellen Störgrößen – persönliche Probleme/Partner(in)/Familie genannt. Eine integrierte, beide Bereiche berücksichtigende Finanzkontrolle nehmen 58 % der Befragten vor; und rund 20 % führen keine getrennten Konten für Haushalt und Unternehmung. Die Möglichkeit einer kombinierten Haushalts-Unternehmens-Analyse und -Beratung beurteilten 80 % der Befragten positiv.

II. Unternehmensgründungen im Zu- und Nebenerwerb

2001 wurden bundesweit 225 standardisierte Befragungen zur Zu- und Nebenerwerbsselbstständigkeit sowie zu vollzogenen Übergängen in Haupterwerbsselbstständigkeit durchgeführt, um der Bedeutung dieses Zugangs in unternehmerische Selbstständigkeit nachzugehen (Piorkowsky 2002). Als Ergebnis der Analyse werden vier Typen unterschieden, die sich kurz wie folgt charakterisieren lassen:

1. Zuerwerbsselbstständigkeit als *Erwerbsalternative von Haushaltsführenden*: Diese Erwerbsalternative wählen fast ausschließlich Frauen, sowohl in Partnerschaften als auch Alleinerziehende. Ausschlaggebend für diese Wahl ist die ausreichende Vereinbarkeit mit den Haushalts- und Familienaufgaben, insbesondere die Versorgung von Kindern, aber auch von pflegebedürftigen älteren Menschen im Haushalt. Die Vereinbarkeit ergibt sich vor allem bei räumlicher Nähe von Haushalt und Unternehmen sowie bei zeitlicher Gestaltungsfreiheit der Erwerbsarbeit. Ein nicht unbedeutender Teil der Zuerwerbsselbstständigen denkt früher oder später daran, die Zuerwerbstätigkeit zum Hauptberuf auszubauen – so das Befragungsergebnis (knapp 50%). Zuerwerbsselbstständigkeit kann folglich auch eine Vorstufe oder Übergangsform in eine frühe Gründungsphase sein bzw. sich dazu entwickeln.
2. Zu- und Nebenerwerbsselbstständigkeit als *frühe Gründungsphase*: Diesen Zugang wählen sowohl Frauen als auch Männer, um sich auf eine unternehmerische Selbstständigkeit vorzubereiten und langsam in die neue Aufgabe hineinwachsen zu können. Maßgeblich dafür mag sein, dass – wie bei der Zuerwerbsselbstständigkeit von Haushaltsführenden (s.o.) – Versorgungsaufgaben vorrangig wahrzunehmen sind und/oder zunächst noch Erfahrungen in unternehmerischer Selbstständigkeit gesammelt werden müssen und/oder – so typischerweise bei Nebenerwerbsselbstständigkeit – die Lebenshaltung finanziert werden muss.

3. Zu- und Nebenerwerbsselbstständigkeit als *Zu- und Nebenerwerb*: Zu- und Nebenerwerbsselbstständigkeit bietet die Möglichkeit, einen notwendigen Beitrag zum Haushaltseinkommen zu erzielen, aber auch ein „zweites Standbein" für den Fall des Arbeitsplatzverlustes aufzubauen. Die Wahl einer selbstständigen Tätigkeit ist ein eindeutiger Ausdruck der Präferenz für diese Erwerbsform. Das Zusatz- bzw. Nebeneinkommen kann mehr oder weniger dringlich sein, d.h. eher für die Befriedigung existenzieller Bedürfnisse oder für die Erfüllung zusätzlicher Wünsche verwendet werden. Besondere Mittelknappheit herrscht vor allem bei Familienhaushalten mit einem Einkommensbeziehenden sowie bei Haushalten mit Bezugspersonen, die Lohnersatzleistungen, Sozialhilfe und/oder Rente bzw. Pension beziehen. Eine besondere Untergruppe sind begutachtete Existenzgründer/innen, die durch Überbrückungsgeld nach § 57 Sozialgesetzbuch (SGB III) auf ihrem Weg in die Haupterwerbsselbstständigkeit gefördert werden.
4. Zuerwerbsselbstständigkeit als *sinnvolle Freizeitbeschäftigung*: Freizeit-Erwerbsselbstständigkeit kommt als sinnvolle Tätigkeit für Personen in Betracht, die keine vorrangigen Aufgaben zu erfüllen haben, vergleichsweise gut finanziell versorgt sind und ihr spezifisches Humanvermögen aus Freude an der Arbeit für selbstständige Erwerbstätigkeit einsetzen möchten. Dabei kann es sich um Haushaltsführende und um solche Personen handeln, die insbesondere aus Altersgründen nicht bzw. nicht mehr im Berufsleben aktiv sein müssen. Wenig plausibel ist dagegen eine Nebenerwerbsselbstständigkeit als Freizeitbeschäftigung neben einer Haupterwerbstätigkeit. Das Motiv der sinnvollen Freizeitbeschäftigung als Grund für eine Zuerwerbsselbstständigkeit ist zwar von einigen wenigen Befragten genannt worden, aber es nimmt insgesamt einen der letzten Ränge bei der Nennung von Gründungsmotiven ein. Dieser Typ scheint keine erhebliche quantitative Bedeutung zu haben.

III. Typen kleinbetrieblicher Selbstständiger

Eine Typenbildung, die für alle kleinbetrieblichen Selbstständigen repräsentativ sein könnte, ist mit Daten des Sozio-oekonomischen Panels der 14. Befragungswelle 1997 vorgenommen worden[5]. Das Sozio-oekonomische Panel erfasst haushalts- und erwerbsstatistische Merkmale und bietet damit die Möglichkeit der statistischen Repräsentation von Haushalts-Unternehmens-Komplexen. In die Panelerhebung 1997 waren 550 Selbstständige einbezogen. Davon hatten 476 (83,5 %) weniger als fünf Beschäftigte und 83 (16,5 %) fünf und mehr Beschäftigte. Die 476 kleinbetrieblichen Selbstständigen wurden anhand ausgewählter Variablen einer Clusterzentrenanalyse unterzogen. Es konnten sechs Cluster generiert werden; eine plausible Lösung mit acht Cluster wurde varianzanalytisch geprüft und verworfen.

Die sechs Cluster zeigen zwei kleine Gruppen mit zusammen knapp 10 % der kleinbetrieblichen Selbstständigen, zwei mittelgroße Gruppen mit zusammen gut 36 % und zwei große Gruppen mit zusammen 54 %. Die zwei kleinen Gruppen werden fast ausschließlich von Frauen gebildet (gut 93 %). Die zwei großen Gruppen bestehen ganz überwiegend aus Männern (84 %). Die mittelgroßen Gruppen sind unterschiedlich gut gemischte Gruppen (mit 42 bzw. 71 % Männern). Die zwei kleinen Gruppen entsprechen den oben charakterisierten Zu- bzw. Nebenerwerbsselbstständigen der Typen 1 bzw. 2 und 3. An den hier betrachteten kleinbetrieblichen Selbstständigen im Panel haben die Zuerwerbsselbstständigen einen Anteil von 3,2%. Der Anteil der Nebenerwerbsselbstständigen beträgt 6,5%. Die vier größeren Gruppen umfassen überwiegend Haupterwerbsselbstständige, denen auf Grund der Clusteranalyse typisierende Namen gegeben wurden; sie werden hier in der Reihenfolge zunehmender Gruppengröße aufgeführt: die Engagierten (14,1%), die Freizeitorientierten (22,3%), die Unzufriedenen (26,5%) und die Erfolgreichen (27,5%).

Generell zeigt sich Folgendes: Kleinbetriebliche Selbstständige arbeiten vergleichsweise häufig in der Wohnung oder in Wohnungsnähe. Mit zunehmender Zahl der Beschäftigten nehmen die Zeit, die für die Erwerbstätigkeit aufgewandt wird, sowie die Wohnfläche und die Zahl der Räume in der Wohnung zu; der Anteil der weiblichen Selbstständigen und der Ledigen bzw. Partnerlosen sowie die Zufriedenheit mit der Freizeit nehmen ab. Diese Tendenzen setzen sich mit zunehmender Beschäftigtenzahl bei den im Sozio-oekonomischen Panel 1997 erfassten Selbstständigen fort, d.h. sie gelten entsprechend für die Selbstständigen mit fünf und mehr Beschäftigten.

E. Ausblick

Die hier präsentierten empirischen Befunde sollen zunächst einmal belegen, dass es zweckmäßig sein könnte, die gesonderte Betrachtung von Privathaushalten und Unternehmen durch eine integrative Analyse zu ergänzen. Dies könnte für die Erklärung, aber auch für die Gestaltung von Prozessen der Gründung und Entwicklung sehr kleiner und kleiner Unternehmen hilfreich sein. Die Befunde sind allerdings keine empirischen Tests, sondern liefern lediglich Material für die Generierung von Hypothesen. Insofern zeichnet sich ein weiterer Forschungsbedarf ab, der teilweise bereits in konkreten Projekten bearbeitet wird.

Für die Verbesserung der makrostatistischen Basis zur Abbildung von Gründungs- und Entwicklungsprozessen im Haushalts- und Familienkontext wird aktuell eine Sonderauswertung des Mikrozensus durch das Statistische Bundesamt und die Professur für Haushalts- und Konsumökonomik vorbereitet. Damit soll insbesondere geprüft werden, wie der Mikrozensus als Gründungsstatistik genutzt werden kann. Ergebnisse aus diesem Projekt dürften Mitte 2003 verfügbar sein.

Wünschenswert und auch praktisch durchführbar wären darüber hinaus eine nachgehende Erhebung der im Mikrozensus erfassten Selbstständigen mit einer Stichprobe gemäß § 7 Abs. 2 Bundesstatistikgesetz sowie der Aufbau eines Panels. Mit einem eigens gestalteten Erhebungsinstrument können Themen abgeklärt werden, die von der amtlichen Statistik ausgeklammert werden müssen. Dabei könnte auch der Existenz von Haushalts-Unternehmens-Komplexen nachgegangen werden, denn dies erfordert die Berücksichtigung objektiver und subjektiver Merkmale.

Sollte sich die Hypothese bestätigen, dass nach objektiven Kriterien und im Selbstverständnis von Gründern und Gründerinnen in bestimmten Fällen Haushalt und Unternehmung eine sozioökonomische Einheit bilden, wäre nicht nur über die Modellierung und die statistische Repräsentation, sondern auch über Fördermodalitäten und Beratungskonzepte nachzudenken. Dies gilt besonders im Hinblick auf Zu- und Nebenerwerbsgründungen, die bisher wenig beachtete Zugangswege in unternehmerische Selbstständigkeit darstellen und noch an Bedeutung für die persönliche Lebensgestaltung und die Stabilisierung regionaler sozioökonomischer Strukturen gewinnen könnten.

Anmerkungen

1 Eine starre Abgrenzung erscheint hier nicht sinnvoll, eine „DIN-Norm" kann es nicht geben. Einpersonenhaushalte-Einpersonenunternehmen können wohl zweifelsfrei als Haushalts-Unternehmens-Komplexe gedeutet werden; Familien- und Partnerhaushalte mit zugehörigem Unternehmen ohne Beschäftigte bzw. mit lediglich einem oder zwei Beschäftigten ebenfalls. Mit zunehmender Zahl der Fremdarbeitskräfte und damit auch steigender Unternehmensgröße, gemessen an der Beschäftigtenzahl, dürfte sich die Tendenz zur organisatorischen und mentalen Trennung von Privathaushalt und Unternehmung verstärken. Bei eigenen empirischen Untersuchungen können die Erhebungs- bzw. Analyseeinheiten nach Plausibilitätsgesichtspunkten ausgewählt werden. Für sekundärstatistische Analysen kann nur das vorhandene Datenmaterial entsprechend genutzt werden.
2 Die wichtigsten Statistiken und Einschränkungen seien kurz genannt (vgl. dazu Bundesministerium für Wirtschaft 1997; Hagenkort 1999; Landsberg 2001): In der Arbeitsstättenzählung wird die nicht gewerbliche Landwirtschaft nicht erfasst. In der Gewerbestatistik bleiben sowohl die nicht gewerblichen Landwirte als auch die Freiberufler außer Betracht. Die Umsatzsteuerstatistik grenzt Unternehmen mit geringen Umsätzen und nicht ganzjähriger Tätigkeit aus. Die Betriebsstatistik des Instituts für Arbeitsmarkt- und Berufsforschung weist nur örtliche Arbeitsstätten (Betriebsstätten) mit sozialversicherungspflichtig Beschäftigten außerhalb der Landwirtschaft nach, so dass Landwirte und Einpersonenunternehmen unberücksichtigt bleiben. Der auf den Daten von Eurostat und damit auf den nationalen amtlichen Statistiken, insbesondere den Mikrozensen, basierende European Observatory for Small and Medium Enterprises (SMEs) schließt Einpersonenunternehmen ein, aber landwirtschaftliche Unternehmen aus. Im Unternehmensregister des Statistischen Bundesamtes bzw. der Statistischen Landesämter wird der Agrarbereich nicht oder nur sehr lückenhaft erfasst.
3 Die Erhebungen wurden im Rahmen des Forschungsprogramms „Haushalts-Unternehmens-Komplexe" der Professur für Haushalts- und Konsumökonomik, zu der auch die wissenschaftliche Leitung des Projektbereichs „KLUG – Koordinations- und Leitstelle für Unternehmensgründung und -entwicklung an der Universität Bonn", gehört, durchgeführt und bisher nur in Teilen publiziert sowie zur empirischen Illustration verwendet (Piorkowsky 2000, S. 197–198; Piorkowsky/Holland 2001).
4 17,5% ohne Mitarbeitende (Beschäftigte und Mithelfende); 22,7% mit einem Mitarbeitenden; 33,1% mit zwei bis vier Mitarbeitenden; 19,5% mit fünf bis zehn Mitarbeitenden; 7,2% mit mehr als zehn Mitarbeitenden. Mit zunehmender Betriebsgröße geht tendenziell die Zahl der Mithelfenden zu Gunsten der Beschäftigten zurück.
5 Die einschränkende Formulierung hinsichtlich der Repräsentativität bezieht sich auf die hier zu Grunde liegende Unterstichprobe. Zwar gilt das Sozio-oekonomische Panel als repräsentativ für die Privathaushalte und es ist von Pannenberg (1997; 1998) zur Analyse der Panelhaushalte von Selbstständigen genutzt worden. Für die Untergruppen kann aber nicht in gleicher Weise Repräsentativität unterstellt werden. Zur institutionellen Einbettung der Untersuchung vgl. Anmerkung 3. Eine vollständige Dokumentation der Studie ist im Internet als Download verfügbar (www.neuehauswirtschaft.de).

Literatur

Albach, H. (1987): Geburt und Tod von Unternehmen, ifm-Materialien, Nr. 55, Bonn.
Becker, G. S. (1965): A theory of the allocation of time, in: The Economic Journal 75, September, S. 493–517.
Becker, K. O. (1967): Die wirtschaftlichen Entscheidungen des Haushalts. Berlin.
Bell-Jeub, A. (1991): Die Wechselbeziehungen in der landwirtschaftlichen Familienwirtschaft aus haushaltsökonomischer Sicht. Frankfurt am Main u.a.
Birch, D. L. (1987): Job creation in America. How our smallest companies put the most people to work. New York, London.
Bundesministerium für Wirtschaft (Hrsg.) (1997): Unternehmensgrößenstatistik 1997/98. Daten und Fakten. Bearbeitung: Institut für Mittelstandsforschung Bonn. BMWi-Studienreihe, Nr. 96. Bonn.
Bundesministerium für Wirtschaft und Technologie (Hrsg.) (1999): Am Anfang steht die Idee. Starthilfe. Der erfolgreiche Weg in die Selbständigkeit. 13. Aufl., Bonn, Juni.
Coase, R. H. (1937): The nature of the firm, in: Economica 4, S. 386–405.
Der Präsident des Landtags Nordrhein-Westfalen (Hrsg.) (2000): Strategien zur Belebung des Arbeitsmarktes, Teil 2, Handlungsempfehlungen. Enquête-Kommission „Zukunft der Erwerbsarbeit". Düsseldorf.
Domeyer, V./Funder, M. (1990): Der Kleinbetrieb – Relikt der Vergangenheit oder Modell für die Zukunft? Ergebnisse einer empirischen Untersuchung über neu gegründete Kleinbetriebe, in: Berger, J./Domeyer, V./Funder, M. (Hrsg.): Kleinbetriebe im wirtschaftlichen Wandel. Frankfurt/Main, New York, S. 101–128.
Egner, E. (1976): Der Haushalt. Eine Darstellung seiner volkswirtschaftlichen Gestalt. 2. umgearb. Aufl., Berlin.
European Commission (Hrsg.) (2000): The european observatory for SMEs. Sixth report. Luxembourg.
European Network for SME Research (Hrsg.) (1997) The european observatory for SMEs. Fifth annual report. Zoetermeer, The Netherlands October.
Frese, M. (Hrsg.) (1998): Erfolgreiche Unternehmensgründer. Psychologische Analysen und praktische Anleitungen für Unternehmer in Ost- und Westdeutschland. Göttingen.
Hagenkort, S (1999): Nutzung von Verwaltungsdaten zum Aufbau des Unternehmensregisters, in: Wirtschaft und Statistik, 1999, S. 942–951.
Hahn, D. (1985): Unternehmensphilosophie und Führungsorganisation in Familienunternehmen, in: Zeitschrift Führung und Organisation 54, S. 12–20.
Hammer, R./Hinterhuber, H. H. (1994): Die Sicherung der Kontinuität von Familienunternehmen als Problem der strategischen Führung, in: Hinterhuber, H. H./Rechenauer, O./Stumpf, M. (Hrsg.): Die mittelständische Familienunternehmung. Die Integration der beiden Subsysteme Familie und Unternehmen in den 90er Jahren. Frankfurt/Main u.a., S. 14–24.
Hansch, E./Piorkowsky, M.-B. (1999): Haushalts-Unternehmens-Komplexe: Zur Entwicklung von Umfang und Struktur kleinbetrieblicher Verbundsysteme von Privathaushalt und zugehöriger Unternehmung, in: Lüttinger, P. (Hrsg.): Sozialstrukturanalysen mit dem Mikrozensus. Zentrum für Umfragen, Methoden und Analysen (ZUMA). ZUMA-Nachrichten Spezial 6. Mannheim, S. 49–73.
Heady, E. O./Back, W. B./Peterson, G. A. (1953): Interdependence between the farm business and the farm household with implications on economic efficiency. Department of Economics and Sociology. Agricultural Experiment Station, Iowa State College. Research Bulletin, No. 398, Ames, Iowa.
Henning, C. [H. C. A.] (1991): Unternehmens-Haushalts-Modelle. Theoretische Grundlagen. Diskussionsbeiträge des Instituts für Agrarpolitik und Marktlehre der Universität Kiel, Nr. 66. Kiel.
Henning, C. H. C. A. (1994): Unternehmens-Haushalts-Modelle. Eine theoretische und empirische Analyse. Berlin.
Hinterhuber, H. H./Rechenauer, O./Stumpf, M. (Hrsg.) (1994): Die mittelständische Familienunternehmung. Die Integration der beiden Subsysteme Familie und Unternehmen in den 90er Jahren. Frankfurt/Main u.a.

Hoffmann-Nowotny, H.-J. (1988): Haushalt und Familie 2000, in: Gießener Universitätsblätter 21, H. 1, S. 5–12.
Institut für Mittelstandsforschung Bonn (2001): Gender-spezifische Aufbereitung der amtlichen Statistik. Möglichkeiten respektive Anforderungen. Gutachten im Auftrag des Bundesministeriums für Familie, Senioren, Frauen und Jugend. Wiss. Leitung: Dr. Gunter Kayser. Bearbeitung durch Brigitte Günterberg. Bonn, Mai.
Kienzerle, W. (1939): Die Beziehungen zwischen Betrieb und Haushalt des mittelständischen Einzelhändlers. Schriften zur Einzelhandels- und Konsumforschung. H. 20. Stuttgart.
Klandt, H. (1984): Aktivität und Erfolg des Unternehmensgründers. Eine empirische Analyse unter Einbeziehung des mikrosozialen Umfeldes. Bergisch Gladbach.
Leicht, R./Philipp, R. (1999): Der Trend zum Ein-Personen-Unternehmen, in: Strukturbericht – Kurzinfo, Nr. 5. Institut für Mittelstandsforschung Mannheim.
Lancaster, K. J. (1966): A new approach to consumer behavior, in: The Journal of Poilitical Economy 74, S. 132–157.
Landsberg, H. (2001): Qualitätsverbesserung des Unternehmensregisters durch die Registerumfrage, in: Wirtschaft und Statistik, 2001, S. 444–456.
Lansberg, I. S. (1983): Managing human resources in family firms: The problem of institutional overlap, in: Organizational Dynammics, Summer, S. 39–46.
Mellewigt, Th./Witt, P. (2002): Die Bedeutung des Vorgründungsprozesses für die Evolution von Unternehmen: Stand der empirischen Forschung, in: Zeitschrift für Betriebswirtschaft 72, S. 81–110.
Merz, J. (Hrsg.) (2001): Existenzgründung. Bd. 1: Tips, Training und Erfahrungen. Bd. 2: Erfolgsfaktoren und Rahmenbedingungen. Schriften des Forschungsinstituts Freie Berufe. Baden-Baden.
Nicklisch, H. (1932): Die Betriebswirtschaft. 7. Aufl., Stuttgart.
OECD – Organisation for Economic Cooperation and Development (Hrsg.) (1996): SMEs: Employment, innovation and growth. The Washington Workshop. Documents, Paris.
Pannenberg, M. (1997): „Neue Selbstständige" in Deutschland von 1990 bis 1996, in DIW-Wochenbericht 64, S. 749–753.
Pannenberg, M. (1998): Zunehmende Selbstständigkeit in Deutschland in den Jahren 1990 bis 1995, in: DIW-Wochenbericht 65, S. 687–691.
Pfeiffer, F. (1997) Arbeitsmarkt und neue Selbstständige. Zentrum für Europäische Wirtschaftsforschung, Mannheim (o.J.) (Manuskript).
Piorkowsky, M.-B. (1994): Bevölkerung und Private Haushalte, in: Hesse, K. (Hrsg.): Strukturen privater Haushalte und Familien. Frankfurt am Main, S. 9–43.
Piorkowsky, M.-B. (1998): Vorstudie zur Quantifizierung von Haushalts-Unternehmens-Komplexen. Bericht über die Vorstudie an die Stiftung Der Private Haushalt, Projekt 97/01. Unter Mitarbeit von Esther Hansch. Professur für Haushalts- und Konsumökonomik. Rheinische Friedrich-Wilhelms-Universität Bonn, März (unveröffentlicht).
Piorkowsky, M.-B. (2000): Gründung und Entwicklung von Unternehmen aus haushaltsökonomischer Sicht, in: Klandt, H. et al (Hrsg.): G-Forum 1999. Dokumentation des 3. Forums Gründungsforschung, Köln, 8. Oktober 1999. Köln, S. 193–204.
Piorkowsky, M.-B. (2002): Existenzgründungsprozesse im Zu- und Nebenerwerb von Frauen und Männern. Eine empirische Analyse der Bedingungen und Verläufe bei Gründungs- und Entwicklungsprozessen von Unternehmen unter besonderer Berücksichtigung genderspezifischer Aspekte. Unter Mitarbeit von Thomas Stamm. Hrsg. vom Bundesministerium für Familie, Senioren, Frauen und Jugend. Berlin.
Piorkowsky, M.-B./Holland, S. (2001): Der Haushalts-Unternehmens-Komplex – die Normalform entstehender und junger Unternehmen. Ergebnisse einer empirischen Untersuchung zum Gründungsgeschehen und zur Entwicklung von Unternehmen im Haushalts- und Familienkontext, in: Merz, J. (Hrsg.): Existenzgründung 1 – Tipps, Training und Erfahrungen. Baden-Baden, S. 169–190.
Pollak, R. A. (1985): A transaction cost approach to families and households, in: Journal of Economic Literature 23, June, S. 581–608.
Preisendörfer, P. (1996): Gründungsforschung im Überblick: Themen, Theorien und Befunde, in: Preisendörfer, P. (Hrsg.): Prozesse der Neugründung von Betrieben in Ostdeutschland. Rostocker

Beiträge zur Regional- und Strukturforschung, H. 2. Universität Rostock, Wirtschafts- und Sozialwissenschaftliche Fakultät. Rostock, S. 7–29.

Reformkommission Soziale Marktwirtschaft (Hrsg.) (1999): Die Renaissance der Selbstständigkeit. Pioneer Square Deutschland. Bertelsmann Stiftung, Heinz Nixdorf Stiftung, Ludwig-Erhard-Stiftung. o.O.

Rock, S. (1991): Family firms. Cambridge.

Schmitt, G. (1990): Die ökonomische Logik der Einheit von Haushalt und Betrieb in der Landwirtschaft. Konstituierende Elemente, Wettbewerbsfähigkeit und Implikationen der Familienarbeitsverfassung, in: Agrarwirtschaft 39, S. 209–220.

Schneider, D.: (1970): Investition und Finanzierung. Lehrbuch der Investitions-, Finanzierungs- und Ungewissheitstheorie. Köln, Opladen.

Schulz-Borck, H. (1963): Der Privathaushalt des landwirtschaftlichen Unternehmers in betriebswirtschaftlicher Betrachtung. Berlin.

Singh, I./Squire, L./Strauss, J. (1986): Agricultural household models. Extensions, applications and policy. Baltimore, London.

Stafford, K./Duncan, K. A./Dane, S./Winter, M. (1999): A research model of sustainable family business, in: Family Business Review 12, September, S. 197–208.

Sternberg, R./Otten, C./Tamásy, C. (2000): Global entrepreneurship monitor. Germany 2000 country report. Department of Economic and Social Georgraphy. University of Cologne.

Storey, D. J. (1994): Understanding the small business sector. London, New York.

Struck, J. (1998): Gründungsstatistik als Informationsquelle der Wirtschaftspolitik. Eine empirische Analyse statistischer Quellen mit internationalem Vergleich. Entrepreneur Research Monographien, Bd. 13, hrsg. von Heinz Klandt. Köln, Dortmund.

Tschajanow, W. (1923): Die Lehre von der bäuerlichen Familienwirtschaft. Versuch einer Theorie der Familienwirtschaft im Landbau. Berlin.

Weber, M. (1922): Wirtschaft und Gesellschaft. Grundriss der Sozialökonomik. III. Abteilung. Tübingen.

Weihe, H. J. (1994): Entrepreneurship – Neue Wege zum Unternehmertum. Hamburg.

Witzke, H.-P. (1991): Landwirtehaushalte mit Markt- und Haushaltsproduktion zwischen Betriebswirtschaftslehre und Wirtschaftslehre des Haushalts, in: Agrarwirtschaft 40, S. 153–159.

Zucker, B. (1990): Zukunft für Familienunternehmen?, in: Gottlieb Duttweiler Institut (Hrsg.): Zukunft für Familienunternehmen? Tagungsband. 1./2. März 1990. Rüschlikon, S. 1–4.

Die Evolution von Unternehmen im Haushalts- und Familienkontext

Zusammenfassung

Haushalte und Unternehmen werden in der ökonomischen Theorie herkömmlich als gesonderte Wirtschaftseinheiten betrachtet. Alternative Konzepte, wie Haushalts-Unternehmens-Modelle, finden sich insbesondere in der Agrar- und Haushaltsökonomik für die Beschreibung und Erklärung landwirtschaftlicher Familienunternehmen. Diese Modelle lassen sich grundsätzlich auf alle kleinbetrieblichen, haushaltsverbundenen Unternehmen übertragen und für die Analyse von Gründungs- und Entwicklungsprozessen fruchtbar machen. Hier wird sogar dafür plädiert, die im Gründungsprozess entstehenden sozio-ökonomischen Hybridsysteme als Wirtschaftseinheiten eigener Art zu verstehen, die relativ stabile Mischformen von Haushalten und Unternehmen oder auch Übergangsformen sein können. Für die Begründung dieser Sichtweise werden theoretische Ansätze und Argumente sowie statistische Daten präsentiert. Außerdem werden Implikationen und ein weiterer Forschungsbedarf angesprochen.

Summary

Households and firms are commonly regarded in economic models as separate units with different structures and functions. Alternative models with firm-household interdependence are provided esp. in agricultural and household economics with respect to small family-owned firms and home-based businesses. This perspective seems to fit well with the reality of very small enterprises and small business start ups in general. It is the aim of this article to sketch some theoretical approaches, arguments and figures that give support to the assumption of a third party between households and firms, which is here called "household-enterprise-complex". This unit can be explained as an emergent socio-economic hybrid system with transitional character in the case of firm growth and of stabel character for some periods without growth respectively. Implications are adressed for modeling, statistical representation and practical support for sustainable foundation and development, esp. for co-evolution.

21: Unternehmensführung (JEL M19)

Leitfaden zur Erschließung wirtschaftlicher Kontexte

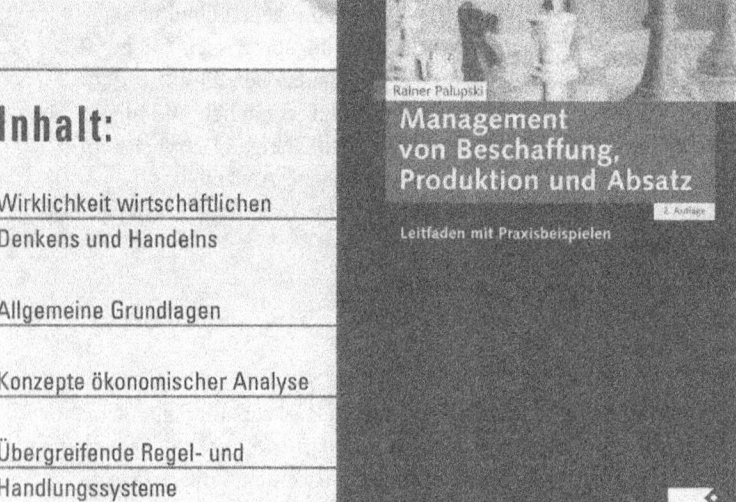

Inhalt:

Wirklichkeit wirtschaftlichen Denkens und Handelns

Allgemeine Grundlagen

Konzepte ökonomischer Analyse

Übergreifende Regel- und Handlungssysteme

Beschaffung/Produktion/Absatz

Integration von Beschaffung, Produktion und Absatz

Der Autor:

Rainer Palupski
Management von Beschaffung, Produktion und Absatz
Leitfaden mit Praxisbeispielen
2., erg. u. durchges. Aufl.
2002. XXII, 399 S.
Br. € 26,90
ISBN 3-409-23227-3

Dieses Lehrbuch bietet Ihnen einen theoretisch fundierten und praxis tierten Leitfaden, mit dessen Hilfe Sie sich die Kernelemente und Prinz wirtschaftlichen Denkens und Handelns erschließen und nutzbar mac können.

Dr. Rainer Palupski war wissenschaftlicher Assistent von Prof. Dr. P Hammann am Lehrstuhl für Angewandte Betriebswirtschaftslehre I (Marketing) der Ruhr-Universität Bochum. Er ist heute als Unternehm berater und Dozent für Betriebswirtschaftslehre tätig.

Bestellung

Fax: 06 11.78 78-420

Ja, ich bestelle:

____ Expl. Rainer Palupski
Management von Beschaffung, Produktion und Absatz
Br. € 26,90
ISBN 3-409-23227-3

Vorname und Name

Straße (bitte kein Postfach)

PLZ, Ort

Unterschrift

Änderungen vorbehalten. Erhältlich beim Buchhandel oder beim Verlag. Abraham-Lincoln-Str. 46, 65189 Wiesbaden, Tel: 06 11.78 78-124, www.gabler.de

Indikatoren für Erfolg und Überlebenschancen junger Unternehmen

Von Axel G. Schmidt

Überblick

- Ob eine Unternehmensgründung als erfolgreich anzusehen ist oder nicht, ist aus verschiedenen Perspektiven relevant: für die Erfolgsfaktorenforschung, die Existenzgründungspolitik, die Bestandssicherungspolitik im Rahmen der Mittelstandspolitik, für externe Kapitalgeber und nicht zuletzt für den Eigentümer-Unternehmer.

- Zu der Frage, anhand welcher Indikatoren der Erfolg junger Unternehmen gemessen werden kann, wird ein nach den verschiedenen Perspektiven systematisierter Überblick über die im Schrifttum verwendeten Erfolgsgrößen gegeben. Diese berücksichtigen die unterschiedlichen Entwicklungsphasen junger Unternehmen in der Regel nicht.

- Es wird ein Vorschlag zur Messung des Gründungserfolgs unterbreitet. Nach drei Entwicklungsphasen differenzierend werden jeweils einige wenige Erfolgsindikatoren vorgestellt. Hierbei werden materielle Erfolgsgrößen durch immaterielle Indikatoren komplettiert, denen ein Balance of life-Konzept zugrunde liegt.

Eingegangen: 6. Juli 2002

Professor Dr. Axel G. Schmidt, Professur für Mittelstandsökonomie an der Universität Trier, Im Treff 11, 54296 Trier, E-Mail: schmidta@uni-trier.de

© Gabler-Verlag 2002

A. Junge Unternehmen in der Tradition der Erfolgsfaktorenforschung

I. Unternehmenserfolg, Überlebenschancen und deren Ursachen als Erkenntnisobjekt der Betriebswirtschaftslehre

Im allgemeinen Sprachgebrauch versteht man Erfolg als „positive Wirkung oder Folge von Entscheidungen oder Handlungen"[1]. Verknüpft man dieses Begriffsverständnis mit der Auffassung, dass die unternehmerischen Entscheidungen über knappe Ressourcen sowie das wirtschaftliche Handeln nach dem Ergiebigkeitsprinzip den Erkenntnisgegenstand der Betriebswirtschaftslehre bilden[2], so wird deutlich, dass der Unternehmenserfolg zu den zentralen Begriffen der Betriebswirtschaftslehre zählt. Dies gilt für Forschung und Lehre ebenso wie für die unternehmerische Praxis im Sinne des „primäres Ziel der Unternehmenspolitik".[3]

Der intuitiv leicht erfassbare Begriff „Unternehmenserfolg"[4] entpuppt sich bei intensiverer Betrachtung als ein theoretisches Konstrukt, als eine latente Variable, die sich einer unmittelbaren Beobachtung entzieht.[5] Deshalb bedarf der Begriff „Unternehmenserfolg" einer definierten Ausdrucksform,[6] einer konkreten Operationalisierung, die unternehmerische Realität durch Indikatoren abbildet.[7]

Genau vor dieser Herausforderung steht ein bedeutsamer Zweig betriebswirtschaftlichen Erkenntnisstrebens, die Erfolgsfaktorenforschung. Denn die erfolgreiche Suche nach den „Schlüsselfaktoren",[8] nach den „strategischen"[9] oder „kritischen Erfolgsfaktoren"[10] setzt u. a. voraus, dass die Multidimensionalität des Unternehmenserfolgs[11] durch geeignete, im Idealfall theoretisch abgeleitete Erfolgsindikatoren abgebildet wird. Hierbei steht die quantitative Erfolgsfaktorenforschung zudem vor dem komplexen Entscheidungsproblem, eine adäquate und praktikable Messvorschrift für die ausgewählten Erfolgsindikatoren zu finden.[12]

Die Suche nach den Ursachen unternehmerischer Spitzenleistung, die das Überleben eines Unternehmens am Markt sozusagen als Mindestbedingung voraussetzt, hat eine kaum überschaubare Fülle an Studien hervorgebracht. Inzwischen gibt es zahlreiche Arbeiten nicht nur zu Großunternehmen,[13] sondern auch zu mittelständischen Unternehmen[14] und zu neu gegründeten Unternehmen.[15]

Ebenso heterogen wie die Vielzahl der identifizierten Erfolgsfaktoren ist die Fülle der Indikatoren, die im Schrifttum zur Charakterisierung des Begriffs „Unternehmenserfolg" Verwendung finden. Fritz (1990, S. 94 ff.) gibt einen Überblick über die Vielfalt der bis dato bei der Erforschung des Erfolgs großer, überwiegend industrieller Unternehmen verwendeten Erfolgsmaße. Hierbei zählen der Gewinn und die daraus abgeleiteten Rentabilitätsmaße (ROI, ROA etc.), der Cashflow in verschiedenen Definitionen sowie Verknüpfungen zu Kennzahlen (CF zu Umsatz) sowie einige Wachstumsmaße zu den am häufigsten verwendeten Erfolgsgrößen. Einige Arbeiten tragen der von Albach (1988, S. 71 ff.) vorgeschlagenen gemeinsamen Betrachtung von Rentabilitäts- und Wachstumsmaßen Rechnung.

Für den Bereich des Handels listet Krönfeld (1995, S. 48 ff.) 25 verschiedene Erfolgsindikatoren auf, die in „ausgewählten Erfolgsfaktorstudien" im Handel eingesetzt wurden. Daschmann (1994) fand in seiner Betrachtung von 75 Studien zur Erfolgfaktorenforschung bei mittelständischen Unternehmen insgesamt 56 verschiedene Maßgrößen für Unternehmenserfolg.

Im Bereich neu gegründeter Unternehmen haben Brush; Vanderwerf (1992, S. 159) 34 einschlägige Artikel untersucht, die in den Jahren 1987 und 1988 in zwei Entrepreneurship Journals erschienen waren. Sie stießen auf insgesamt 35 verschiedene „measures of performance".

Die Heterogenität und die fehlende theoretische Fundierung der verwendeten Erfolgsindikatoren ist einer der Kritikpunkte, an denen sich eine kontroverse Diskussion um Befunde und Methoden der Erfolgsfaktorenforschung entzündet hat.[16]

II. Besonderheiten der Erfolgsmessung bei jungen Unternehmen

Trotz der Heterogenität der verwendeten Erfolgsindikatoren ist festzustellen, dass die Mehrzahl der Studien, die sich auf die Erfolgsfaktoren großer oder mittelständischer Unternehmen beziehen, mit Erfolgsindikatoren arbeitet, die sich um Rentabilität und Wachstum ranken.

Bei neu gegründeten Unternehmen hebt das Schrifttum, wie noch zu zeigen sein wird, insbesondere auf die Tatsache ab, ob diese den Selektionsprozess am Markt für einen bestimmten Zeitraum überleben. Der Gewinn als Erfolgsindikator hingegen wird häufig kritisiert[17] oder abgelehnt[18], da diese typischerweise zunächst Anlaufverluste hinnehmen müssen[19]. Neben den grundsätzlichen Problemen, die der Gewinn als Erfolgsmaßstab unabhängig vom Unternehmensalter aufwirft[20], kommt dem Argument, dass der Gewinn nicht nur eine Ergebnis-, sondern auch eine Steuerungsgröße ist[21], bei Unternehmensgründungen besonderes Gewicht zu. Investitionen in F&E, Markterschließung und Netzwerke bedeuten nämlich einen Gewinnverzicht in der Gegenwart zugunsten zukünftig erwarteter Gewinne und sind für Start-ups im Umfeld des Internets geradezu typisch[22].

Gegen die Verwendung des Erfolgsindikators „Gewinn" spricht auch die bei Eigentümern von neu gegründeten Unternehmen weit verbreitete Abneigung, ertragsrelevante Informationen preiszugeben[23]. Zudem sind solche Angaben bei kleinen Unternehmen mit „wenig stark ausgeprägter Buchführung"[24] häufig nicht auf einem zeitnahen Stand.

Bei neuen Unternehmen weisen dynamische Entwicklungskennzahlen, die sich auf Umsatz, Beschäftigung und Gewinn beziehen, eine umso größere Schwankungsbreite auf, je jünger die Unternehmen sind[25]. Hierin kommen u. a. die unterschiedlich hohen Ausgangsniveaus der verglichenen Unternehmen zum Ausdruck. Das Problem einer großen Varianz stellt sich also in besonderem Maße in empirischen Arbeiten, bei denen die Stichprobe Unternehmen unterschiedlichen Alters umfasst.[26]

Eine grundsätzliche Kritik an den Studien zu Erfolgsfaktoren richtet sich auf den Zeitpunkt der Messung des Unternehmenserfolgs,[27] die in der Regel *ex post* und damit vergangenheitsorientiert durchgeführt wird[28]. Aufgrund des bei neuen Unternehmen besonders stark ausgeprägten Zusammenhangs zwischen Investitionen zulasten des derzeitigen und zugunsten des zukünftigen Ertrags kommt der Frage nach dem Zeitpunkt der Erfolgsmessung eine besonders große Bedeutung zu. Es bietet sich an, die verschiedenen Entwicklungsphasen neu gegründeter Unternehmen in die Betrachtung einzubeziehen. Darauf wird noch zurückzukommen sein.

Es gibt allerdings auch grundsätzliche Probleme bei der Definition von Unternehmenserfolg, die für Neugründungen nicht oder lediglich in abgeschwächter Form zum Tragen kommen. So ist die für größere Unternehmen bedeutsame Unterscheidung zwischen der Unternehmens- und Geschäftsfeldebene[29] bei jungen Unternehmen in der Regel irrelevant. Hierbei bilden manche Internet-Unternehmen aufgrund ihrer Aktivitäten in verschiedenen Geschäftsbereichen[30] eine Ausnahme.

In größeren Kapitalgesellschaften, bei denen Eigentums- und Verfügungsrechte getrennt sind, kann nicht ohne weiteres davon ausgegangen werden, dass die Ziele des Managements mit denen der Eigentümer identisch sind. Das Problem, zwischen den Unternehmenszielen und den unternehmensbezogenen Zielen des Unternehmers zu differenzieren[31] und damit unterschiedliche unternehmensbezogene Erfolgsmaßstäbe anlegen zu müssen, stellt sich bei neu gegründeten Unternehmen im Normalfall nicht. Denn bei ihnen liegen Unternehmensführung und Eigentum in der Regel in einer Hand.

III. Eine abstrakte Erfolgsdefinition

Was die Heterogenität der verwendeten Erfolgsindikatoren betrifft, steht die Gründungsforschung den Studien, die sich mit dem Erfolg großer oder mittelständischer Unternehmen befassen, kaum nach[32]. Um ein hinreichendes Maß an sprachlicher Übereinkunft für die folgenden Ausführungen herzustellen, und um bestimmte, im gründungsrelevanten Schrifttum verwendete Definitionen nicht von vorne herein auszuschließen, ist es sinnvoll, den Begriff „Erfolg" zunächst auf einem hohen Abstraktionsniveau zu definieren.

Hierzu ist es erforderlich, über das in der Betriebswirtschaftslehre häufig vorzufindende Verständnis des Begriffs „Erfolg" (Reinvermögenszuwachs, Differenz zwischen Aufwand und Ertrag) hinauszugehen. Je besser die aus dem betrieblichen Rechnungswesen hervorgehenden Erfolgsdaten ausfallen, desto höher sind zwar die Überlebenschancen eines jungen Unternehmens. Allerdings würde dieses Verständnis von Erfolg die – wie noch zu belegen sein wird – überaus bedeutsame Perspektive des Unternehmers, der mit seiner Unternehmensgründung auch immaterielle Ziele verfolgt, aus der Untersuchung ausschließen.

Daher wird im Folgenden unter Erfolg allgemein *der Erreichungsgrad eines individuell angestrebten Zieles oder Zielsystems* verstanden. Dieses Begriffsverständnis steht einerseits im Einklang mit betriebswirtschaftlichen Standardwerken,[33] und lehnt sich andererseits an in der Erfolgsfaktorenforschung durchaus übliche Definitionen an.[34]

Ein bedeutendes Charakteristikum dieser Definition ist darin zu sehen, dass sie die Relativität, Subjektivität und Individualität der Ziele und damit des Erfolgsbegriffs hervorhebt. Dies bedeutet, dass es ein allgemein gültiges Verständnis von Erfolg bislang nicht gibt und vielleicht gar nicht geben kann. Aufgrund ihrer Individualität hängen die Ziele und damit der Erfolg von den handelnden oder beobachtenden Personen ab. Dies gilt auch für die Forschung. So ist die Sicht auf Erfolg eines Soziologen grundlegend anders als die eines Ökonomen[35], und ein Arbeitspsychologe wird unter Unternehmenserfolg etwas anderes verstehen als ein Arbeitsmediziner.[36] Somit hängen Ziele, Erfolgsbegriff und damit auch die Indikatoren für Erfolg untrennbar von der Perspektive des Betrachters ab.

B. Erfolgsindikatoren neuer Unternehmen aus verschiedenen Perspektiven

Die Abhängigkeit des Erfolgsbegriffs von der Betrachtungsrichtung gilt natürlich auch für Unternehmensgründungen.[37] Hierbei kommen im Prinzip verschiedene Perspektiven in Frage.[38] Aus diesem „Pluralismus der Sichtweisen"[39] werden im Folgenden die Perspektive der Wirtschaftspolitik, der externen Kapitalgeber, vor allem aber die Perspektive des jungen Unternehmens und die davon untrennbare Betrachtungsweise des Unternehmensgründers näher betrachtet.

I. Wirtschaftspolitik

Der Erfolg neu gegründeter Unternehmen ist in mehrfacher Hinsicht ein elementarer Begriff für Studien, die sich aus wirtschafts- oder mittelstandspolitischer Sicht mit dem Existenzgründungsgeschehen in Deutschland befassen. Zum einen sind die expansiven ökonomischen Effekte, und hier insbesondere der Beitrag, den man sich von neuen Unternehmen zur Bewältigung des Strukturwandels und zur Lösung des Beschäftigungsproblems erhofft,[40] nicht an Unternehmensgründungen schlechthin, sondern an „erfolgreiche" Unternehmensgründungen geknüpft.[41]

Zum anderen spielt der „Gründungserfolg" eine wichtige Rolle bei der Evaluation der Programme der öffentlichen Hand zur Förderung von Existenzgründungen.[42] Hierbei steht die Frage im Zentrum des Erkenntnisinteresses, ob und inwieweit landesspezifische „Gründungsoffensiven"[43] oder Finanzierungshilfen des Bundes sich positiv auf den „Gründungserfolg" auswirken.[44]

Drittens möchte man in der Tradition der Erfolgsfaktorenforschung Aufschluss darüber gewinnen, welche Faktoren und Determinanten „erfolgreiche" von „weniger erfolgreichen" Gründungen unterscheiden. Auf dieser Erkenntnisgrundlage sollen wirtschaftspolitische Entscheidungsträger Aktionsparameter an die Hand bekommen, um die Rahmenbedingungen für den „Gründungserfolg" zu verbessern.[45]

1. Selbstständigenquote

Der Realisierungsgrad der von nahezu allen politischen Parteien geteilten beschäftigungs- und gesellschaftspolitisch motivierten Forderung: „Wir brauchen mehr Unternehmer"[46] wird häufig an der Entwicklung der Selbstständigenquote gemessen.[47] Der internationale Vergleich von Selbstständigenquoten, bei dem Deutschland einen Platz im unteren Mittelfeld belegt, – diese Platzierung wird als „zu schlecht" angesehen – war[48] und ist noch immer[49] einer der bedeutendsten Impulsgeber für das wirtschaftspolitische Ziel, durch eine Verbesserung der gründungsrelevanten Rahmenbedingungen die so genannte „Unternehmerlücke" zu schließen.[50]

Die Messung des Erfolgs von „Existenzgründungspolitik" anhand der Selbstständigenquote greift jedoch zu kurz.[51] Erstens scheint die Bewertung der internationalen Platzierung Deutschlands als „zu schlecht" unzureichend begründet. Denn bei solchen Vergleichen sollte man der Versuchung, die sich ergebende Rangfolge wie die Tabelle der Fußball-Bundesliga zu lesen, nicht zu schnell erliegen. Wo findet man fundierte Erkenntnisse darüber, welchen Prozentwert die Selbstständigenquote im wie auch immer definierten Optimum annimmt? Wäre die optimale Selbstständigenquote in Portugal die gleiche wie in Deutschland, die in Mecklenburg-Vorpommern identisch mit der in Bayern? Solange auf Fragen wie diese keine auch nur annähernd befriedigende Antwort ersichtlich ist, scheint das Populäre „mehr ist besser" zumindest vorschnell.

Hinzu kommt, dass international vergleichende Statistiken mit Vorsicht zu interpretieren sind. Wird die Anzahl der Selbstständigen in Griechenland genauso gemessen wie in den USA? Versteht man in Großbritannien unter einem Selbstständigen das Gleiche wie in Portugal?

Selbst wenn man von diesen „Untiefen" der Statistik einmal absieht[52], müsste der Ruf nach mehr Selbstständigen spätestens dann auf ein verhaltenes Echo, sprich Nachdenklichkeit stoßen, wenn man die vielfach als vorbildlich dargestellte Situation in den USA in all ihren Facetten in die Überlegungen einbezieht. Denn wie passt zu dieser Vorbildfunktion der Befund, dass die Selbstständigenquote in den USA je nachdem, welche Statistik man zu Grunde legt, niedriger ist als bei uns, zumindest aber nicht deutlich höher?[53]

Der internationale Vergleich von Selbstständigenquoten ist also derzeit kein geeigneter Erfolgsindikator für die Existenzgründungspolitik. Die zeitliche Entwicklung der Selbstständigenquote in Deutschland kann demgegenüber bei vorsichtiger Interpretation durchaus als eine Erfolgsgröße fungieren.[54]

2. Weitere Erfolgsindikatoren

Die Bestandsfestigkeit neu gegründeter Unternehmen, verstanden als ihre Fähigkeit, den Selektionsprozess am Markt für einen bestimmten Zeitraum zu überstehen, ist ein weiterer Erfolgsindikator, der in zahlreichen gesamtwirtschaftlich orientierten Studien Verwendung findet.[55]

Da aus wirtschaftspolitischer Perspektive Unternehmensgründungen mit der Hoffnung auf mehr Beschäftigung und Wachstum verknüpft sind, ist es kaum verwunderlich, dass einzelwirtschaftliche Erfolgsindikatoren, die von unmittelbarer gesamtwirtschaftlicher Relevanz sind, zu den am häufigsten erhobenen zählen. Dies gilt insbesondere für die Entwicklung der Anzahl der Beschäftigten und des Jahresumsatzes[56]. Diese beiden Entwicklungsgrößen gelten im Kontext von Existenzgründungen als „Schlüsselgrößen der empirischen Forschung."[57]

Vergleichsweise seltener wird „Gründungserfolg" an der Entwicklung der Investitionen gemessen.[58] Dies gilt auch für die als Erfolgsindikator verwendeten Produktivitätskennzahlen „Umsatz je Beschäftigten"[59] und „Wertschöpfung je Beschäftigten".[60] Der als Erfolgsindikator für Neugründungen häufig kritisierte Unternehmensgewinn und die daraus abgeleiteten Rentabilitätskennzahlen finden sich ebenfalls eher selten, dafür aber in verschiedenen Operationalisierungsvarianten. So als dichotome Variable „Gewinn oder Verlust" für ein Geschäftsjahr[61] oder im Zeitverlauf[62] sowie als Umsatzrentabilität[63] und Gesamtkapitalrentabilität.[64]

Aufgrund des Zusammenhangs zwischen den Investitionsentscheidungen eines Unternehmens und seiner derzeitigen Ertragslage[65] ist das zukünftige Entwicklungspotenzial des Unternehmens kein unbedeutender Erfolgsparameter. Als Ausdruck des Entwicklungspotenzials dient die Absicht der Unternehmer, die Anzahl der Mitarbeiter zu erhöhen,[66] die Umsatzerwartung für das nächste Geschäftsjahr[67] oder die subjektive Bewertung des Technologiestatus des Unternehmens auf einer Skala von „state of the art" bis „completely outdated".[68]

II. Externe Kapitalgeber

Unternehmensgründungen, insbesondere High-Tech-Gründungen, sind bei der Finanzierung ihrer Gründungsinvestition in der Regel auf eine Kapitalzufuhr von Außen angewiesen. Diese kann in Form externen Eigenkapitals (Beteiligungsfinanzierung) oder externen Fremdkapitals (Kreditfinanzierung) erfolgen.

Betrachtet man Beteiligungs- und Kreditfinanzierung als alternative Vertragsformen der Kapitalüberlassung,[69] so wird ein Kapitalgeber diejenige Vertragsform der Kapitalüberlassung wählen, die unter Berücksichtigung der jeweils entstehenden Kosten einen möglichst großen Beitrag zur Abwendung der erfolgsmindernden Folgen leistet, die aus seinem Informationsnachteil gegenüber dem Kreditnachfrager resultieren können.[70] Vor diesem Hintergrund wird im Folgenden der Frage nachgegangen, was externe Eigenkapitalgeber, hier am Beispiel von Venture Capital Gesellschaften (im Weiteren VCG), sowie externe Fremdkapitalgeber, hier am Beispiel von Kreditinstituten, im Rahmen des jeweiligen Finanzierungskontextes unter dem Erfolg neu gegründeter Unternehmen verstehen.

1. Wagniskapitalgeber

Insbesondere industrielle und technologieorientierte Gründungen haben einen besonders hohen Bedarf an Startkapital,[71] zu dessen Deckung in der Praxis – im Gegensatz zum 100%ig fremd finanzierenden dynamischen Schumpeter-Unternehmer[72] – eine angemessene Ausstattung mit Eigenkapital anzustreben ist. Die Zuführung externen Wagniskapitals kann hierbei nicht nur die Realisierung des Gründungsvorhabens ermöglichen, sondern auch das Überleben in den nachfolgenden Phasen der Unternehmensentwicklung erleichtern.[73]

Der institutionalisierte Markt für Wagniskapital hat in Deutschland Ende der neunziger Jahre – gemessen an der Anzahl der Kapitalbeteiligungsgesellschaften oder am Anteil des Beteiligungsvolumens am Bruttoinlandsprodukt – einen kräftigen Aufschwung erlebt.[74] Daher erscheint ein kurzer Blick darauf lohnend, was VCG unter dem Erfolg der Unternehmen verstehen, in die sie investieren.

Auf der Grundlage einer Auswertung der einschlägigen internationalen Literatur teilt Schefczyk (1999, S. 279) die dort verwendeten *ex post* Erfolgsmaße, die VCG im Hinblick auf ihre jungen Beteiligungsunternehmen einsetzen, in folgende sieben Gruppen ein: (1) aus dem Jahresabschluss abgeleitete Kennzahlen, insbesondere zur Rentabilität; (2) Indikatoren des Erfolgs am Markt (z. B. Marktanteil); (3) Wachstumsmaße, insbesondere für den Umsatz; (4) Beteiligungsrentabilitätsmaße, welche die Kapitalverzinsung aus der Sicht der VCG widerspiegeln; (5) Hybridmaße wie beispielsweise das Verhältnis von Markt- zu Buchwert; (6) subjektive Erfolgskriterien, welche die erzielte Rentabilität mit

Plan- oder Branchendaten vergleichen, und (7) die Vermeidung der Insolvenz als Minimalkriterium. Hierbei dürften die erwähnten Beteiligungsrentabilitätsmaße besonders günstig ausfallen, wenn es gelingt, das Portfoliounternehmen erstmals an die Börse zu führen (Initial Public Offering, kurz: IPO) oder sogar durch „underpricing" eine Erstnotizrendite zu erwirtschaften.

Die Hingabe von Wagniskapital ist mit erheblichen Risiken verknüpft. Zum Ausgleich dieser Risiken wird daher eine entsprechende Prämie in die Ertragserwartungen eingerechnet, die das Kapital gebende Unternehmen mit seinem Investment in ein junges Unternehmen verbindet.[75] Von privaten Investment-Häusern wird berichtet, dass sie ausschließlich Unternehmen an die Börse bringen, die erfolgreich in dem Sinne sind, dass sie in den vorangegangenen Jahren eine Rendite von mindestens 40 % erwirtschaftet haben.[76]

Insgesamt betrachtet ist also davon auszugehen, dass VCG die Meßlatte für den Erfolg neu gegründeter Unternehmen sehr hoch ansetzen. Dies folgt aus der Tatsache, dass sie ihren eigenen Investoren eine attraktive Rentabilität bieten müssen und daher ihre „erfolgreichen" Portfoliounternehmen die zahlenmäßig überwiegenden, teilweise den Totalausfall des investierten Kapitals induzierenden Misserfolgsfälle überkompensieren müssen. In der *ex post* Betrachtung ist sogar ein einzelnes Unternehmen aus der Bewertungsklasse „exzellentes Investment" (High Flyer), das der VCG im Durchschnitt mehr als das Zehnfache des eingesetzten Kapitals als Kapitalrückfluss nach Transaktionskosten beschert, in der Lage, alle erfolglosen Investments auszugleichen.[77]

2. Fremdkapitalgeber

Im Unterschied zu externen Eigenkapitalgebern ist die Position eines Kreditinstituts bereits gesichert, wenn das Fremdkapital nachfragende Unternehmen in der Lage ist, die vertraglich zugesicherten Zins- und Tilgungszahlungen zu leisten. Es ist für den Fremdkapitalgeber von vergleichsweise geringer Relevanz, ob der Kreditnehmer das überlassene Kapital bestmöglich zur Gewinnerzielung einsetzt und etwa eine weit über dem Branchendurchschnitt liegende Gesamtkapitalrentabilität erzielt.[78]

Daher ist eine laufende Überwachung der Unternehmensleitung für den Fremdkapitalgeber, insbesondere wenn der Kredit ganz oder teilweise durch Sicherungen hinterlegt ist, nicht erforderlich. Deshalb besteht die „Governance", also die Summe der Maßnahmen, die er zur Abwendung von Schäden aus dem Kapitalüberlassungsvertrag ergreift, primär darin, während der Kreditlaufzeit Frühwarnindikatoren zu beobachten,[79] die auf eine Gefährdung der Kreditrückzahlung hinweisen.[80]

Aus der Sicht des Kreditinstituts ist der Erfolg einer Gründung im Kontext eines Kapitalüberlassungsvertrages also im Wesentlichen gleichbedeutend mit der Vermeidung von Misserfolg. Demzufolge ist ein neu gegründetes Unternehmen erfolgreich, wenn es nicht nur den Selektionsprozess am Markt während der Kreditlaufzeit überlebt, sondern einen Cashflow erwirtschaftet, der es ermöglicht, den Kredit vollständig und rechtzeitig zurückzuzahlen.[81]

III. Unternehmen und Eigentümer-Unternehmer

Aufgrund der engen Verbindung zwischen einem neu gegründeten Unternehmen und dem Existenzgründer werden diese Perspektiven in einem gemeinsamen Abschnitt behandelt. Denn obwohl im Folgenden der Erfolg des Unternehmens und der Erfolg des Unternehmers nacheinander behandelt werden, bilden sie doch ein untrennbares Ganzes. So nehmen zwei der „typischen Auswirkungen einer Selbstständigkeit auf die Privatsphäre der Gründers",[82] nämlich auf das Einkommen des Eigentümer-Unternehmers und die persönliche Übernahme von Risiken, eine für ihn umso günstigere Ausprägung an, je erfolgreicher das neue Unternehmen im Sinne von Gewinn und Rentabilität wirtschaftet.

1. Unternehmensbezogene Erfolgsindikatoren

Das Schrifttum, das sich unmittelbar oder mittelbar mit dem Erfolg neu gegründeter Unternehmen auseinandersetzt, orientiert sich bei der Auswahl der Erfolgsindikatoren häufig nicht am Wünschenswerten, sondern am praktisch und erhebungstechnisch Umsetzbaren. Die Übersichten 1 und 2 geben die wichtigsten, in der empirischen Gründungsforschung verwendeten Erfolgsindikatoren wieder. Hierbei wird unterschieden zwischen objektiven Indikatoren einerseits, die sich im Prinzip aus dem Jahresabschluss, dem betrieblichen Rechnungswesen und Betriebsstatistiken ableiten lassen (Übersicht 1), und subjektiven Einschätzungen der Unternehmer im Hinblick auf unternehmensrelevante Größen (Übersicht 2).

Übersicht 1
Unternehmensbezogene Erfolgsindikatoren neu gegründeter Unternehmen
– Objektive Indikatoren –

1. Zeitpunkt- und zeitraumbezogen	
• Gewinnerzielung (dichotom)	ifo; bifego (1994-a, S. 108)
• Rentabilität – Umsatzrentabilität – Gesamtkapitalrentabilität – Eigenkapitalrentabilität	Hunsdiek; May-Strobl (1986, S. 25 ff.); Fell (1994, S. 21) Fell (1994, S. 24) Voigt (1994, S. 246 f.)
• Finanzkraft – Cashflow / Bilanzsumme – Cashflow / Fremdkapital	Christe; May-Strobl (2002, S. 70) Christe; May-Strobl (2002, S. 70)
• Marktanteil	Moser; Schuler (1999, S. 34)
• Produktivität – durchschnittlicher Umsatz je Beschäftigten – Wertschöpfung je Beschäftigten	Picot et al (1989, S. 75) Christe; May-Strobl (2002, S. 64)
• Auftragsbestandslänge[83]	Scheidt (1995, S. 162 f.)
• Unternehmenswert	Schenk (1998, S. 62)

Übersicht 1 *(Fortsetzung)*
Unternehmensbezogene Erfolgsindikatoren neu gegründeter Unternehmen
– Objektive Indikatoren –

• Erreichte Unternehmensgröße[84] – Höhe des Umsatzes im 1. Geschäftsjahr – Anzahl der Mitarbeiter	Picot et al (1989, S. 75) Scheidt (1995, S. 165) Schenk (1998, S. 60)
• Umsatzdistanz[85]	Scheidt (1995, S. 163 f.)
• Break-even-Distanz[86]	Picot et al (1989, S. 75)
• Bestandsfestigkeit[87]	Eckhardt (2002, S. 8); Wanzenböck (1998, S. 14); Woywode (1993, S. 444); Brüderl et al. (1996, S. 93); Plaschka (1986, S. 42)
• Beteiligungs- oder Übernahmeangebote (dichotom)	Picot et al (1989, S. 75)
• Unique Visitors[88]	Wirtz; Becker (2002, S. 142)
2. Wachstumsorientiert	
• Umsatz und Anzahl der Beschäftigten	Heil (1999, S. 9 ff.); Brüderl et al (1996, S. 93); ifo; bifego (1994-a, S. 95); Brush; Vanderwerf (1992, S. 157); Hunsdiek; May-Strobl (1986, 25 ff.); May (1981, S. 115 ff.)
• Gewinn	Christe; May-Strobl (2002, S. 67); Moser; Schuler (1999, S. 34)
• Umsatzrentabilität	Hunsdiek; May-Strobl (1986, S. 34 ff.)
• Investitionen	Heil (1999, S. 1999, S. 19 ff.); Hunsdiek; May-Strobl (1986, S. 31 f.); ifo; bifego (1994-a, S. 95)
• Wirtschaftliches Eigenkapital[89]	Fell (1994, S. 28)
• Investitionsdeckungsgrad[90]	Fell (1994, S. 29)
• Marktanteil	Moser; Schuler (1999, S. 36)
• Anlage- oder Betriebskapital	Brüderl et al (1996, S. 101)
• „Geschäftsraum"	Brüderl et al (1996, S. 101)

2. Auf den Eigentümer-Unternehmer bezogene Erfolgsindikatoren

Die Übersichten 3 und 4 vermitteln einen Eindruck von den in der empirischen Gründungsforschung verwendeten Erfolgsindikatoren, die aus der eher persönlichen Perspektive des Unternehmensgründers relevant sind. Hierbei wird im Folgenden unterschieden zwischen finanziell relevanten und immateriellen Erfolgsindikatoren, sowie bei den immateriellen zwischen überwiegend unternehmens- und überwiegend personenbezogenen

Übersicht 2
Unternehmensbezogene Erfolgsindikatoren neu gegründeter Unternehmen
– Subjektive Indikatoren –

1. Vergangenheitsbezogen	
• Entwicklungsverlauf	Hunsdiek; May-Strobl (1996, S. 36 ff.)
• Eigene unternehmerische Leistung	Moser; Schuler (1999, S. 33 f.)
• Unternehmenserfolg der vergangenen fünf Jahre	Brandstätter (1999, S. 160)
• Unternehmenswachstum	Utsch; Frese (1998, S. 216)
2. Gegenwartsbezogen	
• Bereitschaft zur Geschäftsaufgabe	Galais (1999, S. 193)
• Technologischer Stand	Brixy; Kohaut (1998, S. 12)
• Marktposition	Christe; May-Strobl (2002, S. 73 f.)
• Wirtschaftliche Situation des Unternehmens	Moser; Schuler (1999, S. 33 f.)
• Gesamterfolg des Unternehmens	Utsch; Frese (1998, S. 216)
3. Zukunftsbezogen	
• Entwicklungspotenzial	Christe; May-Strobl (2002, S. 73)
• „Globale Zukunftsaussicht"	Voigt (1994, S. 248 f.)
• Absicht, Anzahl der Mitarbeiter aufzustocken	May (1981, S. 145 ff.)
• Umsatzerwartung für das nächste Geschäftsjahr	Wießner (1998, S. 6)
• Erwarteter Erfolg in den nächsten fünf Jahren	Brandstätter (1999, S. 160)

Erfolgsmaßen. Beide Unterteilungen sind insofern nicht vollständig trennscharf, da einige der Indikatoren, die hier unter den überwiegend unternehmensbezogenen immateriellen Erfolgsgrößen subsumiert werden, von den jeweiligen Autoren als summarisch interpretiert, sprich als Gesamteinschätzung verstanden werden.

2.1. Finanziell relevante Erfolgsindikatoren

Die finanziell relevanten Erfolgsindikatoren fokussieren auf die Auswirkungen der beruflichen Selbstständigkeit auf das private Einkommen des Unternehmers sowie auf die Übernahme persönlicher Risiken. Die Realisierung dieser Ziele hängt hierbei unmittelbar vom Grad der Zielerreichung bei den „harten" betriebswirtschaftlichen Indikatoren des Unternehmenserfolgs (Übersicht 1) ab.

Übersicht 3
Auf den Eigentümer-Unternehmer bezogene Erfolgsindikatoren
neu gegründeter Unternehmen.
– Finanziell relevante Indikatoren –

• Dauer bis zur Erreichung des persönlichen Einkommens vor der Gründung	ifo; bifego (1994-a, S. 105); Hunsdiek; May-Strobl (1986, S. 39)
• Dauer, bis das persönliche Einkommen größer / gleich dem Einkommen vor der Gründung war	Brüderl et al (1996, S. 102)
• Verbesserung der finanziellen Situation durch Existenzgründung	May (1981, S. 163)
• Einkommensveränderung durch Unternehmensgründung	Hunsdiek; May-Strobl (1986, S. 36 ff.)
• Veränderung der finanziellen Situation durch „firm life time profitability"[91]	Dennis; Fernald (2001, S. 78 f.)
• Persönliche finanzielle Risiken	Christe; May-Strobl (2002, S. 73)
• Einkommen aus unternehmerischer Tätigkeit	Christe; May-Strobl (2002, S. 73)

2.2. Immaterielle Erfolgsindikatoren

Der Gründer und Eigentümer-Unternehmer ist als Multifunktionär die Schlüsselfigur des neuen Unternehmens.[92] Seine Stärken und Schwächen schlagen sich unmittelbar in den Stärken und Schwächen des Unternehmens nieder.[93] Daher ist seine persönliche und fachliche Qualifikation von zentraler Bedeutung für den Unternehmenserfolg.[94] Folgerichtig fungieren die Charaktereigenschaften des Gründers, sein Selbstwertgefühl, seine körperliche Leistungsfähigkeit und seine familiären Verhältnisse als Bonitätsindikatoren bei der Prüfung der persönlichen Kreditwürdigkeit durch Kreditinstitute.[95]

Der Unternehmensgründer ist derjenige, ohne dessen Willen eine Gründung nicht zustande kommt. Er ist es, der sich dazu entschließen kann, die Geschäftstätigkeit einzustellen, selbst wenn sein junges Unternehmen gemessen an ökonomischen Indikatoren besser dasteht als die Konkurrenz.[96]

Für den Unternehmensgründer muss das Resultat seines Schrittes in die berufliche Selbstständigkeit wahrnehmbar oder gar messbar sein. Dies setzt eine umfassende Betrachtung der Ziele, nicht nur der ökonomischen, voraus, die der Gründer an seine Gründungsentscheidung geknüpft hat und vielfach weiter verfolgt. Hierbei besitzt er als Eigentümer-Unternehmer zumindest prinzipiell die Autonomie und Freiheit, auch nicht pekuniäre Parameter in seiner unternehmerischen Zielfunktion zu berücksichtigen.[97] Und tatsächlich dominieren unter den Gründungsmotiven immaterielle Ziele wie Unabhängigkeit, Realisierung eigener Ideen und Selbstverwirklichung die materiellen Zielsetzungen.

Die Dominanz immaterieller Motive ist nicht nur im Allgemeinen sehr gut durch die Gründungsforschung belegt.[98] Diese Dominanz offenbart sich auch bei der Untersuchung von gründungsspezifischen Teilsegmenten, so etwa bei potenziellen Gründern aus außeruniversitären Forschungseinrichtungen,[99] bei Hochschulabsolventen,[100] gründungsinter-

Übersicht 4
Auf den Eigentümer-Unternehmer bezogene Erfolgsindikatoren
neu gegründeter Unternehmen.
– Immaterielle Indikatoren –

1. Überwiegend unternehmensbezogen	
• Arbeitszufriedenheit	Moser; Schuler (1999, S. 39); Göbel; Frese (1999, S. 99); Schenk (1998, S. 70); Galais (1998, S. 91); Klandt (1984, S. 104)
• Arbeitsbelastung	Christe; May-Strobl (2002, S. 73)
• Gründungszufriedenheit[106]	Klandt (1984, S. 103)
• Zufriedenheit mit dem Entschluss zur Existenzgründung	ifo; bifego (1994-a, S. 110)
• „Wiederholungsabsicht"[107]	Brüderl et al (1996, S. 102)
• Bereitschaft zur Geschäftsaufgabe	Galais (1999, S. 193)
2. Überwiegend personenbezogen	
• Persönliche Zufriedenheit	Christe; May-Strobl (2002, S. 73)
• Lebenszufriedenheit	Klandt (1984, S. 104)
• Zielerreichungsgrad einzelner immaterieller Ziele[108]	Schenk (1998, S. 67); Picot et al (1989, S. 88 f.); Klandt (1984, S. 106)

essierten Studierenden,[101] Existenzgründern in den neuen Bundesländern[102] und technologieorientierten Unternehmensgründern.[103]

Konsequenterweise ist die Liste der Gründungsforscher nicht nur psychologischer, sondern insbesondere wirtschaftswissenschaftlicher Provenienz lang, die immaterielle Faktoren als konstitutiven Bestandteil des Erfolgs neuer Unternehmen betrachten.[104] Insofern greift die vor allem an die Adresse der Erfolgsfaktorenforschung gerichtete Kritik einer einseitigen Hervorhebung ökonomischer Erfolgsindikatoren[105] im Hinblick auf die Gründungsforschung nicht.

C. Methodische Aspekte der Erfolgsmessung bei jungen Unternehmen

I. Zusammenhänge zwischen einzelnen Erfolgsindikatoren

Angesichts der Vielzahl der Erfolgsindikatoren stellt sich die Frage, welche Zusammenhänge zwischen diesen unterschiedlichen Erfolgsmaßen existieren und ob sich ihre Anzahl reduzieren lässt, ohne erhebliche Einbußen bei der Aussagekraft hinnehmen zu müssen.

Die diesbezügliche Forschung ist noch vergleichsweise wenig entwickelt.[109] Einige Befunde gibt es allerdings bereits. So scheint es trotz der prinzipiellen Probleme bei der subjektiven Einschätzung betroffener Personen[110] ein hohes Maß an Übereinstimmung zwischen subjektiven und objektiven Beurteilungen des unternehmensbezogenen Gründungserfolgs zu geben[111]. Für einen starken, positiven Zusammenhang zwischen dem an Umsatz und Beschäftigung gemessenen Wachstum und dem Grad der Erreichung individueller Ziele des Unternehmensgründers, insbesondere seiner unternehmensbezogenen Zufriedenheit, sprechen die Arbeiten von Schenk (1998, S. 77) und Frank; Korunka (1996, S. 953 f.).

Naheliegenderweise sind die Erfolgsindikatoren „Wachstum des Jahresumsatzes" und „Zunahme der Anzahl der Mitarbeiter" selbst positiv miteinander korreliert,[112] wobei das Beschäftigungswachstum ein höheres Maß an Stetigkeit aufweist als das Umsatzwachstum.[113] Die neben Umsatz- und Beschäftigungszunahme von Brüderl et al (1996, S. 102 ff.) verwendeten anderen sechs Erfolgmaße, die überwiegend den objektiven unternehmensbezogenen Indikatoren zuzurechnen sind, weisen untereinander ausnahmslos positive Korrelationen auf. Diese Befunde sehen sie als Unterstützung für ihre Entscheidung, ihre weitergehenden Analysen auf die drei Erfolgsindikatoren Bestandsfestigkeit sowie das Beschäftigungs- und Umsatzwachstum zu fokussieren.

Picot et al (1989, S. 73 f.) gehen noch einen Schritt weiter und legen offen, inwieweit die Reduktion ihrer zehn ausschließlich objektiv unternehmensbezogenen Erfolgsindikatoren die Trennung zwischen „sehr erfolgreichen" und „weniger erfolgreichen" innovativen Unternehmensgründungen verändert. Sie kommen zu dem Befund, dass der mehrdimensionale Erfolgsindex, der ausschließlich die Einzelindikatoren „Break-even-Distanz", „Vorliegen eines Beteiligungs- oder Übernahmeangebots" sowie den durchschnittlichen Umsatz je Mitarbeiter umfasst, diesen beiden Gruppen jeweils nur ein Unternehmen weniger zuordnet als dies letztendlich mit Hilfe eines komplexen Zuordnungsverfahrens der Fall war.[114]

Die Tatsache, dass diese drei Indikatoren für Picot et al (1989, S. 36) „den Gründungserfolg am validesten abbilden", während Brüderl et al (1996, S. 102) der Bestandsfestigkeit und den beiden erwähnten Wachstumsmaßen den Vorzug geben und zahlreiche Autoren – allerdings meist aus forschungsökonomischen und erhebungstechnischen Erwägungen heraus – lediglich ein Erfolgsmaß verwenden (Bestandsfestigkeit oder Umsatzwachstum), ist ein Beleg dafür, dass diesbezüglich noch Forschungsbedarf existiert.

II. Erfolgsindizes

Demgegenüber gibt es im Schrifttum ein vergleichsweise hohes Maß an Übereinkunft darüber, dass eine adäquate Abbildung des Erfolgs von Unternehmen im Allgemeinen[115] und junger Unternehmen im Besonderen einer mehrdimensionalen Indikatorisierung bedarf,[116] die auch personenbezogene, immaterielle Erfolgsgrößen einschließt.[117]

Ein geringeres Maß an Übereinstimmung findet sich im Hinblick auf die Bildung eines Indexwertes, der die Zielerreichungsgrade unterschiedlicher Erfolgsgrößen – gewichtet oder ungewichtet – zu einem Gesamterfolgswert zusammenfasst.[118] Brüderl et al (1996, S. 105) stehen einer Indexierung skeptisch gegenüber, weil sie nach ihrer Ansicht keinen

Raum lässt zu prüfen, „ob und inwieweit sich der Erfolgsprozess und dessen Determinanten für die verschiedenen Aspekte betrieblichen Erfolgs unterscheiden."

Der mit einer Indexbildung einhergehende Informationsverlust und die damit verbundene Einbuße an Aussagekraft ist umso stärker ausgeprägt, je höher die Aggregationsebene des Indexes ist. Das höchste Aggregationsniveau verkörpert wohl der Erfolgsindex von Pickle (1964, S. 18 ff.), der die Perspektiven von acht verschiedenen Interessengruppen (z. B. Eigentümer, Staat, Mitarbeiter, Konkurrenten) in sich vereint. Auf der Ebene einer einzelnen Perspektive, nämlich der des Unternehmens/Eigentümers, finden sich Indizes, die unmittelbar aus Erfolgsindikatoren berechnet sind[119] oder sich ihrerseits als „globaler Erfolgsindex"[120] aus den „untergeordneten" vier Erfolgsindizes Unternehmenswachstum, Unternehmensgröße, Arbeitszufriedenheit des Unternehmers und Betriebsklima zusammensetzen. Diese Einzelindizes gehen gleich gewichtet in den globalen Erfolgsindex ein.[121]

Auf einem niedrigeren Aggregationsniveau rangiert der Index, den Klandt (1984, S. 106) für personenbezogene Erfolgsgrößen gebildet hat. Hierbei wurde der Zielerreichungsgrad der einzelnen Ziele mit dem subjektiven Stellenwert gewichtet, den die Gründer dem jeweiligen Ziel einräumten.

III. Trennung von erfolgreichen und weniger erfolgreichen Unternehmen

Auf der Suche nach den Ursachen des Erfolgs junger Unternehmen gibt es einzelne Studien, die mit Hilfe multivariater Verfahren den Einfluss bestimmter Determinanten auf die abhängige Variable „Unternehmenserfolg" prüfen.[122] Die meisten Studien gehen allerdings so vor, dass sie erfolgreiche und erfolglose Unternehmen voneinander trennen und anschließend nach signifikanten Unterschieden zwischen diesen beiden Gruppen forschen. In diesen Fällen sind mit der Festlegung eines oder mehrerer Erfolgsindikatoren oder eines Indexes die Operationalisierungsarbeiten noch nicht zu Ende. Gilt es doch, exakte Grenzwerte für einzelne Indikatoren und die Verknüpfung der Grenzwerte untereinander zu bestimmen, um erfolgreiche von weniger erfolgreichen Unternehmen trennscharf unterscheiden zu können.

Diese Separation ist besonders einfach, wenn man eine einzige dichotome Erfolgsgröße verwendet. Dann sind erfolgreiche Unternehmensgründungen beispielsweise diejenigen, die einen Zeitraum von fünf Jahren überlebt haben. Die vom Markt ausgeschiedenen sind die erfolglosen Gründungen.

Wird eine nicht dichotome Variable als einziger Erfolgsmaßstab verwendet, muss ein Grenzwert festgelegt werden. Diese Grenze wird in der Regel nicht absolut, sondern relativ zur Unternehmensstichprobe gezogen. So werden Unternehmen beispielsweise als erfolgreich eingestuft, wenn sie hinsichtlich des durchschnittlichen jährlichen Umsatzwachstums oberhalb des Medians angesiedelt sind.[123]

Werden mehrere Indikatoren zur Messung von Unternehmenserfolg herangezogen, erhöht sich die Komplexität des Separationsverfahrens. Als Beispiel sei hier die Studie von Picot et al (1989, S. 74 ff.) erwähnt, in der die 52 untersuchten Unternehmen für jede einzelne der zehn Erfolgskennziffern eine Platzierung von Nr. 1 (bester Wert) bis Nr. 52 (schlechtester Wert) erhielten. Danach wurden aus den zehn Erfolgskennziffern fünf jeweils unterschiedlich aggregierte Indizes gebildet, und zwar durch Summation der jeweiligen Platzierungen der Unternehmen bei den einzelnen Kennziffern. Die vorläufige Grenze zwischen „sehr erfolgreichen" und „weniger erfolgreichen" Unternehmen in Hinblick auf jeden einzelnen Index wurde stets bei der Hälfte der 52 Unternehmen gezogen. Die endgültige Zuordnung zu den „sehr erfolgreichen" Unternehmen erforderte die Zugehörigkeit eines Unternehmens zu dieser Gruppe bei allen fünf Indizes.

IV. Erfolgsindikatoren und Entwicklungsphasen junger Unternehmen

Wie bereits erwähnt spielt der Zeitpunkt der Messung eine bedeutende Rolle bei der Beantwortung der Frage, ob ein Unternehmen erfolgreich ist oder nicht. Die Abhängigkeit des Befunds vom Erhebungszeitpunkt dürfte dem interessierten Fachpublikum spätestens mit der Nachricht ins Bewusstsein gerückt sein, dass sich ein erheblicher Teil der von Peters und Waterman (1984) als exzellent eingestuften Unternehmen bereits wenige Jahre später wirtschaftlichen Schwierigkeiten gegenüber sah.[124] Sofern man ein IPO als Erfolgsmaßstab betrachtet, etwa in dem Sinne, dass es einem jungen Unternehmen gelungen ist, zumindest für den Free Float das Vertrauen der Anleger am organisierten Kapitalmarkt zu gewinnen, so dürften die zahlreichen Insolvenzen von Unternehmen am Neuen Markt einem breiteren Publikum deutlich gemacht haben, wie stark die Erfolgsdiagnose vom Messzeitpunkt abhängt.

Für das Segment nicht börsennotierter junger Unternehmen kommt die Relevanz des Messzeitpunkts besonders stark in der Studie von Scheidt (1995) zum Ausdruck. Lediglich 11 von insgesamt 115 untersuchten Unternehmen wurden von ihr sowohl in der „Entstehungsphase" als auch in der „Entwicklungsphase" den erfolgreichen Unternehmen zugeordnet.[125]

Die Anzahl der im Schrifttum entwickelten Modelle, die den Gründungs- und Wachstumsprozess neu gegründeter Unternehmen in verschiedene Entwicklungsphasen unterteilen, ist groß. Auf der Grundlage einer Untersuchung von zwanzig unterschiedlichen Phasenmodellen präferieren Kaiser; Gläser (1999, S. 12 ff.) ein siebenstufiges Modell. Hierbei trennt der tatsächliche Marktzutritt die drei Phasen der Gründungsaktivität – Idee, Planung, Errichtung – von den vier Phasen der Unternehmensentwicklung – Bewährung, Wachstum, Konsolidierung, zweites Wachstum –. Auf Akzeptanz in der nachfolgenden Literatur stießen auch in Analogie zum Produktlebenszyklus entwickelte sechsstufige Phasenmodelle,[126] die *mutatis mutandis* offenbar von VCG genutzt werden.[127] Demgegenüber stehen Modelle, die lediglich drei Phasen, so etwa die Vorgründungs-, Gründungs- und Frühentwicklungsphase[128], oder zwei Abschnitte definieren, so etwa die zwei bis drei Jahre nach der eigentlichen Gründung und die nachfolgenden drei bis fünf Jahre als „Gründung der zweiten Stufe"[129].

Im Gegensatz zur Vielzahl der Phasenmodelle gibt es vergleichsweise wenige Studien, die sich mit der Frage nach einer nach Entwicklungsphasen differenzierenden Indikatorisierung des Unternehmenserfolgs befassen oder gar ihre diesbezüglichen Erkenntnisse empirisch umsetzen. Bei Müller-Böling; Klandt (1993, S. 154) findet sich eine Aufzählung insbesondere unternehmens- und personenbezogener Indikatoren, die dazu geeignet sind, den „Gründungserfolg im weiteren Sinne" zu charakterisieren. Hierbei unterscheiden sich die aufgelisteten Indikatoren danach, ob sie der „Voraktivität der Gründung" oder der „Gründungsaktivität" zugeordnet sind oder ob sie der Charakterisierung des erst nach erfolgtem Marktzutritt feststellbaren so genannten „qualifizierten Gründungserfolgs" dienen.

Frank; Korunka (1996, S. 948) schlagen vor, den Begriff „Gründungserfolg" zu verwenden, wenn erstens die Vorbereitung in eine tatsächliche Gründung mündet, zweitens das gegründete Unternehmen einen gewissen Zeitraum am Markt übersteht und drittens darüber hinaus auch bestimmte ökonomische Ziele erreicht werden.

Kompatibel hierzu ist das implizite Phasenmodell von Wanzenböck (1998, S. 14 f.). Sie bezeichnet es als Erfolg „auf unterer Ebene", wenn die Planung einer Unternehmensgründung tatsächlich zur Aufnahme von Geschäftsaktivitäten führt. Die mittlere Erfolgsebene ist realisiert, wenn das neue Unternehmen eine bestimmte Zeitspanne überlebt. Der Erfolg auf höherer Ebene sollte am Wachstum von Gewinn und Beschäftigung bemessen werden.

Scheidt (1995, S. 163 ff.) unterscheidet lediglich zwei Phasen, die Entstehungs- und die Entwicklungsphase. Hierbei wird die Grenze zwischen den beiden Phasen durch den Zeitpunkt der ersten Umsatzrealisierung determiniert. Der Unternehmenserfolg wird in der Entstehungsphase an der Umsatzdistanz sowie an der Höhe des Umsatzes im ersten Geschäftsjahr festgemacht. In der Entwicklungsphase wird er anhand des Umsatzwachstums gemessen, wobei der Median erfolgreiche von weniger erfolgreichen Unternehmen trennt.

Insgesamt betrachtet erscheint es angezeigt, der Mehrheit der einschlägigen Studien folgend, eine klare Trennung zwischen erfolgreichen und weniger erfolgreichen Jungunternehmen durchzuführen. Denn die ausschließliche Anwendung multivariater Verfahren auf einzelne Erfolgsmaßgrößen kann zu dem Ergebnis führen, dass ein bestimmter „Erfolgsfaktor" signifikant positiv mit der einen, aber nicht mit einer anderen Erfolgsgröße korreliert. So entstünde ein divergierender Befund, der zwar durch den Einsatz eines Indexes „geheilt" werden könnte. Aber wie die Studie von Picot et al (1989, S. 73f.) zeigt, führt eine Trennung von erfolgreichen und von weniger erfolgreichen Unternehmen anhand einiger weniger, dafür aber besonders aussagekräftiger Indikatoren zu einer Zuordnung, die in ihrer Trennschärfe nur marginal von wesentlich komplizierteren Zuordnungsverfahren abweicht. Nimmt man die herausragende Bedeutung des Messzeitpunkts für die Erfolgsdiagnose bei jungen Unternehmen hinzu, ist eine phasenspezifische Auswahl einiger weniger, adäquater Erfolgsindikatoren sinnvoll.

D. Ein Vorschlag zur phasenspezifischen Messung des Erfolgs neuer Unternehmen

Um die im Folgenden vorzustellenden Ideen möglichst klar herauszuarbeiten und die mit zunehmender Anzahl der berücksichtigten Entwicklungsphasen einhergehende Problematik der mangelnden Überschneidungsfreiheit zu vermeiden, wird ein dreistufiges Phasenmodell verwendet. Dieses unterteilt den Entwicklungsprozess neuer Unternehmen in die Gründungsphase, die Etablierungsphase und die Normalisierungsphase.

Die Gründungsphase beginnt mit dem auf einer konkreten Geschäftsidee basierenden Entschluss, den Schritt in die berufliche Selbstständigkeit zu wagen. Sie endet mit der tatsächlichen Aufnahme der Geschäftstätigkeit, d. h. nicht bereits mit der Gewerbeanmeldung, die in zahlreichen Fällen nicht gleichbedeutend mit dem Markteintritt ist.[130]

Der Marktzutritt gibt den Startschuss für die Etablierungsphase, die im Zeichen der Bewährung am Markt steht. Ihr Ende allgemeingültig zu bestimmen ist schwierig. Hier wird vorgeschlagen, ihr Ende zeitlich zu determinieren, und zwar auf fünf Jahre nach dem Marktzutritt. Denn nach fünf Jahren ist für den weit überwiegenden Teil der jungen Unternehmen die Zeit der mit hoher Wahrscheinlichkeit eintretenden „Säuglingssterblichkeit"[131] abgeschlossen. Spätestens bis dahin müssten die am Umsatz messbaren oder sonstigen vom Markt stammenden Signale deutlich gemacht haben, ob das Unternehmen eine hinreichende Chance auf eine dauerhafte Existenz am Markt besitzt.

Nach Ablauf von fünf Jahren beginnt die Phase der Normalisierung. In ihr wird ein junges Unternehmen in zunehmendem Maße wie ein „normales", bereits etabliertes Unternehmen zu betrachten sein.

Die Vielzahl der im Schrifttum verwendeten nicht phasenspezifischen Erfolgsindikatoren, die für Klandt (1984, S. 102) bereits vor fast zwanzig Jahren ein „verwirrend vielfältiges Bild" zeichneten, wird im Folgenden auf einige wenige, dafür aber besonders aussagekräftige Erfolgsmaßstäbe reduziert. Allerdings werden soweit erforderlich neue Indikatoren eingeführt, die dazu dienen, in der Gründungsforschung bislang nicht berücksichtigte Aspekte aufzugreifen oder Nachteile bestimmter Kennziffern durch eine entsprechende Modifikation zu beseitigen.

I. Unternehmensbezogene Erfolgsindikatoren

1. Gründungsphase

Den Erfolg der Gründungsphase an der tatsächlichen Realisierung von Gründungsidee und -planung festzumachen,[132] ist nicht nur aus wirtschaftspolitischer Perspektive sinnvoll, sondern auch für den Gründer ein dichotomes Maß seiner Umsetzungs- und Durchsetzungsfähigkeit.

Dieser Erfolgsindikator sollte ergänzt werden um ein zweites, soweit ersichtlich bislang noch nicht eingesetztes Maß: den Realisierungsgrad des gewünschten Startkapitals, d. h. das tatsächlich bei Aufnahme der Geschäftstätigkeit verfügbare Startkapital in v. H. des laut Business Plan vom Gründer für erforderlich bzw. wünschenswert gehaltenen Startkapitals.

Der Vorschlag zugunsten dieses Erfolgsmaßes folgt sowohl vergangenheits- als auch zukunftsgerichteten Überlegungen. Erstens kann der Gründer, sofern es sich nicht um eine 100%ig mit eigenem Privatkapital finanzierte Gründung handelt, an dieser Quote ablesen, inwieweit seine persönliche Überzeugungskraft und sein Konzept dazu geeignet waren, externe Kapitalgeber zu einem Engagement zu bewegen. Zweitens trägt dieses Erfolgsmaß der These der so genannten Liability of smallness[133] Rechnung, nach der junge Unternehmen umso stärker und schneller wachsen, je höher das Startkapital war; eine These, die im Übrigen empirisch gut belegt ist.[134]

Einen allgemein gültigen Realisierungsgrad festzulegen, bei dessen Unterschreiten dieses Erfolgskriterium als nicht erfüllt anzusehen wäre, erscheint nicht sinnvoll. Deshalb sollte zusätzlich die subjektive Einschätzung des Gründers erhoben werden, inwieweit das etwa durch Kreditrationierung herabgesetzte Startkapital die Realisierung seiner Geschäftsidee und -konzeption negativ berührt.

Mit der Höhe des Startkapitals steigt in der Regel auch der Verschuldungsgrad des neuen Unternehmens.[135] Im Hinblick auf die überragende Bedeutung des Eigenkapitals[136] wird hier vorgeschlagen, das Nichtunterschreiten der jeweils branchenüblichen Eigenkapitalquote als dritten Erfolgsindikator einzuführen.

Im Bereich der unternehmensbezogenen Kriterien sollte somit die Gründungsphase eines neuen Unternehmens als erfolgreich gelten, falls die Gründungsidee in eine tatsächliche Aufnahme der Geschäftstätigkeit mündet, die Finanzierung des laut Business Plan erforderlichen Startkapitals in einem so hohen Maße gelingt, dass die Realisierung des ursprünglichen Geschäftskonzepts „nicht erheblich" tangiert und die branchenübliche Eigenkapitalquote nicht unterschritten wird.

2. Etablierungsphase

Da diese Zeitspanne unter dem Zeichen der Bewährung steht und es gilt, den Selektionsprozess am Markt zu überleben, ist die Tatsache, ob ein Unternehmen am Ende dieser Phase noch existiert, ein wichtiger und einfach zu erhebender Erfolgsparameter. Allerdings lässt die für diesen Zeitraum so definierte Bestandsfestigkeit – als einziges Kriterium verwendet – lediglich auf die Vermeidung von Misserfolg im Sinne des Marktaustritts rückschließen. Aussagen über Art und Ausmaß des Erfolgs können auf diese Weise nicht abgeleitet werden.

Daher ist die Bestandsfestigkeit um weitere Indikatoren zu ergänzen. Hierzu bietet sich ein Wachstumsmaß an. Dagegen mag man zwar einwenden, dass Wachstum nicht von allen Unternehmern angestrebt wird, sei es, weil sozialpolitische Schwellenwerte nicht überschritten werden sollen, sei es, weil der Grundsatz „small is beautiful" aus persönlichen Gründen verfolgt wird. Dass ein Wachstumsmaß in dieser Phase hier dennoch vorgeschlagen wird, liegt darin begründet, dass davon auszugehen ist, dass ein großer Teil der Unternehmen nach ihrer Gründung in eine am Markt überlebensfähige Unternehmensgröße hineinwachsen muss.[137] Dies gilt vor allem für den nicht unerheblichen Teil der jungen Unternehmen, die zunächst im Nebenerwerb gegründet werden.[138]

Für dieses Segment neuer Unternehmen, nämlich die Nebenerwerbsgründungen, sollte ein weiteres Erfolgskriterium darin bestehen, dass innerhalb der Etablierungsphase der Nebenerwerb zum Vollerwerb wird. Ansonsten wäre dies ein bedeutsames Zeichen dafür, dass die Marktakzeptanz nicht so hoch ist, dass der Gründer beispielsweise bereit wäre, seine abhängige Beschäftigung aufzugeben.

Als Bezugsgröße für das vorgeschlagene Wachstumsmaß wird hier unter Verweis auf die Argumente bei Hunsdiek; May-Strobl (1986, S. 203) und Albach; Bock; Warnke, (1985, S. 123 ff.) dem Umsatz der Vorzug gegeben.

Wie bereits erwähnt, steht ein erheblicher Teil des Schrifttums dem Gewinn als Erfolgsindikator neu gegründeter Unternehmen skeptisch bis ablehnend gegenüber. Eines der am häufigsten angeführten Argumente hebt darauf ab, dass junge Unternehmen in den ersten Geschäftsjahren in der Regel Verluste hinnehmen müssen und die Ertragslage daher nicht zur Trennung von erfolgreichen und nicht erfolgreichen Unternehmen taugt.

Dieses Argument greift allerdings nur, wenn man die Ertragslage ausschließlich als dichotome Variable erhebt und insbesondere, wenn die Frage nach Gewinn oder Verlust als alleiniger Erfolgsindikator dient.

Selbst wenn alle in einer Stichprobe erfassten Jungunternehmen Verluste ausweisen, so besitzt die Höhe des Verlustes dennoch erhebliche Aussagekraft, insbesondere wenn man ihn in Relation zum Umsatz betrachtet. In den Fällen, in denen etwa aus technologischen Gründen mit einer hohen Umsatzdistanz zu rechnen ist, dürfte auch der Vergleich mit der im Business Plan projektierten Ertragslage aufschlussreich sein.

Von besonderem Gewicht ist das bereits erwähnte Argument, dass junge Unternehmen typischerweise zulasten des aktuellen Gewinns in Forschung und Entwicklung investieren müssen ebenso wie beispielsweise in Kundenakquisition und den Aufbau neuer oder die Integration in bestehende Netzwerke. Diesem bedeutenden Umstand könnte im Prinzip dadurch Rechnung getragen werden, dass zusätzlich ein „Jahresüberschuss II" berechnet wird. Hierbei würden die in diesem Sinne investiven Aufwendungen so berücksichtigt, dass sie die Betriebsleistung erhöhen. Die Hinzurechnung aktivierter Eigenleistungen und hier vor allem der in der Periode selbst geschaffenen immateriellen Vermögensgegenstände, wie sie bei einem Jahresabschluss nach den Vorschriften des International Accounting Standards Committee vorgesehen ist, könnte hierbei *mutatis mutandis* als Vorbild dienen.

Hohe Anlaufverluste, die auch aus Investitionen in Netzwerke, Akquisition und Weiterbildung resultieren, sind für junge Unternehmen, die sich im Umfeld des Internets positioniert haben, geradezu charakteristisch, so dass hier durchaus Erfolgsgrößen wie die Entwicklung der Anzahl der „Unique Visitors"[139] sinnvoll anzuwenden sind. In diesem Bereich könnte auch der strategischen Perspektive der Vorzug gegenüber der gegenwärtigen Gewinnsituation gegeben werden. Für junge Unternehmen im Bereich des M-Commerce/Mobile Business wird zur Bestimmung nachhaltiger Wettbewerbsvorteile die Werthaltigkeit des zur Verfügung stehenden Ressourcenbündels sowie die Fähigkeit zur Errichtung von *ex post* Wettbewerbsbarrieren vorgeschlagen.[140]

Zugegebenermaßen werfen solche Erfolgsmaßstäbe enorme Zuordnungs- und Bewertungsprobleme auf, die sie im Rahmen wissenschaftlicher Stichprobenerhebungen als ungeeignet erscheinen lassen. Im Rahmen von Fallstudien oder als Argumentationshilfe für den Unternehmer gegenüber externen Kapitalgebern ist ihre Berücksichtigung allerdings lediglich eine Frage des individuellen Kosten-Nutzen-Kalküls.

Insgesamt betrachtet sollte ein junges Unternehmen aus unternehmensbezogener Sicht am Ende der Etablierungsphase als erfolgreich gelten, wenn es den Selektionsprozess am Markt überlebt hat, eine Vollerwerbsgründung entstanden ist, das Umsatzwachstum so stark war, dass eine für die jeweilige Branche lebensfähige Unternehmensgröße erreicht wurde und, sofern kein Gewinn erzielt wurde, Investitionen in immaterielle, wenn auch nach HGB nicht aktivierungsfähige Vermögensgegenstände getätigt wurden, die mit hinreichender Wahrscheinlichkeit zukünftige Gewinne erwarten lassen.

3. Normalisierungsphase

Nach Beendigung der Etablierungsphase beginnt eine Normalisierung in dem Sinne, dass aus einem jungen ein „normales" Unternehmen wird. Dies bedeutet, dass aus der unternehmensbezogenen Perspektive nunmehr in steigendem Maße die Erfolgsmaßstäbe anzulegen sind, die für die Unternehmung im Allgemeinen und für kleine und mittlere Unternehmen im Besonderen verwendet werden. Dies gilt vor allem für die von Albach (1988, S. 71 ff.) vorgeschlagene simultane Betrachtung von Rentabilität und Wachstum. Um dem erwähnten Einwand des „staying small is beautiful" Rechnung zu tragen, sollte zusätzlich der subjektive Stellenwert erhoben werden, den die Eigentümer-Unternehmer dem Unternehmenswachstum in ihrer Zielfunktion beimessen.

In dieser Phase und ggf. auch bereits in der Etablierungsphase macht es Sinn, die Existenz eines Übernahme- oder Beteiligungsangebots zum Erfolgskriterium zu erheben. Dieses kann allerdings nicht als notwendige Bedingung für Erfolg dienen, da hohe Renditen und Wachstumsraten nicht in jedem Falle externe Kauf- oder Beteiligungsinteressenten auf den Plan rufen. Es kann hingegen als hinreichende Bedingung für Unternehmenserfolg eingesetzt werden, da insbesondere in der so genannten „New Economy" Unternehmensgründer anzutreffen sind, deren Ziel nicht etwa in der möglichst schnellen Erreichung des Break-even-points lag, sondern im Verkauf an einen potenten Investor oder im IPO. Um die Aussagekraft als hinreichendes unternehmensbezogenes Erfolgskriterium zu gewährleisten, muss hierbei durch eine Zusatzfrage sichergestellt werden, dass das Beteiligungs- oder Übernahmeangebot nicht zur Rettung eines in wirtschaftlichen Schwierigkeiten steckenden Unternehmens abgegeben wurde.

Insbesondere bei technologieorientierten jungen Unternehmen kann auch das IPO als Erfolgskriterium dienen. Aus der unternehmensbezogenen Sicht konstituiert dies sicherlich keine abschließende Erfolgsdiagnose, wie die Erfahrungen am Neuen Markt belegen. Daher ist bei börsennotierten jungen Unternehmen die Entwicklung der Marktkapitalisierung mit einzubeziehen, und zwar absolut und in Relation zu einem Marktindex und zusätzlich zu einer branchen- oder produktspezifisch ausgewählten peer group, die zahlreiche Unternehmen im Zusammenhang mit ihren Stock-option-Plänen selbst festgelegt haben. Bei der Marktkapitalisierung ist zu berücksichtigen, dass der Free float, also der dem öffentlichen Handel zur Verfügung stehende Teil der gesamten Aktien, bei den Unternehmen unterschiedlich groß ist.

II. Auf den Eigentümer-Unternehmer bezogene Erfolgsindikatoren

Im Zentrum der Erfassung des Erfolgs, der sich auf den Unternehmer als Mensch[14] fokussiert, sollte der Zielerreichungsgrad hinsichtlich der Motive und Ziele stehen, die der Gründerunternehmer mit seinem Schritt in die berufliche Selbstständigkeit verknüpft. Dies sind sowohl Ziele wie die Verbesserung der Einkommensverhältnisse als auch immaterielle Zielsetzungen wie Selbstverwirklichung, Autonomie und die Realisierung eigener Ideen. Hierbei sollte der Zielerreichungsgrad stets in Relation zu dem Stellenwert betrachtet werden, den der Unternehmer dem jeweiligen Ziel beimisst.

1. Grenzen summarischer Indikatoren

Bei der operativen Umsetzung dieser Erfolgsindikatoren kann die in den Übersichten 3 und 4 aufgeführte Literatur, insbesondere Klandt (1984), durchaus als Vorbild dienen. Dabei gibt es eine wichtige Ausnahme: Das bisherige Schrifttum versucht, die Gesamtwirkung der Selbstständigkeit auf die berufliche und private Zufriedenheit des Unternehmers anhand summarischer Indikatoren zu erfassen, so etwa anhand der Gründungszufriedenheit, der Wiederholungsabsicht, der persönlichen Zufriedenheit oder der Lebenszufriedenheit.

Selbst ein Indikator wie „Veränderung der Lebenszufriedenheit durch die berufliche Selbstständigkeit" wäre allerdings nicht differenziert genug, um der hohen Bedeutung immaterieller Faktoren und ihren Wechselwirkungen mit unternehmensrelevanten Faktoren in adäquater Weise Rechnung zu tragen. Über die bereits oben angeführten Argumente hinaus, die diesen hohen Stellenwert stützen, sei an dieser Stelle kurz auf das von Gimeno et al (1997, S. 754 ff.) entwickelte „Threshold Model of Entrepreneurial Exit" eingegangen.

Die unternehmerische Entscheidung, am Markt zu bleiben oder das Unternehmen zu liquidieren, hängt demnach nicht ausschließlich vom materiellen Erfolg des Unternehmens und den Selektionsmechanismen des Marktes ab, sondern von einem Schwellenwert, den der Unternehmer individuell festsetzt. Er wird seinen Geschäftsbetrieb nur dann aufrechterhalten, wenn der erwartete materielle Unternehmenserfolg diesen Schwellenwert übersteigt. Dieser Schwellenwert wird bestimmt durch das erwartete Einkommen aus einer alternativen Beschäftigung abzüglich der Kosten, die ein Wechsel in eine alternative Beschäftigung verursacht, sowie durch die Differenz zwischen dem „psychischen Einkommen" (psychic income) aus selbstständiger Tätigkeit und dem aus einer alternativen Beschäftigung. Das psychische Einkommen aus Selbstständigkeit ist dabei in Relation zur abhängigen Beschäftigung umso höher, je stärker beim Unternehmer immaterielle Ziele wie Unabhängigkeit ausgeprägt sind. Dieses von den Autoren auch empirisch untermauerte Modell erklärt, warum so mancher Unternehmer bereit ist, vergleichsweise niedrige Einkünfte aus selbstständiger Tätigkeit zu akzeptieren, und warum manche Selbstständige ihre Geschäftstätigkeit einstellen, obwohl sie in finanzieller Hinsicht erfolgreicher sind als andere Unternehmer, die am Markt verbleiben.

Im hier unterbreiteten Argumentationskontext unterstreicht der Threshold-Ansatz die große Bedeutung immaterieller Erfolgsparameter, deren Relevanz sogar die unternehmerische Entscheidung, am Markt zu verbleiben oder nicht, umfasst. Materieller unternehmensbezogener Erfolg kann also durchaus mit Misserfolg in persönlicher immaterieller Hinsicht einhergehen. So kann Erfolg im Sinne von steigenden Marktanteilen, Internationalisierung der Geschäftstätigkeit und weit überdurchschnittlichem persönlichen Einkommen aufgrund einer selbst für Unternehmer überdurchschnittlich hohen Arbeitszeitbelastung und aufgrund von Dauerstress dazu führen, dass familiäre Bindungen zerstört und die Gesundheit des Unternehmers beeinträchtigt werden. Dies hat eine beruflich induzierte Verminderung der persönlichen Zufriedenheit sowie der Lebensqualität und Lebensfreude zur Folge. Der genuine betriebswirtschaftliche Bezug wird dadurch hergestellt, dass dies seinerseits in der Regel nicht ohne ungünstige Auswirkungen auf die unternehmerische Leistungsfähigkeit bleibt.

Daher sind die Auswirkungen der beruflichen Selbstständigkeit auf das Leben des Unternehmers wichtig genug, um sie einer differenzierteren Betrachtung zu unterziehen, als die pauschale Frage nach der „Lebenszufriedenheit" zu leisten im Stande ist. Dabei ist zudem zu berücksichtigen, dass „Lebenszufriedenheit" ein eher kognitiver Parameter ist,[142] der emotionale Aspekte nicht oder nur unzureichend erfasst. Daher wird der Begriff „Lebenszufriedenheit" im Folgenden durch die Begriffe „Lebensqualität" und „Lebensfreude" ersetzt.

2. Lebensfreude durch Balance of Life

Diese differenzierende Betrachtungsweise im Hinblick auf Lebensqualität und Lebensfreude orientiert sich im Folgenden an einem Balance of Life-Konzept. Dieses Konzept hebt auf die Berücksichtigung von vier übergeordneten Bedürfnissen ab, die einen Menschen als Ganzes charakterisieren. Diese Bedürfnisse finden sich in ähnlicher Form so wohl in der Persönlichkeitspsychologie[143] als auch in der (Zeit-)Managementliteratur[144] und lassen sich ohne weiteres auf Existenzgründer und Jungunternehmer übertragen.[145]

Das erste Bedürfnis des Unternehmers als Mensch ist auf der physisch-materiellen Ebene angesiedelt. Hierbei geht es zunächst um ein auch den unternehmerischen Risiken Rechnung tragendes Einkommen sowie die Sicherung eines angemessenen Lebensstandards im Alter. Diese Faktoren werden bereits durch die erwähnten finanziell relevanten Indikatoren erfasst. Neu hinzu kommt hier der Aspekt der Gesundheit und des körperlichen Wohlbefindens.

Das zweite Bedürfnis ist auf den Menschen als soziales Gemeinschaftswesen gerichtet. Es wird gestillt durch eine liebevolle Beziehung zum (Ehe-)Partner und zur Familie. Kontakte zu Bekannten und Freunden fallen ebenfalls in diese Kategorie.

Das Streben nach persönlicher Weiterentwicklung als drittes Bedürfnis kann beispielsweise durch die Beschäftigung mit Bildender Kunst, Musik, das Erlernen von Fremdsprachen oder die Lektüre eines anspruchsvollen Romans zum Ausdruck kommen. Hierzu zählt des Weiteren beispielsweise das Erlernen von Entspannungstechniken, die zudem dem „Innovationskiller" Dauerstress entgegenwirken.

Last, but not least ist dem spirituellen Bedürfnis des Menschen Rechnung zu tragen. Dieses Bedürfnis ist geprägt durch die Suche nach einem höheren Sinn des eigenen Lebens, durch den Wunsch, in innerer Harmonie und Frieden zu leben, den Stellenwert zu klären, der Gott im eigenen Leben gebührt, und durch das Bestreben, mit seiner Leistung einen dem eigenen Potenzial entsprechenden Beitrag zum Allgemeinwohl zu erbringen.

Aus der Sicht des Jungunternehmers bedeutet dies im Idealfall, seine ganz besonderen individuellen Talente und Fähigkeiten zu entdecken, sie über die berufliche Selbstständigkeit zu entfalten, ein unternehmerisches Lebenswerk zu schaffen und somit einen Beitrag zur Verbesserung des Lebens anderer Menschen, insbesondere der Kunden zu leisten. Dann und nur dann erfüllt ein Unternehmer seine „konstitutive Aufgabe in einer sozialen Marktwirtschaft".[146]

Für den Unternehmer selbst wird auf diese Weise der Beruf zur Berufung. Der Beruf wird zum sichtbaren Ausdruck des individuellen Lebenssinns und des Bemühens, Erfolg durch die Erfüllung der eigenen Lebensaufgabe zu realisieren.[147] Eine wunderbare „List" der Marktwirtschaft darin liegt, dass im „Wettbewerb um den nützlichsten Dienst für andere"[148] Erfolg nur dem beschieden ist, der seinen Mitmenschen unter Beachtung der Wirtschaftlichkeitsprinzipien Nutzen bietet. Diese auf Verantwortung und Sinn abstellende Erfüllung der Unternehmerfunktion lässt den materiellen Erfolg als sich beinahe zwangsläufig einstellenden Nebeneffekt erscheinen. Hierbei ist die Höhe des Gewinns ein guter

Indikator dafür, in welchem Maße es gelungen ist, den angestrebten Beitrag zum Allgemeinwohl tatsächlich zu erbringen.[149]

Dies korrespondiert in auffallender Weise mit den Befunden der Motivforschung bei Unternehmensgründern: „Pull"-Unternehmer, deren Entscheidung zur beruflichen Selbstständigkeit durch Beweggründe wie Selbstbestimmung, Selbstentfaltung und Reiz der Arbeitsaufgabe dominiert wurde, sind in starken Maße innovationsinteressiert, streben nach höheren Werten, indem sie „überdauernde Dinge schaffen und ständig dazu lernen"[150] wollen. Materielle Beweggründe spielen bei ihnen eine untergeordnete Rolle. Dennoch spricht manches dafür, dass sie nach wirtschaftlichen Indikatoren erfolgreicher sind als „Push"-Unternehmer, die ein Unternehmen eher aus Unzufriedenheit mit ihrer vorherigen Arbeit gegründet haben.[151]

Die Balance zwischen diesen verschiedenen Bedürfnissen zu halten, ist keine leichte Aufgabe. Es ist bereits ein großer Schritt getan, wenn keines der drei nicht physisch-materiellen Bedürfnisse völlig vernachlässigt wird, und der Jungunternehmer sich, seiner Familie und Freunden eine reflektierte Perspektive aufzeigt, die über die Start- und Frühentwicklungsphase, die in der Regel durch eine besonders starke Inanspruchnahme von Zeit und Energie geprägt ist, hinausreicht.

Vor diesem Hintergrund entfalten die Faktoren des Balance of life-Konzepts scheinbar erst ab Beginn der Normalisierungsphase ihre volle Aussagekraft als Indikatoren immateriellen Erfolgs. Doch auch in der Gründungs- und Etablierungsphase sind sie von hoher Relevanz, bedenkt man, dass beide Phasen zusammen gut sechs Jahre dauern können und in dieser Zeit der Samen für ein in ganzheitlicher Sicht sinnerfülltes Leben oder aber der Grundstein für schwerwiegende Zerwürfnisse gelegt wird.

Im Idealfall sollte der Zielerreichungsgrad der vier Bedürfnisse im Zeitablauf mehrfach gemessen werden, d. h. in jeder Entwicklungsphase mindestens einmal. Hierbei ist stets der Stellenwert zu eruieren, den der Unternehmer den einzelnen Bedürfnissen oder deren Unterpunkten beimisst, um damit den Gesamtzielerreichungsgrad hinsichtlich des immateriellen Erfolgs zu gewichten.

Abschließend bleibt die Frage zu klären, wie im Kontext des hier unterbreiteten Vorschlags zur Messung des Gründungserfolgs zu verfahren ist, wenn der Erfolg des Unternehmens und der persönliche Erfolg des Unternehmers nicht das gleiche Vorzeichen aufweisen, sprich: er beispielsweise durch seine berufliche Selbstständigkeit reich, aber unglücklich wurde. Die Gesamtbewertung kann nicht von einem externen Beobachter kommen, sondern muss, so sie denn überhaupt sinnvoll oder erforderlich ist, dem Unternehmer selbst überlassen werden. Mögen möglichst viele Jungunternehmer ihre Lebensaufgabe erfüllen, ein unternehmerisches Lebenswerk zum Wohle der Allgemeinheit schaffen und dabei materiell erfolgreich u n d glücklich zugleich sein!

Anmerkungen

1 Vgl. Wahrig (2000, S. 426).
2 Vgl. Schweitzer (2000, S. 52 ff.)
3 Reutner (1987, S. 747).
4 Rudolph (1996, S. 32).
5 Vgl. Jenner (2000, S. 327).

6 Vgl. Albach (1988, S. 71).
7 Vgl. Wohlgemuth (1989, S. 95).
8 Fritz (1990, S. 92).
9 Krüger (1988, S. 27).
10 Hahn; Gräb (1989, S. 215 ff.).
11 Vgl. Hoffmann (1986, S. 832).
12 Vgl. Krönfeld (1995, S. 58).
13 Stv. Peters; Waterman (1984); Buzzel; Gale (1989); Simon (1996).
14 Stv. Hahn; Gräb (1989); Rehkugler (1989); Daschmann (1994); Herzog (1996); Gruber (2000).
15 Stv. May (1981); Wanzenböck (1998); Unterkofler (1989); Schulte (1999).
16 Vgl. Krüger (1988, S. 27); Grabner-Kräuter (1993, S. 278); Jenner (2000, S. 327).
17 Vgl. Schenk (1998, S. 61).
18 Vgl. Klandt (1984, S. 105 f.); Scheidt (1995, S. 162); Brüderl; Preisendörfer; Ziegler (1996, S. 101).
19 Vgl. Hunsdiek (1987, S. 203); Schefczyk (1999, S. 278).
20 Vgl. Nöcker (1999, S. 55 ff.).
21 Vgl. Albach; Bock; Warnke (1985, S. 133).
22 Vgl. Wirtz; Becker (2002, S. 142).
23 Vgl. Hunsdiek (1987, S. 205); Dennis; Fernald (2001, S. 75f.).
24 Schenk (1998, S. 61).
25 Vgl. Moser; Schuler (1999, S. 35).
26 Scheidt (1995, S. 163) entwickelte zur Bewältigung dieses Problems einen „Umsatzindex", der sich als Quotient aus dem aktuellen Umsatz und der Anzahl der bisherigen Geschäftsjahre errechnet.
27 Vgl. Jenner (2000, S. 328).
28 Vgl. zu einem davon abweichenden zukunftsorientierten normativen Ansatz: Schmidt; Freund (1989).
29 Vgl. Fritz (1990, S. 103); Jenner (2000, S. 328).
30 Vgl. Wirtz; Becker (2002, S. 142).
31 Vgl. Klandt (1984, S. 93 f.).
32 Vgl. Klandt (1984, S. 97 ff.); Schenk (1998, S. 59).
33 Vgl. Wöhe; Döring (2000, S. 3); Schweitzer (2000, S. 54 ff.).
34 Vgl. Rehkugler (1989, S. 627); Krönfeld (1995, S. 57); Rudolph (1996, S. 33); Vgl. Jenner (2000, S. 330).
35 Vgl. Meyer (1994, S. 557 ff.).
36 Vgl. Rudolph (1996, S. 35).
37 Vgl. Klandt (1999, S. 9).
38 Vgl. Klandt (1984, S. 89 ff.).
39 Rudolph (1996, S. 38).
40 Vgl. Albach (1986, S. 52).
41 Vgl. Backes-Gellner et al (1998, S. 27).
42 Vgl. Elfers (1995, S. 123).
43 Vgl. IfM Bonn (1998).
44 Vgl. Hunsdiek; May-Strobl (1987); ifo; bifego (1994-a).
45 Vgl. Scheidt (1995, S. 159).
46 Herzog (1997, http://195.145.53.84/reden/de/unter_.htm).
47 Vgl. o. V. (2002, S. 4 f.).
48 Vgl. Hoch (1997, S. V1).
49 Vgl. o. V. (2002, S. 4 f.).
50 Vgl. Müller (2000, S. 16).
51 Vgl. Schmidt (2001, S. 31 ff.).
52 Vgl. hierzu die statistischen Fallstricke der sog. Mittelstandshypothese bei Schmidt (1996).
53 Vgl. Müller (2000, S. 19 f.).
54 Und diese wies von 1985 bis 1998 eine kontinuierliche Steigerung von 7,6% auf, je nach Berechnungsmethode knapp unter bzw. deutlich über 10% (Müller, 2000, S. 19 f.; o. V., 2002, S. 5)

auf. Zwischen 1998 und dem Jahr 2001 hat sich die Selbstständigenquote gemäß Volkswirtschaftlicher Gesamtrechnung um vier Promillepunkte vermindert (o. V., 2002, S. 5). Ob und inwiefern die Wirtschaftspolitik in kausalem Zusammenhang zur Erhöhung resp. Verminderung der Quote steht, ist eine andere Frage.

55 Stv. Brüderl; Preisendörfer; Ziegler (1996, S. 93); May-Strobl; Paulini (1997, S. 55 ff.); Brixy; Kohaut (1998, S. 5); Wießner (1998, S. 5).
56 Stv. May (1981, S. 115 ff.); ifo; bifego (1994-b, S. 65 f.); Elfers (1996, S. 161 ff.).
57 Brüderl; Preisendörfer; Ziegler (1996, S. 92).
58 Stv. ifo; bifego (1994-b, S. 65 f.); Heil (1999, S. 19 ff.).
59 ifo; bifego (1994-b, S. 65 f.).
60 Vgl. Christe; May-Strobl (2002, S. 64).
61 Vgl. ifo; bifego (1994-a, S. 108).
62 Vgl. Christe; May-Strobl (2002, S. 67).
63 Vgl. Hunsdiek; May-Strobl (1986, S. 25 ff.).
64 Vgl. Zahn (1985, S. 27 ff.), zitiert nach Elfers (1996, S. 113).
65 Vgl. Albach (1988, S. 71).
66 Vgl. May (1981, S. 145 ff.).
67 Vgl. Wießner (1998, S. 6).
68 Brixy; Kohaut (1998, S. 12).
69 Vgl. Hax (1988, S. 9).
70 Vgl. Schmidt (1998, S. 313).
71 Vgl. Albach; Kuron (1987, S. 358 ff.).
72 Vgl. Albach (1984-a, S. 100).
73 Vgl. Albach; Hunsdiek; Kokalj (1986, S. 38–48).
74 Vgl. o. V. (2000, S. 20).
75 Vgl. o. V. (2000, S. 18).
76 Vgl. Albach (1998, S. 991).
77 Vgl. Nathusius (2001, S. 193).
78 Vgl. Schmidt; Kraus (2001, S. 113).
79 Vgl. Schmoll (1995, S. 644 ff.).
80 Vgl. Schmidt (1998, S. 313).
81 Vgl. Schmidt; Kraus (2001, S. 113). Eine Ausnahme hiervon kommt zum Tragen, wenn das Kreditinstitut an einer über die Laufzeit des Gründungskredits hinausreichenden, dauerhaften Geschäftsbeziehung interessiert ist.
82 Christe; May-Strobl (2002, S. 74).
83 Aktueller Auftragsbestand in Relation zum Umsatz des Vorjahres.
84 Seit Gründungszeitpunkt erreichte Unternehmensgröße.
85 Zeitlicher Abstand zwischen Gründung und erster Umsatzerzielung.
86 Zeitlicher Abstand zwischen Gründungszeitpunkt und dem ersten Jahr der Gewinnerzielung.
87 Überleben eines bestimmten Zeitraums.
88 Anzahl der Besucher, die die jeweilige Webseite eines „Internet-Unternehmens" innerhalb eines Monats aufgerufen haben, wobei jeder Besucher innerhalb dieses Zeitraums nur einmal erfasst wird.
89 Haftendes Eigenkapital, um nicht passivierte Pensionsverpflichtungen, ausstehende Einlagen u. a. m. bereinigt.
90 Zugänge zum Sachanlagevermögen in Relation zu den Abschreibungen auf Sachanlagen.
91 „Small business owners' financial success", der aus der gesamten Lebensdauer des kürzlich aufgegebenen Unternehmens resultiert. Hierbei waren 50,7 % der insgesamt 783 untersuchten Unternehmen bis zu drei Jahren „in business", 75,4 % nicht älter als 10 Jahre (eigene Berechnungen).
92 Vgl. Schmidt; Kiefer (2002, S. 174 f.).
93 Vgl. Frank; Korunka (1996, S. 949).
94 Vgl. INMIT; IfM (1998, S. 16 ff.).
95 Vgl. Schmoll (1995, S. 633 f.).
96 Vgl. Gimeno et al (1997, S. 756).

Indikatoren für Erfolg und Überlebenschancen junger Unternehmen

97 Vgl. Schmidt (1999, S. 21).
98 Vgl. Szyperski; Nathusius (1977, S. 305); Kamp (1978, S. 18 ff.); May (1981, S. 169); Schenk (1998, S. 66).
99 Vgl. Kriegesmann (2000, S. 405).
100 Vgl. Gries; May-Strobl; Paulini (1997, S. 45).
101 Vgl. Pinkwart (2002, S. 70 ff.).
102 Vgl. Galais (1998, S. 83)
103 Vgl. Hunsdiek (1987, S. 66) ; Picot et al (1989, S. 88).
104 Stv. May (1981, S. 169); Klandt (1984, S. 103 f.); Plaschka (1986, S. 39); Hunsdiek (1987, S. 204); Müller-Böling; Klandt (1993, S. 154); Gimeno et al (1997, S. 758); Schenk (1998, S. 62 ff.); Göbel; Frese (1999, S. 99 ff.); Moser; Schuler (1999, S. 33 ff.); Christe; May-Strobl (2002, S. 72 ff.).
105 Vgl. Rudolph (1996, S. 38).
106 Erfüllung der Erwartungen bezüglich des Selbstständigseins.
107 Hypothetische Bereitschaft, denselben Betrieb aus heutiger Sicht noch einmal zu gründen.
108 Z. B. Selbstverwirklichung, Unabhängigkeit, Einfluss, Umsetzen eigener Ideen.
109 Vgl. Moser; Schuler (1999, S. 33).
110 Vgl. Jenner (2000, S. 329).
111 Vgl. Hunsdiek; May-Strobl (1986, S. 37); Frank; Korunka (1996, S. 954); zum gegenteiligen Befund kommen Moser; Schuler, (1999, S. 35).
112 Vgl. Scheidt (1995, S. 168 f.); Brüderl et al (1996, S. 104); Frank; Korunka (1996, S. 956).
113 Vgl. Schiller (1996, S. 2).
114 Vgl. Picot et al (1989, S. 76).
115 Vgl. Albach (1988, S. 71 ff.).
116 Vgl. Voigt (1994, S. 249); Brüderl et al (1996, S. 105); Schenk (1998, S. 81).
117 Vgl. Klandt (1984, S. 103 ff.); Moser; Schuler (1999, S. 39); Christe; May-Strobl (2002, S. 73).
118 Vgl. Jenner (2000, S. 330).
119 Vgl. Nandy (1973, S. 131 f.).
120 Utsch; Frese (1998, S. 216).
121 Göbel (1998, S. 106).
122 Vgl. Göbel; Frese (1999, S. 99).
123 Vgl. Hunsdiek (1987, S. 207).
124 Vgl. Wohlgemuth (1989, S. 90); Rudolph (1996, S. 37 f.).
125 Vgl. Scheidt (1995, S. 169).
126 Vgl. Unterkofler (1989, S. 37).
127 Vgl. Nathusius (2001, S. 181).
128 Vgl. Klandt (1999, S. 60).
129 Albach (1984-a, S. 29).
130 Vgl. Van Elkan (1998, S. 21 ff.).
131 Albach (1987, S. 96)
132 Vgl. Frank; Korunka (1996, S. 948); Wanzenböck (1998, S. 14 f.).
133 Vgl. Aldrich; Auster (1986, S. 165 ff.).
134 Vgl. Albach; Hunsdiek; Kokalj (1986, S. 44 f.); Hunsdiek; May-Strobl (1986, S. 54 ff.).
135 Vgl. Schenk (1998, S. 80).
136 Vgl. Albach; Hunsdiek; Kokalj (1986, S. 3 ff.).
137 Vgl. Albach; Bock; Warnke (1985, S. 11).
138 Vgl. Kay et al (2001, S. 57).
139 Wirtz; Becker (2002, S. 142)
140 Vgl. Nicolai; Petersmann (2002, S. 104 f.).
141 Vgl. Schmidt (1999, S. 21).
142 Vgl. Asendorpf (1999, S. 244).
143 Vgl. Asendorpf, (1999, S. 244).
144 Vgl. Covey et al (1998, S. 38 ff.).
145 Vgl. Schmidt; Kiefer (2002, S. 176).
146 Albach (1988, S. 71).

147 Vgl. Bindoni (1997, S. 11).
148 Habermann (1999, S. 58).
149 Vgl. Habermann (2001, S. 3).
150 Galais (1998, S. 90).
151 Vgl. Albach (1987, S. 99); Amit; Muller (1996, S. 97); Moser; Schuler (1999, S. 40); zum gegenteiligen Befund kommt Galais (1998, S. 91 f.).

Literatur

Albach, H. (1984-a): Betriebswirtschaftliche Probleme der Unternehmensgründung, in: Institut für Mittelstandsforschung Bonn (Hrsg.): Im Spannungsfeld von Unternehmenstheorie und Unternehmenspolitik, Bonn, S. 26–45.
Albach, H. (1984-b): Die Rolle des Schumpeter-Unternehmers heute. Mit besonderer Berücksichtigung der Innovationsdynamik in der mittelständischen Industrie in Deutschland, in: Institut für Mittelstandsforschung Bonn (Hrsg.): Im Spannungsfeld von Unternehmenstheorie und Unternehmenspolitik, Bonn, S. 96–118.
Albach, H. (1986): Unternehmensgründung – Erfahrungen aus der Bundesrepublik Deutschland, in: Institut für Mittelstandsforschung (Hrsg.): Rückblick auf das Jahr 1986, Bonn, S. 35–60.
Albach, H. (1987): Geburt und Tod von Unternehmen, in: Institut für Mittelstandsforschung Bonn (Hrsg.): Rückblick auf das Jahr 1987, Bonn, S. 91–160.
Albach, H. (1988): Maßstäbe für den Unternehmenserfolg, in: Henzler, H. A. (Hrsg.): Handbuch Strategische Führung, Wiesbaden, S. 69–83.
Albach, H. (1998): Unternehmensgründungen in Deutschland – Potentiale und Lücken, in: DStR – Deutsches Steuerrecht, Nr. 26, S. 988–992.
Albach, H.; Bock, K.; Warnke, T. (1985): Kritische Wachstumsschwellen in der Unternehmensentwicklung, Schriften zur Mittelstandsforschung, Nr. 7 NF, Stuttgart.
Albach, H.; Hunsdiek, D.; Kokalj, L. (1986): Finanzierung mit Risikokapital, Schriften zur Mittelstandsforschung, Nr. 15 NF, Stuttgart.
Albach, H.; Kuron, I. (1987): Die Finanzierung von Gründungsunternehmen, in: Institut für Mittelstandsforschung Bonn (Hrsg.): Rückblick auf das Jahr 1987, Bonn, S. 353–381.
Aldrich, H.; Auster, E. R. (1986): Even dwarfs started small. Liabilities of age and size and their strategic implications, in: Research in Organizational Behaviour, No. 8, S. 165–198.
Amit, R.; Muller, E. (1996): "Push" & "Pull" Unternehmertum, in: Internationales Gewerbearchiv, 44. Jg., Heft 2, S. 90–103.
Asendorpf, J. B. (1999): Psychologie der Persönlichkeit: Grundlagen, 2. Auflage, Berlin u. a.
Backes-Gellner, U.; Demirer, G.; Moog, P. M.; Otten, C. (1998): Unternehmensgründer aus Hochschulen als Gegenstand wissenschaftlicher Forschung – Perspektiven aus einem Forschungsprojekt, in: Kölner Zeitschrift für „Wirtschaft und Pädagogik", 13. Jg., Heft 24, S. 27–44.
Bindoni, G. (1997): ARETE. Erfolg durch die Erfüllung der eigenen Lebensaufgabe, Wien.
Brandstätter, H. (1999): Unternehmensgründung und Unternehmenserfolg aus persönlichkeitspsychologischer Sicht, in: Moser, K.; Batinic, B.; Zempel, J. (Hrsg.): Unternehmerisch erfolgreiches Handeln, Göttingen, S. 155–172.
Brixy, U.; Kohaut, S. (1998): Employment Growth Determinants in New Firms in Eastern Germany – Based on a Combination of IAB Establishment Database and IAB Establishment Panel, in: IAB Labour Market Research Topics, Nr. 26, S. 1–20.
Brüderl, J.; Preisendörfer, P.; Ziegler, R. (1996): Der Erfolg neugegründeter Betriebe, Berlin.
Brush, C. G.; Vanderwerf, P. A. (1992): A Comparison of Methods and Sources for Obtaining Estimates of New Venture Performance, in: Journal of Business Venturing, Heft 7, S. 157–170.
Buzzel, R. D.; Gale, B. T. (1989): Das PIMS-Programm. Strategien und Unternehmenserfolg, Wiesbaden.
Christe, G.; May-Strobl, E. (2002): Soziale Wirtschaftsbetriebe in Nordrhein-Westfalen. Endbericht der wissenschaftlichen Begleitung, in: Ministerium für Arbeit und Soziales, Qualifikation und Technologie des Landes Nordrhein-Westfalen (Hrsg.), Düsseldorf, S. 65–75.

Covey, S. R.; Merill, A. R.; Merill, R. R. (1998): Der Weg zum Wesentlichen: Zeitmanagement der vierten Generation, 2. Auflage, Frankfurt/Main u. a.

Daschmann, H.-A. (1994): Erfolgsfaktoren mittelständischer Unternehmen: Ein Beitrag zur Erfolgsfaktorenforschung, Stuttgart.

Dennis, Jr., W. J.; Fernald, Jr., L. W. (2001): The Chances of Financial Success (and Loss) from Small Business Ownership, in: ET&P – Entrepreneurship, Theory and Practice, Vol. 26/1, S. 75–83.

Eckhardt, S. (2002): Das Existenzgründungsrisiko im Handwerk: Eine empirische Analyse, Wiesbaden.

Elfers, J. (1996): Unternehmensgründungen: eine empirische Erfolgskontrolle der Bremer Finanzierungshilfen zur Existenzgründungsförderung, Frankfurt/Main u. a.

Fell, M. (1994): Kreditwürdigkeitsprüfung mittelständischer Unternehmen, Wiesbaden.

Frank, H.; Korunka, C. (1996): Zum Informations- und Entscheidungsverhalten von Unternehmensgründern, in: ZfB – Zeitschrift für Betriebswirtschaft, 66. Jg., Heft 8, S. 947–963.

Fritz, W. (1990): Marketing – ein Schlüsselfaktor des Unternehmenserfolges?, in: Marketing ZFP, Heft 2, II. Quartal, S. 91–110.

Galais, N. (1998): Motive und Beweggründe für die Selbständigkeit und ihre Bedeutung für den Erfolg, in: Frese, M. (Hrsg.): Erfolgreiche Unternehmensgründer: Psychologische Analysen und praktische Anleitungen für Unternehmer, Göttingen u. a., S. 83–98.

Galais, N. (1999): Aufgeben oder Weitermachen? Geschlechtsspezifische Determinanten unternehmerischen Erfolgs, in: Moser, K.; Batinic, B.; Zempel, J. (Hrsg.): Unternehmerisch erfolgreiches Handeln, Göttingen, S. 193–208.

Gimeno, J.; Folta, T. B.; Cooper, A. C.; Woo, C. Y. (1997): Survival of the Fittest? Entrepreneurial Human Capital and the Persistence of Underperforming Firms, in: ASQ – Administrativ Science Quarterly, Dec., S. 750–783.

Göbel, S. (1998): Persönlichkeit, Handlungsstrategien und Erfolg, in: Frese, M. (Hrsg.): Erfolgreiche Unternehmensgründer: Psychologische Analysen und praktische Anleitungen für Unternehmer, Göttingen u. a., S. 99–122.

Göbel, S.; Frese M. (1998): Konsequenzen für die Praxis: Ein Leitfaden für erfolgreiches Unternehmertum, in: Frese, M. (Hrsg.): Erfolgreiche Unternehmensgründer: Psychologische Analysen und praktische Anleitungen für Unternehmer, Göttingen u. a., S. 171–204.

Göbel, S.; Frese M. (1999): Persönlichkeit, Strategien und Erfolg bei Kleinunternehmern, in: Moser, K.; Batinic, B.; Zempel, J. (Hrsg.): Unternehmerisch erfolgreiches Handeln, Göttingen, S. 93–114.

Grabner-Kräuter, S. (1993): Diskussionsansätze zur Erforschung von Erfolgsfaktoren, in: JfB – Journal für Betriebswirtschaft, Nr. 6, S. 278–300.

Gries, C.-I.; May-Strobl, E.; Paulini, M. (1997): Die Bedeutung der Beratung für die Gründung von Unternehmen, IfM-Materialien Nr. 126, Bonn.

Gruber, M. (2000): Wandel von Erfolgsfaktoren mittelständischer Unternehmen, Wiesbaden.

Habermann, G. (1999): Zum Lob des Wettbewerbs, in: Orientierungen zur Wirtschafts- und Gesellschaftspolitik, 79. Jg., Heft 1, S. 56–60.

Habermann, G. (2001): Was ist des Unternehmers Pflicht und Schuldigkeit?, Forum – Vortragsreihe des Instituts der deutschen Wirtschaft Köln, 51. Jg., Nr. 27.

Hahn, D.; Gräb, U. (1989): Erfolgsfaktoren und Wachstumsstrategien erfolgreicher mittelständischer Unternehmungen in der Bundesrepublik Deutschland und Großbritannien – Ergebnisbericht einer empirischen Studie, in: Bühner, R. (Hrsg.): Führungsorganisation und Technologiemanagement: Festschrift für Friedrich Hoffmann zum 65. Geburtstag, Berlin, S. 211–230.

Hax, H. (1988): Die Bedeutung von Beteiligungs- und Kreditfinanzierung für deutsche Unternehmungen, IfM-Materialien Nr. 67, Bonn.

Heil, A. H. (1999): Erfolgsfaktoren von Wachstumsführern, DtA Wissenschaftliche Reihe, Band 11, Bonn.

Herzog, M. (1996): Determinanten des unternehmerischen Erfolgs in den neuen Bundesländern: eine empirische Untersuchung mittelständischer Industrieunternehmen in Sachsen, Sachsen-Anhalt und Thüringen, Frankfurt/Main u. a.

Herzog, R. (1997): Mehr Mut zur Selbständigkeit. Ansprache des Bundespräsidenten auf der Jahresversammlung der Arbeitsgemeinschaft selbständiger Unternehmer e.V. in Petersberg, URL: http://195.145.53.84/reden/de/unter_.htm [04.07.02].

Hoch, Marc (1997): Im Land der Unselbständigen, in: Süddeutsche Zeitung, Nr. 170, v. 26./27.7.1997, S. V1/5.

Hoffmann, F. (1986): Kritische Erfolgsfaktoren – Erfahrungen in großen und mittelständischen Unternehmungen, in: zfbf – Schmalenbachs Zeitschrift für betriebswirtschaftliche Forschung, 38. Jg., Heft 10, S. 831–843.

Hunsdiek, D. (1987): Unternehmensgründung als Folgeinnovation – Struktur, Hemmnisse und Erfolgsbedingungen der Gründung industrieller innovativer Unternehmen, Schriften zur Mittelstandsforschung, Nr. 16 NF, Stuttgart.

Hunsdiek, D.; May-Strobl, E. (1986): Entwicklungslinien und Entwicklungsrisiken neugegründeter Unternehmen, Schriften zur Mittelstandsforschung, Nr. 9 NF, Stuttgart.

Hunsdiek, D.; May-Strobl, E. (1987): Gründungsfinanzierung durch den Staat – Fakten, Erfolg und Wirkung, Schriften zur Mittelstandsforschung, Nr. 17 NF, Stuttgart.

Ifo Institut für Wirtschaftsforschung; bifego Betriebswirtschaftliches Institut für empirische Gründungs- und Organisationsforschung e.V. (1994-a): Abschlussbericht zum Forschungsprojekt: Gesamtwirtschaftliche Wirkungen der Existenzgründungspolitik sowie Entwicklungen der mit öffentlichen Mitteln – insbesondere Eigenkapitalhilfe – geförderten Unternehmensgründungen, Band 2, Dortmund.

Ifo Institut für Wirtschaftsforschung; bifego Betriebswirtschaftliches Institut für empirische Gründungs- und Organisationsforschung e.V. – Breitenacher, M. (1994-b): Gesamtwirtschaftliche Wirkungen der Existenzgründungspolitik sowie Entwicklungen der mit öffentlichen Mitteln – insbesondere Eigenkapitalhilfe – geförderten Unternehmensgründungen, Kurzfassung des Abschlussberichts, Ifo-Studien zur Finanzpolitik, Band 56.

INMIT – Institut für Mittelstandsökonomie an der Universität Trier e.V.; IfM – Institut für Mittelstandsforschung Bonn (1998): Erfolgsfaktor Qualifikation – Unternehmerische Aus- und Weiterbildung in Deutschland, Trierer Schriften zur Mittelstandsökonomie, Band 2, Münster.

IfM – Institut für Mittelstandsforschung Bonn (1998): Wissenschaftliche Begleitforschung 1997 zur Gründungsoffensive Nordrhein-Westfalen, IfM-Materialien Nr. 132, Bonn.

Jenner, T. (2000): Zur Messung des Unternehmenserfolges, in: WISU – Das Wirtschaftsstudium, 29. Jg., Nr. 3, S. 326–331.

Kaiser, L.; Gläser, J. (1999): Entwicklungsphasen neugegründeter Unternehmen, Trierer Arbeitspapiere zur Mittelstandsökonomie Nr. 6, hrsg. v. Axel G. Schmidt, Trier.

Kamp, M. E. u. a. (1978): Probleme neugegründeter Unternehmen, Beiträge zur Mittelstandsforschung, Heft 40, Göttingen.

Klandt, H. (1984): Aktivität und Erfolg des Unternehmensgründers: eine empirische Analyse unter Einbeziehung des mikro-sozialen Umfeldes, Bergisch Gladbach.

Klandt, H. (1999): Der integrierte Unternehmensplan: Gründungsmanagement, München u. a.

Kriegesmann, B. (2000): Unternehmensgründungen aus der Wissenschaft, in: ZfB – Zeitschrift für Betriebswirtschaft, 70. Jg., Heft 4, S. 397–414.

Krönfeld, B. (1995): Erfolgsforschung in kooperierenden Handelssystemen – eine empirische Analyse des organisationalen Lernens von erfolgreichen Vorbildern, Frankfurt/Main u. a.

Krüger, W. (1988): Die Erklärung von Unternehmenserfolg: Theoretischer Ansatz und empirische Ergebnisse, in: DBW – Die Betriebswirtschaft, 48. Jg., Heft 1, S. 27–43.

May, E. (1981): Erfolgreiche Existenzgründungen und öffentliche Förderung: Eine vergleichende empirische Analyse geförderter und nicht geförderter Gründungsunternehmen, Göttingen.

May-Strobl, E.; Paulini, M. (1997): Gründungsreport: Laufende Berichterstattung über das Gründungsgeschehen in den neuen Bundesländern, IfM-Materialien Nr. 124, Bonn.

Meyer, M. W. (1994): Measuring Performance in Economic Organizations, in: Smelser, N. J.; Swedberg, R. (Hrsg.): The Handbook of Economic Sociology, Princeton N. J., S. 556–578.

Moser, K.; Schuler, H. (1999): Die Heterogenität der Kriterien unternehmerischen Erfolgs, in: Moser, K.; Batinic, B.; Zempel, J. (Hrsg.): Unternehmerisch erfolgreiches Handeln, Göttingen, S. 31–42.

Müller-Böling, D.; Klandt, H. (1993): Unternehmensgründung, in: Hauschildt, J.; Grün, O. (Hrsg.): Ergebnisse empirischer betriebswirtschaftlicher Forschung: Zu einer Realtheorie der Unternehmung, Stuttgart, S. 135–178.

Nandy, A. (1973): Motives, Modernity and Entrepreneurial Competence, in: Journal of Social Psychology, Vol. 91, No. 1, S. 127–136.

Nathusius, K. (2001): Eigenkapitalfinanzierung durch Venture Capital, in: Koch, L. T.; Zacharias C. (Hrsg.): Gründungsmanagement, München u. a., S. 177–196.

Nicolai, A. T.; Petersmann, T. (2002): Unternehmensgründungen im Mobile Business. Eine empirische Bestandsaufnahme deutscher Start-ups aus strategietheoretischer Perspektive, in DBW – Die Betriebswirtschaft, 62. Jg., Heft 1, S. 95–110.

Nöcker, R. (1999): Erfolg von Unternehmungen aus betriebswirtschaftlicher Sicht, in: Moser, K.; Batinic, B.; Zempel, J. (Hrsg.): Unternehmerisch erfolgreiches Handeln, Göttingen, S. 53–68.

O. V. (2000): Der Markt für Wagniskapital in Deutschland, in: Deutsche Bundesbank (Hrsg.): Monatsbericht, Heft 10, S. 15–29.

O. V. (2002): Nur wenig Mut zum Risiko, in: iwd – Institut der deutschen Wirtschaft Köln (Hrsg.): iwd – Informationsdienst, Nr. 23, S. 4–5.

Peters, T. J.; Waterman, R. H. (1984): Auf der Suche nach Spitzenleistungen. Landsberg am Lech.

Pickle, H. B. (1964): Personality and Success: An Evaluation of Personal Characteristics of Successful Small Business Managers, in: Small Business Administration, Small Business Review Series, No. 4.

Picot, A.; Laub, U. D.; Schneider, D. (1989): Innovative Unternehmensgründungen, Berlin.

Pinkwart, A. (2001): Einflussfaktoren der Gründungsneigung von Studierenden – Ergebnisse einer empirischen Untersuchung, in: Institut für Mittelstandsforschung Bonn (Hrsg.): Jahrbuch zur Mittelstandsforschung 2/2001, Wiesbaden, S. 63–84.

Plaschka, G. (1986): Unternehmenserfolg: eine vergleichende Untersuchung von erfolgreichen und nicht erfolgreichen Unternehmensgründern. Schriftenreihe der Abteilung für Gewerbe-, Klein- und Mittelbetriebe an der Wirtschaftsuniversität Wien, Band 7, Wien.

Rekugler, H. (1989): Erfolgsfaktoren der mittelständischen Unternehmen, in: WISU – Das Wirtschaftsstudium, Nr. 11, S. 626–632.

Reutner, F. (1987): Determinanten des Unternehmenserfolges, in: ZfB – Zeitschrift für Betriebswirtschaft, 57. Jg., Heft 8, S. 747–762.

Rudolph, H. (1996): Erfolg von Unternehmen – Plädoyer für einen kritischen Umgang mit dem Erfolgsbegriff, in: Aus Politik und Zeitgeschichte, Beilage 23 zur Wochenzeitung Das Parlament, S. 32–39.

Schefczyk, M. (1999): Zur empirischen Erforschung der Erfolgsdeterminanten junger, Venture Capital-finanzierter Unternehmen, in: BFuP – Betriebswirtschaftliche Forschung und Praxis, Heft 3, S. 272–292.

Scheidt, B. (1995): Die Einbindung junger Technologieunternehmen in Unternehmens- und Politiknetzwerke, Volkswirtschaftliche Schriften, Heft 447, Berlin.

Schenk, R. (1998): Beurteilung des Unternehmenserfolges, in: Frese, M. (Hrsg.): Erfolgreiche Unternehmensgründer: Psychologische Analysen und praktische Anleitungen für Unternehmer, Göttingen u. a., S. 59–82.

Schiller, R. (1996): Erfahrungen mit KMU in der Frühentwicklungsphase. Vortrag vom 18. Juni 1996, anlässlich der 41st ICSB World Conference in Stockholm, Schweden.

Schmidt, A. G. (1996): Der überproportionale Beitrag kleiner und mittlerer Unternehmen zur Beschäftigungsdynamik: Realität oder Fehlinterpretation von Statistiken?, in: ZfB – Zeitschrift für Betriebswirtschaft, Nr. 5, S. 537–557.

Schmidt, A. G. (1998): Zur finanzwirtschaftlichen Situation kleiner und mittlerer Unternehmen im Strukturwandel, in: Franke, G.; Laux, H. (Hrsg.): Unternehmensführung und Kapitalmarkt, Berlin u. a., S. 285–326.

Schmidt, A. G. (1999): Zum Sinn unternehmerischer Arbeit – Der Unternehmer als Mensch, in: Franz, O. (Hrsg.): Anstöße, Schriftenreihe des Kuratoriums der Jakob-Kaiser-Stiftung e.V., Band 1, Köln, S. 19–26.

Schmidt, A. G. (2001): Unternehmerausbildung, in: Franz, O. (Hrsg.): Anstöße, Schriftenreihe des Kuratoriums der Jakob-Kaiser-Stiftung e.V., Band 2, Köln, S. 29–38.

Schmidt, A. G.; Freund, W. (1989): Strategien zur Sicherung der Existenz kleiner und mittlerer Unternehmen, Schriften zur Mittelstandsforschung, Nr. 30 NF, Stuttgart.

Schmidt, A. G.; Kiefer, C. (2002): Von der Hochschule in die berufliche Selbstständigkeit. Gründungserfolg mit den 3 „Ps", in: Verse-Herrmann A.: Karrierestart Young Professionals – Das Elite-Hochschulabsolventen-Magazin, ALPHA Informationsgesellschaft mbH (Hrsg.), Lampertheim, S. 173–189.

Schmidt, A. G.; Kraus, M. (2001): Qualifikation und Unternehmenskontinuität: Beitrag der Meisterausbildung zur Bestandssicherung von Handwerksunternehmen, Gifhorn.

Schmoll, A. (1995): Beurteilung und Beobachtung der persönlichen Kreditwürdigkeit bei Klein- und Mittelbetrieben, in: Stiegler, H. (Hrsg.): Erfolgspotentiale für Klein- und Mittelbetriebe, Linz, S. 625–648.

Schulte, F. (1999): Gründungen im unternehmensnahen Dienstleistungssektor: Was macht Gründer erfolgreich, was bereitet ihnen Probleme?, InWIS-Bericht, Nr. 26, Bochum.

Schweitzer, M. (2000): Gegenstand und Methoden der Betriebswirtschaftslehre, in: Bea, F. X.; Dichtl, E.; Schweitzer, M. (Hrsg.): Allgemeine Betriebswirtschaftslehre, Band 1, Grundfragen, 8., neubearbeitete Auflage, Stuttgart, S. 23–79.

Simon, H. (1996): Die heimlichen Gewinner: Die Erfolgsstrategien unbekannter Weltmarktführer – (Hidden Champions), 2. Auflage, Frankfurt/Main u. a.

Szyperski, N.; Nathusius, K. (1977): Gründungsmotive und Gründungsvorbehalte – Ergebnisse einer empirischen Studie über potentielle und tatsächliche Unternehmungsgründer, in: DBW – Die Betriebswirtschaft, 37. Jg., Nr. 2, S. 299–309.

Unterkofler, G. (1989): Erfolgsfaktoren innovativer Unternehmensgründungen. Ein gestaltungsorientierter Lösungsansatz betriebswirtschaftlicher Gründungsprobleme, Frankfurt/Main u. a.

Utsch, A.; Frese, M. (1998): Methodische und theoretische Aspekte des Projekts Erfolgsfaktoren bei Kleinunternehmern (EKU) – Operationalisierung der Variablen, Analysestrategien und Anlage der Untersuchung, in: Frese, M. (Hrsg.): Erfolgreiche Unternehmensgründer: Psychologische Analysen und praktische Anleitungen für Unternehmer, Göttingen u. a., S. 205–219.

Van Elkan, M. (1998): Unternehmensgründungen und Unternehmensliquidationen in Rheinland-Pfalz, Trierer Schriften zur Mittelstandsökonomie Band 1, Münster.

Voigt, M. (1994): Unternehmerinnen und Unternehmenserfolg: Geschlechtsspezifische Besonderheiten bei Gründung und Führung von Unternehmen, Wiesbaden.

Wahrig, G. (2000): Deutsches Wörterbuch, Gütersloh u. a., S. 426.

Wanzenböck, H. (1998): Überleben und Wachstum junger Unternehmen, Wien u. a.

Wießner, F. (1998): Positive Zwischenbilanz für „Überbrückungsgeld-Empfänger", IABkurzbericht, Nr. 1, Nürnberg.

Wirtz, B. W.; Becker, D. R. (2002): Erfolgsrelevanz und Entwicklungsperspektiven von Geschäftsmodellvarianten im Electronic Business, in: WiSt – Wirtschaftswissenschaftliches Studium, Heft 3, S. 142–148.

Wöhe, G.; Döring, U. (2000): Einführung in die Allgemeine Betriebswirtschaftslehre, 20., neubearbeitete Auflage, München.

Wohlgemuth, A. C. (1989): Die klippenreiche Suche nach den Erfolgsfaktoren, Vorschläge zur Meisterung der methodischen Herausforderungen, in: Die Unternehmung, Nr. 2, S. 89–111.

Woywode, M. (1993): Überlebenschancen von Unternehmen – Eine empirische Untersuchung auf der Basis des Mannheimer Unternehmenspanels, in: ZEW-Wirtschaftsanalysen, Nr. 4, S. 441–467.

Zusammenfassung

Der intuitiv scheinbar leicht fassbare Begriff „Unternehmenserfolg" stellt die Erfolgsfaktorenforschung vor die Herausforderung, geeignete und messbare Erfolgsindikatoren zu finden. Bei der Messung des Erfolgs junger Unternehmen ist Besonderheiten Rechnung zu tragen, die insbesondere aus ihren verschiedenen Entwicklungsphasen und der zentralen Position des Gründers als Eigentümer-Unternehmer resultieren. Daher sollte der Erfolg junger Unternehmen nach Entwicklungsphasen differenzierend gemessen werden. Neben materiellen sollten auch immaterielle Erfolgsgrößen berücksichtigt werden, die sich aus dem persönlichen Lebensentwurf des Unternehmers ableiten.

Summary

Searching for the determinants of business success it is a challenge to find appropriate and measurable indicators for the apparently easy to grasp concept "success". Measuring new venture success there are pecularities to be taken into account especially deriving from the different stages of the new firm development and from the entrepreneur's decisive position as owner-manager. Therefore, new venture success should be measured considering the different stages of development. Beyond financial indicators of success immaterial indicators should be applied, that can be derived from the entrepreneur's private life plan.

20: Allgemeine Fragen der Organisationstheorie (JEL M19)
70: Allgemeine Fragen der Finanzwirtschaft (JEL G00)

8 Best Practice Fallstudien zeigen den Weg

Inhalt:

8 Fallstudien demonstrieren die Erfolgsfaktoren exzellenter Dienstleistungsunternehmen aus unterschiedlichen Branchen:

Advance Bank

Crossair AG

Migros-Genossenschafts-Bund

OBI Bau und Heinwerkermärkte

Deutsche Post und der Aufbau von Euro Express

UPS u.a.m.

Die Autoren:

Manfred Bruhn/Heribert Meffert
Exzellenz im Dienstleistungsmarketing
Fallstudien zur Kundenorientierung
2002. X, 394 S.
Geb. € 39,90
ISBN 3-409-11923-X

Manfred Bruhn und Heribert Meffert zeigen anhand von acht ausgewählten Best Practice-Fallstudien aus unterschiedlichen Branchen (wie z.B. Advance Bank, Crossair, Deutsche Post/Euro Express, Systor Gruppe, UPS) exemplarisch auf, wie sich Unternehmen in Dienstleistungsmärkten durch eine konsequente Kundenorientierung am Markt durchgesetzt haben. Zum besseren Nutzen für den Leser erfolgt die Darstellung der Fallstudien in einer ähnlichen Struktur.

Prof. Dr. Manfred Bruhn ist Ordinarius für Betriebswirtschaftslehre, insbesondere Marketing und Unternehmensführung, am Wirtschaftswissenschaftlichen Zentrum (WWZ) der Universität Basel.

Prof. Dr. Dr. h.c. mult. Heribert Meffert ist Professor der Betriebswirtschaftslehre, insbesondere Marketing, und emeritierter Direktor des Instituts für Marketing am Marketing Centrum der Universität Münster (MCM). Er ist Vorsitzender der Bertelsmann Stiftung Gütersloh.

Bestellung

Fax: 06 11.78 78-420

Ja, ich bestelle:

___ Expl. Bruhn/Meffert **Exzellenz im Dienstleistungsmarketing**
Geb. € 39,90
ISBN 3-409-11923-X

Vorname und Name

Straße (bitte kein Postfach)

PLZ, Ort

Unterschrift

Änderungen vorbehalten. Erhältlich beim Buchhandel oder beim Verlag. Abraham-Lincoln-Str. 46, 65189 Wiesbaden, Tel: 06 11.78 78-124, www.gabler.de GABLER

Die Unternehmensgründung als Problem der Risikogestaltung

Von Andreas Pinkwart

Überblick

- Während dem Risikoaspekt in der einschlägigen Literatur des Gründungsmanagement bislang vergleichsweise wenig Aufmerksamkeit zuteil wird, nimmt er in der Theorie des Unternehmers wie auch in der Gründungspraxis einen zentralen Stellenwert ein. Der Aufsatz will dazu beitragen, diese Lücke im Sinne eines ganzheitlichen Risikomanagement für Gründungsunternehmen zu schließen.

- Vor dem Hintergrund der spezifischen Nachteile vor allem innovativer Jungunternehmen, die u.a. in der schmalen Risikokapitalbasis, der Neuartigkeit der Produkte und fehlender Reputation am Markt begründet liegen, zeigt der Beitrag Möglichkeiten auf, wie die unterschiedlichen unternehmens- und umfeldbezogenen Chancen und Gefahren für die Entscheidungsträger aufgedeckt und gestaltet werden können, um die knappen Ressourcen ohne Überforderung der Gesamtrisikokapazität konsequent auf den Aufbau der strategischen Wettbewerbsvorteile zu konzentrieren.

- Der Autor umreißt hierzu wesentliche Gestaltungsfelder eines integrierten Risikomanagement-Konzepts und zeigt neben einigen ausgewählten Methoden und Instrumenten der Risikoidentifikation und –analyse Grundstrategien der Risikohandhabung sowie Wege zu ihrer systematischen Umsetzung in den jeweiligen Phasen des Gründungsprozesses auf.

Eingegangen: 10. März 2002

Professor Dr. Andreas Pinkwart, MdB, Lehrstuhl für Betriebswirtschaftslehre, insbes. kleine und mittlere Unternehmen, Universität Siegen, Hölderlinstraße 3, 57068 Siegen. Arbeitsgebiete: Management kleiner und mittlerer Unternehmen; Existenzgründung und Unternehmertum; Theorie der Unternehmensentwicklung, insbes. komplexe Unternehmensdynamik; Strategisches Management.

© Gabler-Verlag 2002

A. Zur Notwendigkeit einer intensiveren Auseinandersetzung mit den Risiken der Unternehmensgründung

> „The main goal of science must be to enable business to take the right risk."
> (Peter Drucker)[1]

I. Problemstellung

Trotz ihres herausgehobenen Stellenwertes in der Theorie des Unternehmers und ihrer praktischen Relevanz für die Entscheidungsträger im Gründungsprozess wird der Risikoproblematik in der einschlägigen Literatur zum Gründungsmanagement bislang vergleichsweise wenig Aufmerksamkeit zuteil.[2] Dabei erschöpfen sich die bislang wenigen, für die Risikopolitik in Gründungsunternehmen einschlägigen Beiträge zum einen in der Darstellung einzelner Methoden der Datenanalyse und Problemstrukturierung sowie der Entscheidungsunterstützung bei der Selektion und Integration von Gründungsprozessen und -teilplänen im Rahmen der Gründungsplanung[3] resp. des Gründungscontrolling[4] und zum anderen in der optimalen Bewältigung reiner Risiken im Gründungsunternehmen unter Einsatz des aus dem Risk-Management i.e.S. bekannten Instrumentariums.[5]

In jüngeren Modellansätzen zum besseren Verständnis der komplexen Steuerungssituation bei Gründungsvorhaben in Form offener Entscheidungsprozessnetze[6] finden zwar vermutete Eintrittswahrscheinlichkeiten über entsprechende Gewichtungsfaktoren in die dynamische Prozessdarstellung und –analyse Eingang.[7] Gleichwohl wird aber auf eine ganzheitliche Berücksichtigung der risikopolitisch relevanten Aspekte und deren systematische Steuerung im Rahmen eines eigenständigen Risikocontrolling sowie dessen Integration in das Gründungscontrollingsystem verzichtet.

II. Begriff und Wesen des Risikos

Risiko wird allgemein als Zielgefährdung definiert, die darin besteht, dass der realisierte Ergebniswert vom erwarteten Zielerreichungsgrad abweichen kann.[8] Ursächlich für die Zielabweichung ist die objektive Indeterminiertheit der Situation wie die Unvollkommenheit der Informationen, die für eine Entscheidung unter Sicherheit nicht ausreichen.[9] Nun sind unternehmerische Entscheidungen dadurch gekennzeichnet, dass ihre Auswirkungen nicht mit letzter Gewissheit vorausgesagt werden können.[10] Dies gilt erst recht für Entscheidungssituationen im Gründungsprozess neuer Unternehmen, die angesichts der vielfach geringen Reife und Marktstabilität ihrer Produkte sowie der sich erst allmählich herausbildenden Nachfragestrukturen mit erheblichen Informationsproblemen und mangelnder Vorausschau behaftet sind.[11] Es liegt in der Natur der Sache, dass hierbei sog. subjektive Risiken dominieren, für die keine objektive Wahrscheinlichkeitsverteilung vorliegt, da es sich überwiegend um einmalige, in dieser Form unwiederholbare Vorgänge handelt, wie die Entscheidung über den Sachzweck, den Markteinführungszeitpunkt, die Preisstrategie oder die Beteiligung eines Partners. In diesen Fällen müssen dann durch Informationsselektion und –interpretation subjektive Wahrscheinlichkeiten gebildet werden,

Die Unternehmensgründung als Problem der Risikogestaltung

die als Grade des Vertrauens resp. der möglichen Überraschung aufzufassen sind, mit denen der Entscheidungsträger ein gewisses Ereignis resp. eine bestimmte Ergebnisabweichung erwartet.[12] Je mehr über die von den relevanten Faktoren ausgehenden Wirkungsmöglichkeiten bekannt ist, desto genauer lassen sich die subjektiven Wahrscheinlichkeiten bestimmen.[13] Dies begründet das besondere Interesse der Entscheidungsträger, durch möglichst gute Informationen eine günstige Ausgangslage für ihre unternehmerischen Entscheidungen zu schaffen. Werden objektiv mehrwertige Entscheidungen aufgrund der subjektiven Erwartungsbildung der Entscheidungsträger auch als solche wahrgenommen, handelt es sich um bewusste Risiken, die entweder über- oder unterbewertet werden. Werden von den Entscheidungsträgern hingegen Maßnahmen in der Erwartung getroffen, dass sie zu einem einwertigen (mehrwertigen) Ergebnis führen, obwohl objektiv mehrwertige (einwertige) Ergebnisse möglich sind, handelt es sich um unbemerkte (vermeintliche) Risiken.[14]

Neben der Qualität des Informationsstandes hängen Entscheidungen unter Unsicherheit aber auch davon ab, wie sich die Ungewissheit des Ergebnisausganges auf den Prozess und das Ergebnis der Entscheidung auswirkt.[15] Dabei erweist es sich im Umgang mit Risiken als besonders problematisch, dass die optimale Verhaltensweise des Entscheidungsträgers bei Unsicherheit nicht nur von seiner Zielsetzung abhängig ist, sondern auch von seiner individuellen Risikoneigung, d.h. von seiner Risikofreude (Risikoscheu), mit der er ein im Sinne seiner Zielsetzung besseres, gleichzeitig aber auch riskanteres Ergebnis gegenüber einem schlechteren, aber mit geringerem Risiko behafteten Ergebnis vorzieht (verwirft),[16] sowie von seiner situativen Risikowahrnehmung.[17] Dabei zeigte Allais anhand des nach ihm benannten Paradoxons auf, dass das tatsächliche Verhalten der Entscheidungsträger nicht in jedem Fall dem Ergebnis der Theorie des Erwartungsnutzens entspricht.[18] Nach den Erkenntnissen der Theorie der Präferenz-Umkehr wird das Risikoverhalten der Entscheidungsträger von den ihren Bewertungen zugrunde liegenden Skalen (qualitativ oder quantitativ) sowie der Verknüpfung unterschiedlicher Risiko- und Ergebnisskalen beeinflusst.[19]

Entscheidungen unter Unsicherheit erfordern daher zusätzliche Angaben über den jeweiligen Bedingungsrahmen des Unternehmens und die hieraus wie aus den obwaltenden persönlichen Umständen des Entscheidungsträgers resultierende Risikobereitschaft.[20] Letztere kann im Falle der Existenzgründung sowohl von dem persönlichen Erfahrungshintergrund des Gründers, etwa aus dem familiären Umfeld, als auch von seiner persönlichen Einkommens- und Vermögenssituation bestimmt sein.[21]

Weiter kann das Risikoverhalten nach dem Risk-return-Paradoxon von Bowman[22] auch vom wirtschaftlichen Erfolg des Gründungsvorhabens in der Weise abhängen, dass Entscheidungsträger in Verlustsituationen zu größerer Risikofreude und in Gewinnsituationen zu größerer Risikoscheu neigen.[23] Schließlich wird die Risikobereitschaft der Entscheidungsträger davon beeinflusst, ob es sich um eine Einzel- oder um eine Teamgründung handelt. So kommen viele Gründungen nur deshalb zustande, weil sich mehrere Unternehmerpersönlichkeiten zur gemeinsamen Risikoübernahme bereit finden.[24] Dies wird von Szyperski mit dem Risky Shift-Phänomen erklärt, wonach sich Teams verglichen mit dem Entscheidungsverhalten von Einzelpersonen risikofreudiger zeigen.[25] Weitere Bestimmungsfaktoren des individuellen Risikoverhaltens und ihre Wechselwirkungen werden in Abb. 1 dargestellt.[26]

Abb. 1: Bestimmungsfaktoren des individuellen Risikoverhaltens

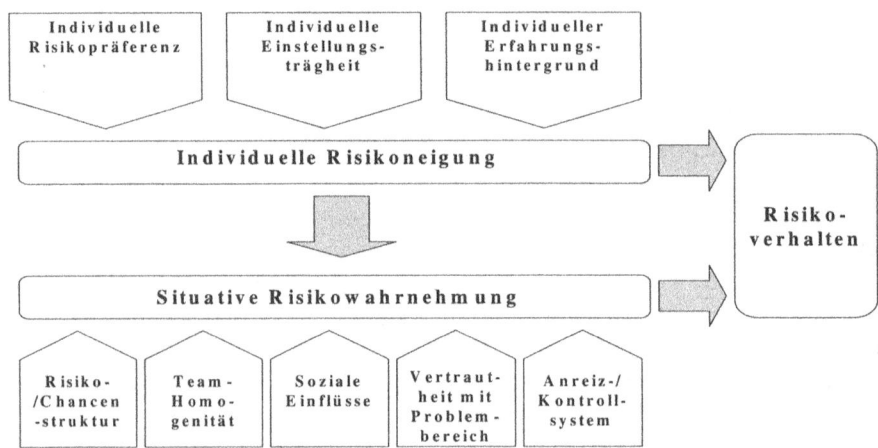

Quelle: Eigene Darstellung i.A. an Sitkin, S. B.; Pablo, A. L. (1992), S. 15.

III. Risikowirkungen

Beinhaltet das Risiko nur die Gefahr des Vermögensverlustes, wie es etwa bei Feuer oder Hagelschlag der Fall ist, spricht man von reinem Risiko.[27] In allen anderen Fällen des so genannten spekulativen Risikos aus unternehmerischem Handeln besteht das Risiko in der Möglichkeit, dass das Vermögen des Unternehmens durch die Handlung – aus risikopolitischer Sicht auch durch die Unterlassung[28] – entweder vermindert (Verlustgefahr oder Risiko i.e.S.) oder erhöht (Chance) wird.[29] Hinsichtlich des Eingehens und des Eintritts von Verlustgefahren ergeben sich aus Sicht des Unternehmensgründers unterschiedliche direkte und indirekte Risikowirkungen, die sich nicht nur auf rein finanzwirtschaftliche Wirkungsbereiche beschränken:[30]

(i) Das Eingehen zusätzlicher Gefahren (Risiken i.e.S.) erhöht die Renditeforderungen der Kapitalgeber und damit die Eigenkapitalkosten des Gründungsunternehmens. Treten Verlustgefahren ein, vermindert sich die geplante Gesamtkapitalrendite und folglich auch die Eigenkapitalrendite (Ertragsrisiko). Im für Gründungsunternehmen nicht seltenen Extremfall kommt es bei schlagend gewordenen Risiken i.e.S. zur völligen Aufzehrung des Eigenkapitals und zum Zusammenbruch des Unternehmens. Beide Effekte führen dazu, dass der Marktwert des Gründungsunternehmens sinkt (Kapitalrisiko).

(ii) Im Falle des Scheiterns der Gründung droht der Gründerperson häufig auch der Haftungsdurchgriff auf ihr privates Vermögen (Haftungsrisiko).

(iii) Mit dem Scheitern der Gründung kann eine Minderung des Arbeitseinkommens (Einkommensrisiko) und eine Verschlechterung der künftigen beruflichen Entwicklungsmöglichkeiten (Karriererisiko) einhergehen.

(iv) Durch das Scheitern eines Gründungsvorhabens können die anderen vom Unternehmer verfolgten immateriellen Ziele verfehlt und das Ansehen der Gründerperson Schaden nehmen (psychische Risiken).
(v) Darüber hinaus kann das Eingehen und Schlagend werden zusätzlicher Verlustgefahren zu erhöhter Stressbelastung führen und sich auf das familiäre Umfeld (familiäres Risiko) sowie die Gesundheit des Unternehmensgründers (Gesundheitsrisiko) mit unmittelbarer Rückwirkung auf die anderen Risikobereiche negativ auswirken.

Die Wahrscheinlichkeit für das Scheitern junger Unternehmen ist von Brüderl et al für den IHK-Bezirk München und Oberbayern untersucht worden. Danach waren nach fünf Jahren 37 v.H. der tatsächlich realisierten Neugründungen wieder vom Markt verschwunden.[31] In zwei Drittel der über 600 Betriebsaufgaben wurde die Liquidation von den Unternehmern als persönliches Scheitern bewertet. In mehr als der Hälfte der Fälle war die Betriebsauflösung für die Unternehmer persönlich mit finanziellen Verlusten verbunden, in jedem achten Fall auch mit finanziellen Verlusten für Dritte.[32]

IV. Gründungsspezifische Risikoprobleme

Die Risikoproblematik besteht in der schlechten Informationslage der Entscheidungsträger im Gründungsprozess aufgrund der Novität wie auch der Komplexität und Einmaligkeit der zu treffenden Entscheidungen. Innovative Aufgaben sind dem Charakter nach einzigartige, unregelmäßig anfallende Problemsituationen, die schwach strukturiert und nur schwer voraussehbar sind.[33] Zudem wird das Risikoproblem durch die aus der Gründungsbegleitforschung bekannten 'liabilities of newness, smallness and adolescence' noch erhöht.[34]

In Anlehnung an die von Krelle an einem anderen Fall aufgezeigte Entscheidungssituation[35] lässt sich das Problem der Einmaligkeit bei Unsicherheit aus Sicht des nascent entrepreneurs wie folgt präzisieren: Die Gründung wird nur einmal vorgenommen und ist nicht wiederholbar. Ihr Ergebnis ändert auf jeden Fall die Lage, so dass eine spätere Gründung nicht vergleichbar mit dieser ist. Der nascent entrepreneur wird im Idealfall alle Faktoren, die auf das Ergebnis einen Einfluss haben können, einzeln in Erwägung ziehen, also die Stärken und Schwächen des eigenen Unternehmenskonzepts im Vergleich zu jenen der bereits vorhandenen oder noch zu gewärtigen potenziellen Konkurrenten, die Reaktion der vorhandenen und möglicherweise neu hinzu kommenden Nachfrager, die Motivation des ihm zur Seite stehenden Teams von Partnern und Mitarbeitern, die Funktionsfähigkeit des neu entwickelten Produktes und Verfahrens, die Zuverlässigkeit der Lieferanten, das konjunkturelle, rechtliche und technologische Umfeld, die Unterstützungsbereitschaft aus seinem mikrosozialen Umfeld, die eigene unternehmerische Findigkeit, Führungskunst und physische und psychische Belastungsfähigkeit. Der nascent entrepreneur muss die Gründung demnach in Gedanken durchspielen und sich alle möglichen, höchst unterschiedlichen Auswirkungen eines jeden Faktors überlegen. Sollten sich die Ergebnisse bei fast allen Auswirkungsmöglichkeiten für das Unternehmen als günstig erweisen, wird er einen Erfolg der Gründung für sehr wahrscheinlich halten. Stellt sich heraus, dass noch etwa die Hälfte aller möglichen Wirkungen für ihn von Vorteil sind, wird er den Erfolg des Markteintritts für durchaus möglich halten, ansonsten aber eher für unwahrscheinlich.[36] Damit ist die Komplexität des Entscheidungsproblems für den nascent entrepreneuer aber noch nicht abschließend erfasst. Vielmehr erweist sich die Einschätzung der verschiedenen Auswirkungsmöglichkeiten angesichts der Dynamik der Märkte und des rasanten technologischen Wandels als äußerst schwierig. Aufgrund allgemein noch unzulänglicher Planungstechniken und -instrumente sowie speziell häufig unzureichender personeller und finanzieller Ressourcenausstattung sind zudem nur beschränkte Möglichkeiten zur Verbesserung des Informationsstandes gegeben. So fehlt es den angehenden Unternehmern vielfach selbst an dem erforderlichen Wissen und der Kompetenz wie auch an den notwendigen zeitlichen und finanziellen Möglichkeiten, um eine einigermaßen zuverlässige Informationsselektion und -interpretation vornehmen zu können. Nicht zuletzt stößt eine unter dem Postulat der Unsicherheitsreduktion betriebene Verbesserung des Informationsstandes ab einem gewissen Niveau an die Grenzen der Wirtschaftlichkeit resp. der unter Berücksichtigung des kritischen Erfolgsfaktors Time-to-Market noch vorhandenen Planungszeit. Zur Gründungsentscheidung müssen daher die relevanten Daten herangezogen werden, die es erlauben, ein möglichst realistisches Bild der möglichen und kritischen Entwicklungspfade zu zeichnen.[37] Lassen sich im Falle der Gründungsentscheidung bei Unsicherheit auch keine ungefähr bekannten Wahrscheinlichkeiten für die Ereignisse bestimmen, müssen die Entscheidungen nach Albach im Sinne eines strategischen Verhaltens[38] unter Nebenbedingungen getroffen werden. Dabei gilt es letztendlich, tödliche Fehler ebenso zu vermeiden wie das Risiko der vertanen Chance.[39]

In der Markteinführungs- und Frühentwicklungsphase von Start-Ups treten das fehlende akquisitorische Potenzial, mangelnde Reputation auf der Beschaffungsseite und im Falle innovativer Gründungen das Marktakzeptanzrisiko (*Hypothek der Neuheit*)[40] sowie eine zu geringe Betriebsgröße, beschränkte Möglichkeiten der Risikodiversifikation und ein zu enges Kontaktnetzwerk im betrieblichen Umfeld (*Hypothek der Kleinheit*) als weitere Risikofaktoren hinzu. Durch das Zusammentreffen und sich gegenseitige Verstärken nicht beachteter oder unterbewerteter Zielabweichungen können schließlich Verlustgefahren erwachsen, die dazu führen, dass sich die regelmäßig schmale Anfangsausstattung mit Ressourcen schneller verbraucht, als neues Kapital aus der Selbstfinanzierung oder externen Kapitalquellen generiert werden kann. Aufgrund der sog. *Hypothek des Erwachsenwerdens* steigt das Sterberisiko eines Unternehmens in der Nachgründungsphase zunächst an und nimmt erst nach dem Erreichen eines Maximums wieder ab.[41] Die Gründe dafür liegen häufig in einer Fehleinschätzung der Marktstruktur durch die Gründer. Es gelingt nicht, Kunden und Aufträge im erwarteten Umfang zu akquirieren. Die Umsatzlücke führt schnell zu einer Aufzehrung der vorhandenen Finanzmittel mit der Folge von Liquiditätsengpässen bis hin zur Zahlungsunfähigkeit.[42]

Erschwerend kommt hinzu, dass die Kapitalgeber häufig kein ausreichendes Vertrauen in die Fähigkeit der Jungunternehmer haben und folglich nicht bereit sind, ihnen in einer Krisensituation eine weitere Chance zu geben.[43] Folglich erhalten innovative Start-Ups neues und wegen der erheblichen Risiken teures Saatkapital zumeist nur schrittweise gegen Abtretung weiterer Kapitalanteile, die eine Art Realoption auf den später realisierbaren Unternehmenswert darstellen.[44] Kommt es im Laufe des Gründungsprozesses zu Zielabweichungen etwa bei den Entwicklungszeiten und dadurch bedingte Verzögerungen bei der Markteinführung, oder bleibt der erwartete Markterfolg aufgrund eines unzureichenden Marketing- und Vertriebskonzepts aus, kann ein Punkt erreicht werden, ab dem die zur Realisierung des Konzepts notwendigen neuen Finanzmittel den Wert der den Unternehmensgründern noch verbliebenen Eigenkapitalanteile überschreiten.[45] Dann aber geht das Konzept nicht mehr auf und die Option verfällt.[46] Das von den Gründern wie von Dritten eingesetzte Kapital ist dann abschließend verloren.

V. Risikoaversion als Engpassfaktor des Gründungsgeschehens

Nach wie vor scheut ein großer Teil der Bevölkerung das Risiko einer selbständigen Tätigkeit und entscheidet sich aus diesem Grund gegen die berufliche Selbständigkeit. Dies wurde für Deutschland in mehreren Studien erneut bestätigt. Trotz der in den letzten Jahren deutlich verbesserten Rahmenbedingungen für Start-Ups kommt der Global Entrepreneurship Monitor (GEM) in seinem Länderbericht 2001 für Deutschland zu dem Ergebnis, dass die deutsche Bevölkerung angesichts ihrer Einstellungen zu den Themen Individualität, Risiko und Gleichheit im internationalen Vergleich noch weit von einer ‚Entrepreneurial Society' entfernt ist.[47] In der Risikoaversion der Bevölkerung sieht der Bericht einen wesentlichen Erklärungsgrund für die international vergleichsweise niedrige Gründungsneigung.[48] Zu einem ähnlichen Ergebnis gelangt eine Studie von Brockhoff und Tscheulin über den Wandel des Bedürfnisses nach wirtschaftlicher Sicherheit, die an der Universität Freiburg durchgeführt wurde.[49] Im Vergleich zu einer Untersuchung des Instituts für Demoskopie in Allensbach aus dem Jahre 1947 legt eine gleichlautende Befragung aus dem Jahr 2000 offen, dass die Bereitschaft der Studierenden zur Übernahme unternehmerischer Verantwortung in den vergangenen fünfzig Jahren deutlich abgenommen hat.[50] Der Siegener Hochschulstudie zufolge lässt sich der im Vergleich zur großen Anzahl allgemein gründungsinteressierter Studierender geringe Anteil von nascent entrepreneurs u.a. auf signifikante Unterschiede bei den mit einer selbständigen Tätigkeit assoziierten Hemmfaktoren „*zu hohes Risiko*" und „*fehlendes Startkapital*" zurückführen.[51] Offenbar geht vom Sicherheitsstreben eine stärkere Wirkung auf die Gründungsbereitschaft der Studierenden aus als von den Wertschätzungs- und Selbstverwirklichungsmotiven, die von den gründungsinteressierten Studierenden auch mit anderen für sie in Frage kommenden beruflichen Tätigkeiten verwirklicht werden können.[52]

Eine hohe Risikoscheu erweist sich dabei nicht nur bei der Grundsatzentscheidung für die berufliche Selbständigkeit als Engpassfaktor des Gründungsgeschehens. So stellten Brüderl et al in ihrer Kohortenuntersuchung für die Gründerjahrgänge 1985/86 im IHK-Bezirk München und Oberbayern fest, dass viele Gründer zunächst klein und mit möglichst geringem finanziellen Risiko starten, um dann allmählich zu wachsen. Gleichzeitig zeigt die Studie aber, dass die auf langsames Wachstum setzenden Gründer unverhältnismäßig schneller vom Markt ausscheiden, als andere Gründer.[53]

B. Das Risikoproblem als Gegenstand der Unternehmertheorie

I. Erklärungsbeiträge funktionaler Unternehmertheorien

Seit dem frühen Werk von Cantillon[54] gilt das Vorhandensein von Unsicherheit im Rahmen der Theorie des Unternehmers als Grundvoraussetzung für die Existenz der unternehmerischen Klasse. Entweder in Kombination oder als alleinige Aufgabe übernimmt Cantillons Entrepreneur neben den leistungswirtschaftlichen Aktivitäten der Waren- oder Dienstleistungsproduktion (Landwirt, Transportunternehmer, Groß- und Einzelhändler, Banker) die Funktion des Arbitrageurs. Beide Aktivitäten sieht er mit Unsicherheit behaftet. Zum einen sind die Einkommen aus der erwerbswirtschaftlichen Gütererstellung im Gegensatz zu jenen der Arbeiter und der Landbesitzer nicht vertraglich fest vereinbart und insofern unsicher.[55] Die Motivation des Arbitrageurs sieht er in der mit seiner Aufgabe verbundenen Gewinnchance, zu einem sicheren Preis einzukaufen und zu einem unsicheren Preis zu veräußern. Says Beitrag zur Unternehmertheorie[56] besteht anknüpfend an die Arbeit von Cantillon in der besonderen Betonung sowohl der marktlichen als auch der unternehmensinternen Koordinationsleistung des Unternehmers im Sinne moderner Führungs- und Managementfunktion. Dabei ist die unternehmerische Aufgabe stets auch mit der Gefahr des Scheiterns verbunden. Der Unternehmer trägt dabei sowohl das Vermögensrisiko als auch das Risiko seine Reputation zu verlieren.[57]

Während für den Unternehmer in seiner Funktion als Risikoträger in den späteren Werken der Neoklassik aufgrund der Annahme vollkommener Information und der dadurch möglichen Entscheidung bei Sicherheit kein Raum mehr vorhanden ist,[58] befasst sich Marshall noch eingehend mit dem Risikoproblem unternehmerischer Aktivität. In Marshalls Ansatz des im Sinne eines Prozessinnovators ständig nach Kostensenkungsmöglichkeiten suchenden Unternehmers geht er auch Risiken ein. Im Falle der Fremdfinanzierung droht ihm bei ausbleibendem Erfolg ein schneller Entzug der Finanzierungsmittel, so dass aus dem leistungswirtschaftlichen auch ein finanzwirtschaftliches Risiko erwachsen kann. Den Anreiz zur unternehmerischen Aktivität leitet er aus der Chance außergewöhnlich hoher Gewinnmargen ab. Risikofreudige Menschen werden in seinem Modell von den Supergewinnen stärker angezogen als von der Angst des möglichen Scheiterns abgeschreckt.[59]

Erst mit der Dissertation von Knight über ‚Risk, Uncertainty and Profit'[60] rückt die Unsicherheit ins Zentrum der Unternehmertheorie. Dabei kommt dem Begriff der Wahrscheinlichkeit, mit der zukünftige Ereignisse eintreten, eine zentrale Bedeutung zu.[61] Der Unternehmer trägt danach nicht nur die Verantwortung dafür, dass künftige Ereignisse nur mit einer gewissen Wahrscheinlichkeit eintreten. Seine besondere Funktion ergibt sich vielmehr daraus, dass er auch in jenen Situationen Entscheidungen trifft, in denen ihm entweder die Wahrscheinlichkeiten für den künftigen Eintritt der Ereignisse völlig unbekannt sind oder sogar die Ereignisse selbst, die in der Zukunft eintreten können.[62] Der Entrepreneur übernimmt die nicht-versicherbaren, spekulativen Risiken und erhält dafür im Gegenzug den Residualerlös. Er benötigt besondere Fähigkeiten, um mit den Entscheidungen bei Unsicherheit effektiv umgehen zu können. Hierzu zählen ein hohes Maß an Selbstvertrauen, die Fähigkeit zur kritischen Selbsteinschätzung, die Gabe sich eine eigene Meinung zu bilden, eine gewisse Abenteuerbereitschaft und Weitblick.[63] Soweit er zur Realisierung seiner unternehmerischen Pläne auch auf fremdes Kapital angewiesen ist, reicht das Vertrauen in seine eigenen Fähigkeiten nicht aus. Er muss dann zudem in der Lage sein, seine externen Kapitalgeber von der Richtigkeit seiner Einschätzung zu überzeugen.[64] Knight erfasst die Unternehmerpersönlichkeit damit erstmalig in ihrer doppelten Risikoträgerfunktion, als Betroffener der spezifischen unternehmerischen Risiken einschließlich des Kapitalrisikos wie auch als Gestalter der mit unternehmerischer Tätigkeit verbundenen Unsicherheit.

Trotz ihrer besonderen Bedeutung für innovative, regelmäßig mit hoher Unsicherheit verbundene Unternehmensgründungen, spart die Unternehmertheorie von Schumpeter das Risiko von Existenzgründungen weitgehend aus, ja es wird mit Blick auf die Unternehmerfunktionen sogar ausdrücklich verneint („Niemals ist der Unternehmer der Risikoträger."[65]). Im Falle des Scheiterns geht der Schaden zu Lasten der Kreditgeber. Soweit der Unternehmer etwa durch Sacheinlage oder Gewinnthesaurierung eigenes Vermögen in seinem Unternehmen einsetzt, trifft ihn das Risiko nicht in seiner Unternehmereigenschaft, sondern in seiner Funktion als Kapitalgeber. Wenn überhaupt läuft der Schumpeter-Unternehmer Gefahr, seinen Ruf zu riskieren.[66] Diese rigorose Verantwortungsverlagerung steht in einem gewissen Widerspruch zu der dem Unternehmer und nicht dem Kapitalisten an anderer Stelle zugeschriebenen „...Fähigkeit, allein und voraus zu gehen, Unsicherheit und Widerstand nicht als Gegengründe zu empfinden,..."[67]. Auf den ersten Blick ähnlich verhält es sich bei Kirzners nach Gewinngelegenheiten suchendem Entrepreneur, indem er maßgeblich auf die Chancen unternehmerischen Handelns abstellt und die Gefahren nur beiläufig erwähnt. So benötigt der Unternehmer in seinem Modell auch keine besonderen persönlichen oder fachlichen Führungsfähigkeiten noch eine eigene Vermögensausstattung, um unternehmerisch zu handeln. Allerdings räumt Kirzner ein, „daß in einer Welt der Unsicherheit jede Unternehmerentscheidung, ganz gleich wieviel Findigkeit sie auch immer widerspiegelt, bis zu einem gewissen Grade ein Glücksspiel sein muß [sic!]."[68] Kirzners Unternehmer ist weit davon entfernt, „aufgrund der unvermeidbaren Unsicherheit unserer Welt zu erstarren."[69] Vielmehr kalkuliert er bei seiner bewussten, findigen Handlung ein gewisses spekulatives Risiko mit ein, dass ihm im Sinne eines Risiko-Chancen-Kalküls angesichts der von anderen bislang nicht ausgenutzten Gewinngelegenheiten aber vertretbar erscheint. Im Gegensatz zu Knight definiert er den Gewinn daher auch nicht als Residualerlös, der nach Erfüllung aller vertraglichen Verpflichtungen ex-ante übrig bleibt. Vielmehr unternimmt sein Unternehmer „ein zugegebenermaßen riskantes Geschäft nur deshalb (...), weil er glaubt, es biete [ex ante betrachtet, Anm. d. Verf.] per Saldo eine attraktive Gelegenheit."[70]

II. Neo-institutionalistische Sichtweise

Der neo-institutionalistische Ansatz zeigt Wege auf, wie Unsicherheit als Kernproblem von Neuerungsprozessen durch die optimale Nutzung institutioneller Arrangements abgebaut werden kann. Hierzu finden die Property-Rights-Theorie, der Principal-Agent-Ansatz und die Transaktionskostenanalyse Anwendung. Dabei lassen sich die Unsicherheiten innovativer Prozesse durch die Schaffung geeigneter Markt-, Organisations- und Netzwerkstrukturen in höchst unterschiedlicher Weise auf die einzelnen Marktpartner

(Unternehmer, Partner, Kapitalgeber, Manager, Mitarbeiter, Lieferanten, Kunden) verteilen.[71] Beispielhaft für diesen Ansatz stehen Arbeiten von Hunsdiek und Schneider zur Schaffung geeigneter vertraglicher und organisatorischer Arrangements für innovatives Unternehmertum unter besonderer Berücksichtigung des Unsicherheitsproblems.[72]

Hunsdiek hat zur Reduzierung der durch die generellen Gründungsprobleme der Kleinheit und Neuheit entstehenden Transaktionskostennachteile der Unternehmenserrichtung durch Gründerpersonen die Spin-Off-Gründung als Organisationsform des Markteintritts vorgeschlagen.[73] Von Picot et al wurden in einer empirischen Studie transaktionskostengünstige Abwicklungs- und Organisationsformen unter besonderer Berücksichtigung von Koordinierungsunsicherheit untersucht.[74] Von ihnen wurde dabei auch die Vorteilhaftigkeit von Teamgründungen mit möglichst unterschiedlich ausgeprägten unternehmerischen Stärken bestätigt.[75] Schneider hat eine transaktionskosten- und informationstheoretisch fundierte Untersuchung über die ökonomischen Konsequenzen der unternehmerischen Produktion von Erstmaligkeit vorgenommen.[76] In einem Beitrag mit Zieringer hat Schneider die Frage der Integration oder Disintegration von F&E als Herausforderung innovativen Unternehmertums behandelt.[77] Als jüngstes Beispiel sei das Agency-Modell von Knobloch zur Gründungsfinanzierung unter Unsicherheit angeführt.[78] Angesichts der mit der Fremdfinanzierung verbundenen Arbeitsanreize für den Gründer auf der einen Seite und der Risikoteilungswirkung der Beteiligungsfinanzierung auf der anderen Seite stellt die gemischte Finanzierung für den risikoaversen Gründer die vorteilhaftere Finanzierungsstruktur dar. Knobloch gründet darauf die Empfehlung einer auf die jeweilige Gründungssituation maßgeschneiderten gemischten Finanzierung aus einer Hand.[79] Die vorgenannten Ansätze lassen sich im weitesten Sinne der Handlungstheorie zurechnen, die den unternehmerischen Entscheidungsraum für beschränkt rationales Verhalten bei Unsicherheit durch die Suche nach weiteren Entscheidungsmöglichkeiten resp. durch Einbeziehung von die Unternehmensweise anpassenden Maßnahmen erweitern hilft.[80]

III. Traits-Ansatz

Nach dem Traits-Ansatz wird Gründern einerseits eine hohe Bereitschaft zur Risikoübernahme und eine größere Offenheit gegenüber ungewissen Situationen und Gefahren (Ambiguitätstoleranz) zugeschrieben.[81] Andererseits wird dem Unternehmer mit Hinweis auf andere typische Unternehmereigenschaften, wie etwa der hohen Leistungsmotivation, lediglich eine mittlere Risikoneigung attestiert.[82] Eine mittlere Risikoneigung bei Entrepreneuren kann aber auch damit begründet, dass Unternehmer aufgrund ihrer internen Kontroll- und Machbarkeitsüberzeugung, ihres Commitments und ihrer ausgeprägten intrinsischen Motivation daran glauben, die Wahrscheinlichkeit eines positiven Ausgangs durch eigene Anstrengungen und gegebenenfalls durch Umstellung auf eine andere Unternehmensweise selbst beeinflussen zu können.[83] In dieser Fähigkeit können sich zumal jene Unternehmer bestätigt sehen, die bereits über unternehmerische Erfahrungen verfügen.[84] In anderen Studien wird Eigentümerunternehmern zwar eine höhere Risikoneigung als angestellten Managern bescheinigt, gleichzeitig wird aber auch konstatiert, dass Unternehmer ähnlich wie bei Heuss[85] in Gruppen unterschiedlicher Risikobereitschaft unterteilt werden können.[86] In ihrer Studie über den Erfolg unterschiedlicher Entscheidungsprozesse von Unternehmensgründern gelangen Frank und Korunka zu dem Ergebnis, dass sich erfolgreiche Gründer in signifikanter Weise durch ein gezieltes, schnelles und planvolles Entscheidungsverhalten (sog. Handlungsorientierung) von den anderen Unternehmern abheben, deren Entscheidungsprozesse stärker durch ungezielte Informationssuche und Entscheidungshemmung (sog. Lageorientierung) gekennzeichnet sind.[87]

IV. Ansätze kognitiver Unternehmertheorie

Zur Erklärung unterschiedlichen Risikoverhaltens liefert die auf kognitionsbiologischen Überlegungen aufbauende, kognitive Unternehmertheorie weitere Erkenntnisse.[88] Danach kann das Risikoverhalten von Unternehmern auf spezifische, von der jeweiligen Entscheidungssituation und Gründungsphase abhängige Denk- und Handlungsmuster zurückgeführt werden.[89] So haben Palich und Bagby in einer empirischen Studie gezeigt, dass innovative Unternehmer durch selektive Informationswahrnehmung und -verarbeitung die Stärken und Chancen in einer geschäftlichen Situation regelmäßig höher bewerten als die Schwächen und Risiken.[90] Andere Untersuchungen deuten darauf hin, dass Unternehmer angesichts der Unsicherheit künftiger Ereignisse ihren Fokus auf die gegenwärtige Situation verengen und zur Vereinfachung der Entscheidungssituation dazu tendieren, Vergangenheitsentwicklungen ebenso wie Prognosen über die künftige Entwicklung nicht in ihr Kalkül einzubeziehen.[91] Cooper et al überprüften die Anwendbarkeit von Entscheidungsmodellen mit beschränkter Rationalität auf das unterschiedliche Verhalten der Unternehmer bei der Informationssuche. Angesichts der hohen Unsicherheit und Komplexität von Gründungsentscheidungen und der nur begrenzten gedanklichen Kapazität der Entscheidungsträger wird unterstellt, dass Gründer nicht nach umfassender Information und vollständiger gedanklicher Durchdringung streben, sondern sich mit simpleren Informationsstrukturen und kognitiven Heuristiken begnügen. Für die unternehmerisch unerfahrenen Gründer bestätigte sich die Annahme eines Entscheidungsverhaltens bei beschränkter Rationalität, da sie sich bei Gründung in einer ihnen bekannten Branche deutlich intensiver informierten als im Falle eines Branchenwechsels.[92]

C. Risikomanagement als integraler Bestandteil des Gründungsmanagement

I. Risikomanagement im Gründungsprozess

Würden die unterschiedlichen Risiken in Gründungsunternehmen ohne besondere Regelungsmechanismen einheitlich angegangen, bedürfte es eines Risikomanagement als integralem Bestandteil des Gründungsmanagement nicht. Da aber schon der Einzelgründer auf verschiedene Risikoformen verschiedenartig reagiert, bedeutet die Tatsache, dass jede Führungstätigkeit den Risikoaspekt mit einschließt nicht zugleich, dass die Risiken systematisch identifiziert und einheitlich bewertet, gesteuert und kontrolliert werden.[93] Angesichts der spezifischen Unsicherheitsprobleme von Gründungsunternehmen und ihrer regelmäßig geringen Risikodeckungsmassen kommen dem Risikotragfähigkeitskalkül und dem Risiko-Chancen-Kalkül besondere Bedeutung zu. Das heißt, spekulative Risiken sind aufgrund des ihnen innewohnenden Gefahren- und Chancenpotenzials nicht nur ablehnend zu behandeln, sondern können sich auch als überlebensnotwendig erweisen.[94] Dabei gewinnen Fragen der prospektiven Risikopolitik im Sinne einer vorausschauenden und ganzheitlichen Berücksichtigung der Risikokomponente in allen Prozessen der Gründungsplanung wie bei Gestaltung des Führungs- und Geschäftssystems eines Start-Up für die Gründungsentscheidung eine zentrale Bedeutung. Eine systematische Risikopolitik wirkt sich über eine dadurch erzielbare günstigere Kostensituation und eine bessere Nutzung der Aktiva auf die geplante Gesamtkapitalrendite positiv aus und erhöht dadurch den Kapitalwert.[95] Zudem wird das Gründungsvorhaben durch die risikopolitischen Maßnahmen für Business Angels und Venture Capital-Gesellschaften insgesamt sicherer und damit noch attraktiver. Eine günstigere Eigenkapitalversorgung ermöglicht entweder ein schnelleres Wachstum oder senkt die Eigenkapitalkosten und erhöht den Kapitalwert.[96] Auf diese Weise kann schließlich auch der erhöhten Säuglingssterblichkeit zu klein dimensionierter Gründungsvorhaben wirksamer begegnet werden. Der hier verfolgte Ansatz eines ganzheitlichen Risikomanagement im Gründungsprozess reicht damit über die stark versicherungsorientierte, an das traditionelle Risk-Management angelehnte Konzeption der Risikopolitik weit hinaus und hebt sich insofern auch von den wenigen zum Risikomanagement in Gründungsunternehmen bislang überhaupt vorliegenden Beiträgen ab.[97]

II. Risikoidentifikation und -bewertung

Den Ausgangspunkt der Risikoidentifikation bilden die aus dem Wertesystem und der Vision des Start-Up abgeleiteten Unternehmensziele. Sodann gilt es die unterschiedlichen betrieblichen Aktionen sowie die von ihnen und den exogenen Einflüssen gegenwärtig und in Zukunft ausgehenden Wirkungen und Wechselwirkungen in einem sog. Risikoinventar aufzulisten und diese Risiken anhand von Bewertungskriterien im Hinblick auf Ausmaß und Eintrittswahrscheinlichkeit ihres Gefahren- resp. Chancengehalts hin zu überprüfen und zu messen. Für die Risikoidentifikation in der Vorgründungsphase kommen Instrumente aus dem strategischen Entscheidungsbereich in Betracht. Hierzu zählen Kreativitätstechniken, wie etwa das Brainstorming und Brainwriting (Methode 635), die Szenarioanalyse und die Delphi-Methode.[98] Darüber hinaus tragen Verfahren wie die Ausfalleffektanalyse und die Gefährdungsbaumanalyse dazu bei, potenzielle Gefährdungsbereiche und Störungsursachen aus dem Blickwinkel des intakten resp. gestörten Gesamtsystems und die wechselseitigen Interdependenzen aufzudecken. In der Gründungs- und Nachgründungsphase bieten sich neben den Instrumenten der Frühaufklärung verstärkt Instrumente der operativen Risikoidentifikation an, wie etwa das Formblatt- und Checklistenverfahren, die Ereignisbaum- und Gefährdungsbaumanalyse sowie die Input-Output-Darstellung zur Erkennung wirtschaftlicher Risiken und die Fehlerbaum- und Flussbildanalyse zur Identifikation technischer Risiken. In Anlehnung an das Konzept der Balanced Scorecard können die Risiken nach den für Gründungsunternehmen relevanten Perspektiven Produkt/Markt, Personal/Know-how, Gründerperson/Team, Interne Prozesse und Finanzen kategorisiert werden (siehe Abb. 2). Die angesichts unzureichender exak-

Die Unternehmensgründung als Problem der Risikogestaltung

Abb. 2: Risikofelder und Risikodeterminanten

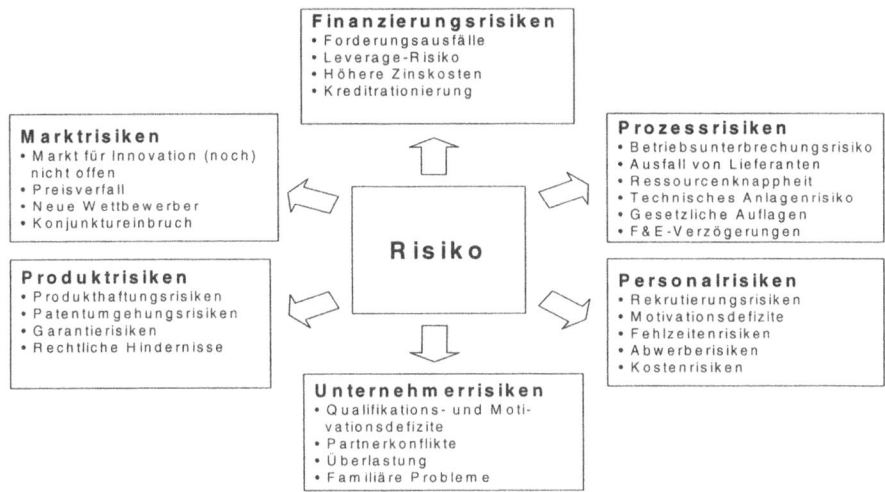

Quelle: Eigene Darstellung

ter Informationen zumeist nur auf Basis halbquantitativer oder qualitativer Angaben durchführbare Risikobewertung kann vereinfachend anhand folgender Gleichungsbeziehung für die Risikoart i verdeutlicht werden.[99]

(1) $RW_i = GH_i \times GEW_i - RK_i - SH_i \times SEW_i$

mit:
$i\ (i = 1,\ldots,n)$ = Risikoart i
RW = Risikowert
SH = Ausmaß der normalen resp. maximalen negativen Zielabweichung
SEW = Eintrittswahrscheinlichkeit negativer Zielabweichung
SH × SEW = Umfang des Gefahrenaspekts
RK = Höhe der Risikobewältigungskosten
GH = Ausmaß der normalen resp. maximalen positiven Zielabweichung
GEW = Eintrittswahrscheinlichkeit positiver Zielabweichung
GH × GEW = Umfang des Chancenaspekts

Es gilt dabei folgender Zusammenhang:
Für RW > 0 gilt,   i ist ein wünschenswertes Risiko, soweit SH keine schwerwiegende oder gar existenzgefährdende Tragweite darstellt.
Für RW < 0 gilt,   i ist ein zu verbesserndes oder abzulehnendes Risiko.

Im Vordergrund der Risiko-/Chancenmessung stehen demnach die beiden Faktoren Vorhersehbarkeit (Eintrittswahrscheinlichkeit) und potenzieller Ergebniseffekt (Schaden-/Chancenhöhe). Als dritte Dimension kommt die erwartete Häufigkeit des Schadeneintritts hinzu, so etwa bei der Risikomessung mithilfe annualisierter Gesamterwartungswerte.[100] Da die betrieblichen Risiken regelmäßig nicht vollständig positiv korreliert sind, wohl aber teilweise durch voneinander abhängige Ereignisse ausgelöst werden können, lässt sich die Gesamtrisikoposition und ihre Wahrscheinlichkeitsverteilung nicht durch Addition der einzelnen Risikowerte ermitteln.[101] Zum Zwecke einer optimalen Entscheidung bedarf es daher im Idealfall einer alle Einzelrisiken und Handlungsoptionen sowie deren Wechselwirkungen im Hinblick auf die Veränderung des Gesamtergebnisses berücksichtigenden simultanen dynamischen Berechnung.[102] Aufgrund der Komplexität eines Totalmodells führt an einer Reduktion des Entscheidungsproblems im konkreten Fall, etwa über eine Auswahl mehrerer als besonders unsicher geltender Einflussgrößen oder einer Ordnung der Risiken nach Schadenhöhen, indes kein Weg vorbei.

Als gängige Methoden der Risikomessung finden die aus der Investitionsrechnung bekannten Korrekturverfahren und die Sensitivitätsanalyse Anwendung. Während die Unsicherheit in den Korrekturverfahren entweder über pauschale Risikoab- und -zuschläge oder im Wege eines höheren Kalkulationszinssatzes, einer Verminderung von Rückflüssen und eine Verkürzung der Lebensdauer berücksichtigt wird, zeigen Sensitivitätsanalysen die durch Veränderung relevanter Einflussgrößen auf die Unternehmensergebnisse ausgehenden Effekte auf. Obwohl beide Verfahren in kaum einem Businessplan fehlen, weisen sie erhebliche Mängel auf. So erhöht das Korrekturverfahren durch die ausschließliche Berücksichtigung negativer Zielabweichungen noch die ohnehin stark ausgeprägte Risikoaversion der Destinatäre. Durch die rein summarische Bestimmung der Unsicherheit führt das Verfahren bei Korrektur sämtlicher Daten häufig auch dazu, ein Vorhaben 'totzurechnen'. Im Falle der Sensitivitätsanalyse handelt es sich häufig nur um ein sehr einfaches Partialmodell, bei dem nur die Veränderung einer oder weniger Einflussgrößen (z.B. Absatzpreis oder –menge) analysiert wird. Dies erhöht zwar die Transparenz der Risikolage, erlaubt aber aufgrund fehlender Wahrscheinlichkeitsverteilungen keine nähere Bestimmung des Risikoausmaßes.[103] Um den Einblick in die geschäftspolitische Risikostruktur von Gründungsunternehmen zu erhöhen, wird hier die Risiko-Chancen-Analyse auf Basis des Drei-Werte-Verfahrens als Variante der Sensitivitätsanalyse kurz vorgestellt.[104] In einem ersten Schritt werden für die zu analysierenden Ergebnisbereiche neben einem optimistischen und einem pessimistischen Ergebniswert ein mit hoher Wahrscheinlichkeit erwarteter Ergebniswert geschätzt und die Differenzen zwischen den extremen Werten und dem mittleren Wert berechnet. Die potenzielle Zielerreichungsgradänderung wird aus dem Quotienten der zueinander in Beziehung gesetzten oberen (d_o) und unteren (d_p) Ergebniswertabweichungen ermittelt. Als zweiter Schritt kommt eine ebenfalls mithilfe des Drei-Werte-Verfahrens durchgeführte Analyse der Input-Faktoren hinzu. Dabei werden jeweils jene Werte für die Input-Faktoren gewählt, die mit der wahrscheinlichen, der optimistischen und der pessimistischen Ergebnisentwicklung verbunden sind. Danach schließt sich eine entsprechende Bestimmung der relativen Abweichungen der Inputgrößen vom wahrscheinlichen zum optimistischen (D_o) sowie vom wahrscheinlichen zum pessimistischen Wert (D_p) an.[105] Aus der Gegenüberstellung der auf diese Weise ermittelten Input- mit den Output-Koeffizienten lassen sich die Alternativen in chancenreiche, neutrale und risikoreiche Kombinationen unterteilen. Ein weiteres Verfahren der Risikomessung stellt der Value at Risk (VaR) dar. Er ist als der geschätzte maximale Verlust definiert, der bei normalen Umfeldbedingungen innerhalb einer bestimmten

Die Unternehmensgründung als Problem der Risikogestaltung

Abb. 3: Risk Map mit Risikoklassen und Stoßrichtungen aktiver Risikobewältigung

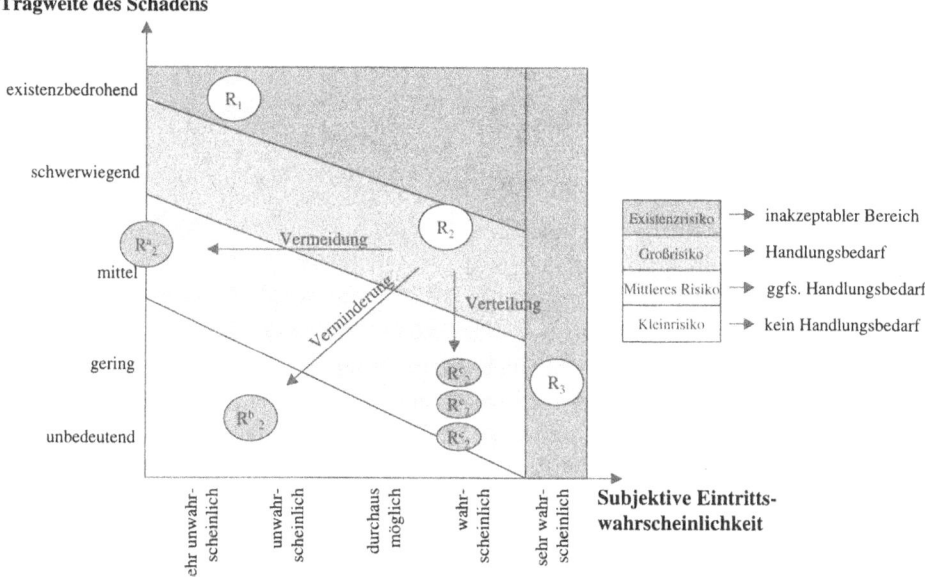

Quelle: Eigene Darstellung

Periode mit einer bestimmten Wahrscheinlichkeit erwartet wird.[106] Da bei diesem Konzept jedoch von einer in der Praxis nicht häufig anzutreffenden Normalverteilung der Risikoparameter ausgegangen wird, bedarf es des Einsatzes von Monte-Carlo-Simulationen, um nicht zu falschen Wahrscheinlichkeitsaussagen zu gelangen.[107] Schließlich eröffnet die Szenario-Technik die Möglichkeit, den Einfluss von Umfeldfaktoren auf den Gründungserfolg zu identifizieren, darauf aufbauend unterschiedliche Szenarien zu entwickeln und diese mit möglichen betrieblichen Störereignissen zu konfrontieren (sog. Trendbruchanalyse). Im Rahmen der Auswirkungsanalyse werden dann Ziele und Handlungsempfehlungen formuliert, um das Eintreten der Szenarien zu fördern (Chancen stärken) oder zu verhindern (Risiken neutralisieren) bzw. dem Unternehmen die Anpassung an die Szenarien zu erleichtern.[108]

Zum Abschluss der Risikoanalyse können die für die einzelnen Risikoarten ermittelten subjektiven Eintrittswahrscheinlichkeiten und die Schadenhöhe in einem aus diesen beiden Dimensionen aufgespannten Koordinatensystem (sog. Risk Map) abgetragen werden (siehe Abb. 3).[109] Um die Tragweite der unterschiedlichen Risikoarten für den Fortbestand des Gründungsunternehmens sichtbar zu machen und eine Selektion der existenzgefährdenden resp. die Gesamtrisikokapazität erheblich belastenden Risiken vornehmen zu können, wird eine Einteilung in unterschiedliche Risikoklassen vorgenommen. Dabei besteht bei Risikoarten mit geringer Schadenhöhe aber hoher Eintrittswahrscheinlichkeit (R_1)

ebenso erheblicher Handlungsbedarf wie bei Risikoarten, deren Eintritt zwar höchst unwahrscheinlich bis unmöglich ist, die im Falle des Eintritts allerdings schwerwiegende bis existenzbedrohende Schäden (R_3) verursachen.

III. Risikohandhabungsstrategien

1. Grundstrategien der Risikobewältigung

Zur Bewältigung der identifizierten und bewerteten Risiken stehen dem Unternehmensgründer unterschiedliche Strategien zur Wahl. Dabei verfügt er in der Vorgründungsphase über ein weites Handlungsfeld bis hin zur strategischen Entscheidung, von dem Gründungsgedanken gänzlich abzurücken. Aber auch im weiteren Verlauf des Gründungsprozesses bieten sich vielfältige Möglichkeiten der gerichteten Risikobewältigung. Hier lassen sich zum einen Maßnahmen unterscheiden, die an den Risikoursachen ansetzen und das Entstehen einzelner Risiken entweder völlig vermeiden helfen (von R2 zu Ra2 in Abb. 3) oder dazu beitragen, die Risikostruktur durch eine Senkung der Eintrittswahrscheinlichkeiten oder des Schadenausmaßes (von R2 zu Rb2 in Abb. 3) aktiv so zu gestalten, dass ein für den Gründer akzeptables Gefährdungsniveau erreicht wird. Zum anderen stehen für den Fall, dass die Risiken eingegangen werden, unterschiedliche Ansätze einer wirkungsbezogenen Risikobewältigung zur Auswahl. Mit Blick auf die nachhaltige Beherrschung des Risikoproblems in Gründungsunternehmen kann schließlich auf die Möglichkeit ungerichteter Risikobewältigung durch Schaffung und Sicherung eines effektiven Informationsflusses und einer nachhaltig hohen Flexibilität verwiesen werden.[110]

2. Ursachenbezogene Risikobewältigung

Neben der generell möglichen Absenkung des Gefährdungsniveaus, etwa durch Verzicht oder Verminderung gewisser Unternehmensziele, bestehen auf der ursachenbezogenen Ebene vielfältige Optionen opportunistischer und proaktiver Risikoverminderung, die nicht sämtlich mit einem gleichzeitigen Chancenverzicht verbunden sind. Angesichts der besonderen Ressourcenabhängigkeit von Gründungsunternehmen lassen sich zum einen Maßnahmen der Ressourcen- und Sourcenanpassung sowie der Verhaltensbeeinflussung und Anspruchsbegrenzung konkretisieren (siehe Abb. 4).[111] Als Maßnahmen der Ressourcen- und Sourcenanpassung kommen im Bereich des Unternehmerrisikos die fachliche Ergänzung der Führungsmannschaft durch Teamgründung, die Begleitung durch einen versierten Coach, die Einrichtung eines Unternehmensbeirates oder die Delegation von Entscheidungskompetenz an dafür geeignete Mitarbeiter in Betracht. Zur Bewältigung des durch Abhängigkeiten erhöhten Marktrisikos kann eine Kunden-, Produkt- oder Distributionsdiversifikation oder die Optimierung der Wertschöpfungstiefe durch Make-or-Buy-Entscheidung sinnvoll sein. Im besonders risikobehafteten Finanzierungsbereich von Start-Ups kann beispielsweise eine eng an den knappen finanziellen Ressourcen ausgerichtete Gründungsstrategie im Sinne des sog. ‚Bootstrapping' helfen, die Finanzierungsrisiken zu vermindern.[112] Anpassungen des Kapitalbedarfplans durch Verzicht auf kapitalintensive Unternehmensteile, die gezielte Bewirtschaftung des Umlaufvermögens, die Berücksichtigung öffentlicher Förderprogramme, die Erhöhung der Prozessgeschwindigkeit und das Streben nach auskömmlichen Margen tragen u.a. dazu bei, das Liquiditäts- und das Leverage-Risiko zu begrenzen. Das Instrument der Verhaltensbeeinflussung kann zur Verminderung des Unternehmerrisikos etwa durch Einschränkung der Einzelvollmacht bei finanzwirksamen Entscheidungen ab einer gewissen Höhe, ein geeignetes Metaführungssystem, die Beteiligung eines Business Angels oder Firmenbeirates sowie die vertragliche Ausgrenzung privater Verpflichtungen (u.a. aus Scheidungsfällen) erreicht werden. Marktrisiken lassen sich insbesondere durch den Aufbau von Wettbewerbsvorteilen vermindern. Darüber hinaus können aber auch unterschiedliche vertikale und horizontale Kooperationsstrategien oder die Einflussnahme auf den Gesetzgeber bei der Festlegung von Normen und Standards dazu beitragen, eine stärkere Marktstellung zu erzielen. Auf der Finanzierungsseite tragen ein leistungsfähiges Finanzcontrolling und Maßnahmen des Finanzmarketing dazu bei, die Reputation bei den Financiers über die in der Regel unzureichenden Sicherheiten hinaus zu erhöhen und auf diese Weise Vertrauenskapital aufzubauen. Personalrisiken, etwa in Form des Weggangs wichtiger F&E- oder Vertriebsspezialisten zu Konkurrenzunternehmen, lassen sich durch den Einsatz bindungswirksamer Motivationsmaßnahmen, wie z.B. langfristig angelegte Erfolgsvergütungssysteme, oder die Begrenzung der Kündigungsmöglichkeiten und -willigkeit vermindern.[113]

Eine Verringerung von Prozessrisiken ist auch durch Verhaltensanpassung erreichbar. Zu nennen sind hier risikoreduzierende Maßnahmen der Schadenverhütung etwa durch einen TQM-Ansatz, der technische Störungen und Qualitätsmängel entlang der Wertkette

Abb. 4: Grundstrategien der Risikobewältigung

Quelle: Eigene Darstellung i.A. an Hermann, D. C. (1996), S. 95.

frühzeitig aufdeckt und dem Störungsprozess bereits im Ursprung wirksam begegnet.[114] Ihrem Wesen nach eher operativer Natur sind die unterschiedlichen Möglichkeiten der Anspruchsbegrenzung durch Verzögerung oder auch sequentielle Anspruchsbefriedigung, die Beeinflussung ihrer Verlautbarung resp. deren gezielte Geheimhaltung, etwa bei Absatzpreisen gegenüber den Lieferanten oder bei Gehältern gegenüber den anderen Mitarbeitern, und schließlich die Einflussnahme auf die Entstehung und die Höhe des Anspruchsniveaus.[115]

3. Wirkungsbezogene Risikobewältigung

Die wirkungsbezogene Risikopolitik setzt an den nicht abwendbaren Risiken an und stellt Instrumente zur ergänzenden Gestaltung der Risikostrukturen (aktive Risikobewältigung) resp. zur Bewältigung der Risikoauswirkungen (passive Risikobewältigung) zur Verfügung. So lassen sich Schäden dadurch vermindern, dass die Auswirkungen einer bereits eingetretenen Störung entweder durch technische Sicherungsmaßnahmen oder ein entsprechendes Frühwarnsystem im Rechnungswesen herabgesetzt werden.[116] Die Risikodiversifikation stellt ein weiteres Instrument der aktiven Risikobewältigung durch Aufteilung des Risikos auf mehrere Risikoträger dar. Indem z.B. ein Gründerteam zu einem Geschäftstermin mit getrennten Fluglinien anreist, wird das Gesamtrisiko in mehrere voneinander unabhängige Teilrisiken mit tendenziell gleicher Eintrittswahrscheinlichkeit, aber deutlich verringerter Tragweite verteilt (von R2 zu Rc2 in Abb. 3). Weiter kann durch Verbindung unabhängiger Risiken ein Risikoausgleich und bei Kombination negativ korrelierter Risiken eine Risikokompensation erreicht werden.[117] Die Risikoteilung mit anschließender Neukombination eröffnet bei negativ korrelierten Risiken zudem die Möglichkeit der Risikokompensation. Die passive Risikobewältigung zielt darauf ab, alle Risiken, die trotz der vorgestellten risikopolitischen Vorkehrungen schlagend werden, so aufzufangen, dass der Fortbestand des Start-Up nicht gefährdet wird. Zu diesen Maßnahmen zählt zum einen die Risikovorsorge in Form der Eigenversicherung durch angemessene Deckungsmassen beginnend mit dem Jahresüberschuss über die stillen und offenen Reserven bis hin zum gezeichneten Kapital. Zum anderen besteht die Möglichkeit eines unter Kosten-Nutzen-Aspekten optimierten Risikotransfers durch einen Versicherungsvertrag (Fremdversicherung und Finanzderivate) sowie durch spezielle Vertragsbedingungen (z.B. Leasing, Factoring etc.).[118] Letztere haben den Vorteil, dass nicht vorhersehbare Verlustgefahren in stabile und berechenbare Risikokosten transformiert werden. Nachteilig wirken sich hingegen die vergleichsweise hohen Kosten dieser Risikobewältigungsform aus,[119] wobei die Höhe der Prämien für Sach-, Betriebsunterbrechungs-, allgemeine Haftpflicht- und etwaige Zusatzversicherungen maßgeblich von der Schadenintensität, der Höhe der Selbstbeteiligung und den Maßnahmen zur Risikominderung bestimmt wird.[120] Während kleine und mittlere Risiken unter erfolgswirtschaftlichen Aspekten tendenziell eigenversichert werden können, sollten existenzgefährdende Großrisiken auf jeden Fall fremdversichert werden, soweit sie nicht durch andere Risikobewältigungsmaßnahmen neutralisiert werden können.

4. Risikotragfähigkeitskalkül

Die Optimierung der einzelnen Risikobewältigungsmaßnahmen findet ihren Niederschlag in einem optimalen Risikomanagement-Portfolio.[121] Daraus lässt sich das nach Risikoübertragung noch vorhandene Total-Risikopotenzial ermitteln. Es kann aus den einzelnen Risikokategorien (Umsatzrisiko, Kostenrisiko, Produkthaftungs- und Prozessrisiko etc.) kumulativ ermittelt werden. Dies muss sodann mit den vorhandenen Risikodeckungsmassen abgestimmt werden, die sich im Gründungsunternehmen maßgeblich aus den Eigenmitteln der Gründer sowie möglicher dritter Beteiligter und den geplanten Mindest- und Übergewinnen zusammensetzen. Dabei können drei verschiedene Belastungsszenarien angenommen werden: Das Risikopotenzial 1. Grades (mit sehr hoher Wahrscheinlichkeit erwarteter Normbelastungsfall, z.B. übliche Preisschwankungen), das Risikopotenzial 2. Grades (mit mittlerer bis geringer Wahrscheinlichkeit erwarteter negativer Belastungsfall, z.B. anhaltende Konjunkturschwäche) und das Risikopotenzial 3. Grades (mit äußerst geringer Wahrscheinlichkeit erwarteter Maximalbelastungsfall durch kumulativ zusammentreffende negative konjunktur-, markt- und prozessbezogene Störungen).[122] Da regelmäßig keine volle Risikodeckung möglich ist, empfiehlt sich zum Zwecke eines effektiven Risikocontrolling die Festlegung eines maximal tolerierbaren Restrisikos. Dies kann mithilfe der Grundgleichung des Risikotragfähigkeitskalküls vereinfachend wie folgt bestimmt werden:[123]

(2)   WS {Total-Verlustpotenzial $\geq$ vorhandenes Risikodeckungspotenzial} $\leq$ x%

Das Restrisiko kennzeichnet die Wahrscheinlichkeit, mit der ein Gründer(-team) den Untergang des Unternehmens infolge nicht bewältigter, schlagend gewordener Risiken in Kauf zu nehmen bereit ist. Es ist damit auch Ausdruck der individuellen Risikopräferenz der Gründer.

5. Integrierte Chancen- und Risikosteuerung in Start-Ups

Zur wirksamen Steuerung und Kontrolle der Gesamtrisikoposition in Gründungsunternehmen kann eine Risikomatrix erstellt werden, die in den Spaltensummen die Gesamtrisikopositionen der unterschiedlichen Risikofaktoren (z B. Umsatzrisiko) und in den Zeilensummen die Gesamtrisikopositionen für die jeweiligen Geschäfts- resp. Funktionsbereiche ausweist. Deren Summen spiegeln jeweils die Gesamtrisikoposition des Start-Ups wider.[124] Werden für die einzelnen Funktions- oder Geschäftsbereiche Grenzwerte für die pro Risikoart innerhalb einer Abrechnungsperiode maximal zulässigen Verluste definiert, gelangt man zur sog. Risikobudgetmatrix.[125] Als weiteres Instrument ganzheitlicher Chancen- und Risikosteuerung können risikoadjustierte Eigenkapitalkosten als Ergebnisvorgaben für die unterschiedlichen Risikopositionen bestimmt werden. Nach dem Capital Asset Pricing Model (CAPM) errechnet sich der unternehmensspezifische Eigenkapitalkostensatz aus dem risikolosen Zinssatz und einem Risikozuschlag in Höhe der mit dem ß-Faktor[126] gewichteten Marktrisikoprämie. Mit steigendem Risiko erhöht sich die unternehmensspezifische Risikoprämie und damit auch die Renditeforderung. Letztere kann nur erfüllt werden, wenn dem erhöhten Risiko auch tatsächlich höhere Erträge gegenüber stehen. Es lässt sich daraus an alle Geschäftsbereiche folgende Gleichgewichtsbedingung stellen:[127]

(3)   Nettoergebnis – risikoadjustierte Eigenkapitalkosten ≥ 0 .

Damit eine in diesem Sinne ganzheitliche Risikopolitik zur ständigen Aufgabe aller Teammitglieder im Gründungsunternehmen wird, sollte von vornherein auf eine möglichst stringente ablauforganisatorische Eingliederung des Risikomanagement Wert gelegt werden. Hierfür bietet sich die Balanced Scorecard (BSC) als übersichtlich strukturierte und in der Unternehmenspraxis bereits erfolgreich erprobte Methodik an.[128] Mit ihrer Hilfe lassen sich Vision und Strategie in ganz konkrete und auch messbare qualitative und quantitative Zielsetzungen für die einzelnen Verantwortungsbereiche in ausgewogener Weise übersetzen und im Wege eines operativen und strategischen Feedback-Prozesses überprüfen. Durch explizite Berücksichtigung des Risiko-Chancen-Kalküls kann die BSC um die Aspekte des Risikomanagement zu einer Riskadjusted Balanced Scorecard (RBSC) für Gründungsunternehmen erweitert werden.[129]

Angesichts der erhöhten Unsicherheit im Gründungsprozess und der noch niedrigen Risikodeckungsmassen kann auf diese Weise systematisch auf die Realisierung der Ertragsziele durch Chancenwahrnehmung unter den Nebenbedingungen des Risikotrag-

Abb. 5:   Risikobezogene Ursache-Wirkungskette als Grundlage der RBSC

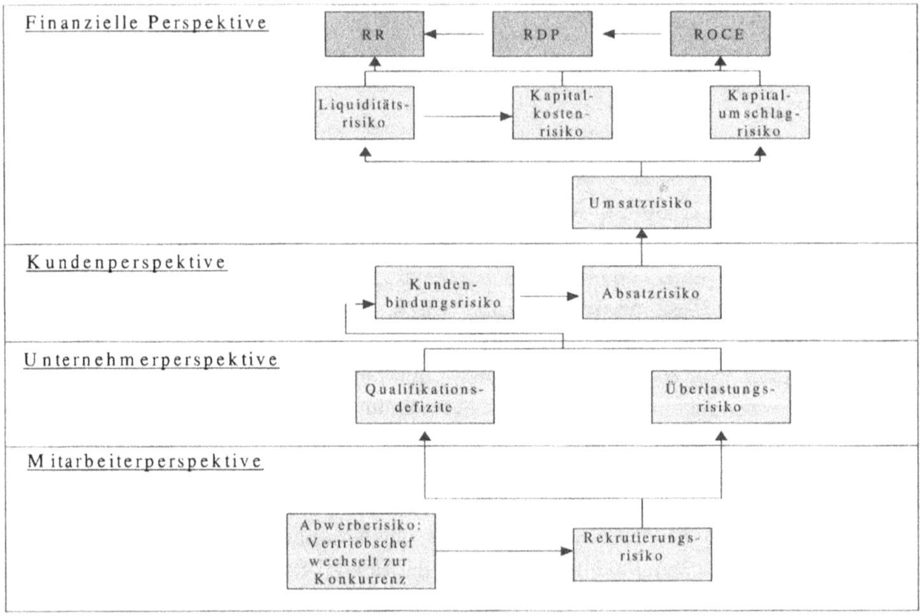

Quelle: Eigene Darstellung

Die Unternehmensgründung als Problem der Risikogestaltung

fähigkeits- und des Risiko-Chancen-Kalküls hingewirkt werden. Durch die Einbeziehung risikoadjustierter Zielgrößen, wie etwa der risikoadjustierten Eigenkapitalkosten werden die einzelnen strategischen Perspektiven jeweils um ausgewählte Kennzahlen für die maßgeblichen Risikofaktoren ergänzt. Bei Überschreiten kritischer Werte können weitere Maßnahmen zur Risikogestaltung vorgesehen werden, die dazu beitragen, das Gesamtverlustrisiko zu begrenzen. Da die einzelnen Perspektiven und ihre jeweiligen Kennzahlen nach dem BSC-Konzept über Ursache-Wirkungsbeziehungen eng miteinander verzahnt sind, eröffnet diese Methode nicht nur die Möglichkeit die Zusammenhänge zwischen den einzelnen Erfolgsfaktoren und ihren Potenzialen transparent zu machen, sondern auch jene zwischen den unterschiedlichen Risikofaktoren und deren Rückwirkungen auf den Return on Capital Employed (ROCE), das Risikodeckungspotenzial (RDP) und damit schließlich auch auf die Höhe des Restrisikos (RR) (siehe Abb.5).

Die Vorteile des Risk-adjusted Balanced Scorecarding für Gründungsunternehmen bestehen zum einen in der Konkretisierung und Anpassung der Gründungsstrategie an die Gesamtrisikokapazität, die von der verfügbaren Risikodeckungssumme und dem vom Gründer(-team) gemäß individueller Risikopräferenz maximal tolerierbaren Restrisiko bestimmt wird. Zum anderen stellt die RBSC eine systematische Umsetzung und Kommunikation der Gründungsstrategie im Gründungsteam sicher. Sie ermöglicht die fortlaufende Verknüpfung zwischen Strategieentwicklung, Businessplanerstellung, Gründungsrealisierung und –kontrolle unter ganzheitlicher Betrachtung des Chancen- und Risiko-Kalküls und schließt damit den vielfach zwischen der operativen und der strategischen Ebene unterbrochenen Gründungsmanagementzyklus (vgl. Abb. 6).

Sie trägt durch ständigen Feedback zu einer lernenden Organisation sowie einer einheitlichen Risikokultur im Gründungsunternehmen bei und leistet damit wichtige Beiträge zur ungerichteten Risikobewältigung. Die RBSC stellt eine systematische Verknüpfung zwischen strategischem und operativem Berichtswesen her und verbessert damit die Qualität der Frühaufklärung. Sie ist aufgrund ihrer leichten Handhabbarkeit besonders für interdisziplinär zusammengesetzte Gründer-Teams und schnell wachsende innovative Unternehmen in dynamischen Märkten ein Medium, um die erhöhte Unsicherheit und Komplexität systematisch abbauen und Zielkonflikte konsensual lösen zu können.

Abb. 6: Durch die RBSC geschlossener Gründungsmanagementzyklus

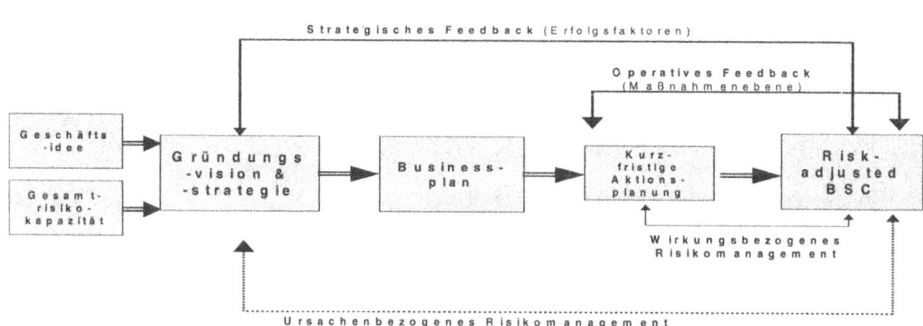

Quelle: Eigene Darstellung

D. Fazit

Die kursorische Abhandlung älterer und neuerer Beiträge der Unternehmertheorie hat die Bandbreite der unterschiedlichen Sichtweisen zur Risikoproblematik der Unternehmensgründung markiert: Unternehmerisches Handeln ist zwangsläufig mit Unsicherheit behaftet und stellt insoweit an die Unternehmerperson wie auch an seine Marktpartner erhöhte Anforderungen. Der Fokus kann dabei entweder, wie in den älteren Arbeiten und beim Traits- Ansatz, auf den bei Unsicherheit auftretenden Gefahren und der besonderen Rolle des Unternehmers als Risikoträger liegen oder aber, wie bei Kirzner und den neoinstitutionalistischen und kognitiven Unternehmertheorien, auf den Chancen und den Möglichkeiten zu ihrer optimalen Wahrnehmung. In ähnlicher Weise hat sich der Blickwinkel vom engeren, stärker auf die Gefahren und deren optimale Bewältigung ausgerichteten Riskmanagement zu einem die Gefahren und Chancen ganzheitlich gestaltenden modernen Risikomanagement entwickelt. Diese Entwicklung sollte von der Gründungsmanagementforschung und –praxis angesichts der besonderen Bedeutung des Risikoproblems für das Gründungsverhalten und den Gründungserfolg durch Anpassung und Fortentwicklung des vielfältig vorhandenen Instrumentariums schnell nachvollzogen werden.

Anmerkungen

1 Zitiert nach Haller, M. (1986), S. 8.
2 Vgl. Altenburger, O. A. (2002), S. 125.
3 Siehe etwa Klandt, H. (1999); Kußmaul, H. (1999).
4 Vgl. Matthes, W.; Arendt, V.; Pütz, M. (2001), S. 346 ff.
5 Vgl. etwa Eifler, P. (1990), S. 239 ff.; Steffen, F. (2001), S. 311 ff.; Altenburger, O. A. (2002), S. 125 ff.
6 Vgl. Matthes, W. (2001), S. 328 ff.
7 Vgl. Matthes, W. (2001), S. 328 ff.
8 Vgl. Neubürger, K. W. (1980), S. 29; Hermann, D. C. (1996) S. 15; Schierenbeck, H.; Lister, M. (2001), S. 311
9 Vgl. Gutenberg, E. (1962), S. 76.
10 Vgl. Lück, W. (1999), S. 143.
11 Vgl. Matthes, W. (2001), S. 322.
12 Vgl. Krelle, W. (1965), S. 393.
13 Vgl. ebenda, S. 396.
14 Vgl. Hermann, D. C. (1996), S. 18.
15 Vgl. Gutenberg, E. (1962), S. 77.
16 Vgl. Krelle, W. (1965), S. 397.
17 Vgl. Sitkin, S. B.; Pablo, A. L. (1992), S. 11 ff.
18 Vgl. Allais, M. (1979).
19 Vgl. Schierenbeck, H.; Lister (2001), S. 312 f.
20 Vgl. Gutenberg, E. (1962), S. 89.
21 Vgl. hierzu etwa die empirischen Ergebnisse von Blanchflower, D. G.; Oswald, A. J. (1998), S. 36, die für Großbritannien einen positiven Zusammenhang zwischen dem Vermögenszuwachs aus Erbschaften und Schenkungen und der Gründungsneigung feststellten, sowie die Studie von Otten, wonach die Gründungswahrscheinlichkeit von Studierenden sowohl mit der selbständigen Erwerbstätigkeit mindestens eines Elternteils als auch mit einem signifikant höheren Einkommen der Studierenden positiv korreliert ist. Vgl. Otten, C. (2000), S. 18 f.

22 Bowman, E. A. (1980).
23 Vgl. Brockhoff, K.; Tscheulin, D. (2001), S. 348.
24 Vgl. Szyperski, N. (1980), S. 311.
25 Vgl. ebenda, S. 310f.
26 Vgl. Sitkin, S. B.; Pablo, A. L. (1992), S. 15.
27 Dabei werden reine Risiken aus der Perspektive der Langfristplanung zu Risiken aus unternehmerischem Handeln, wenn für die von ihnen ausgehende Schadensgefahr Zielerreichungsgrade definiert werden, für die bei unsicheren Ereignissen auch die Möglichkeit der positiven Zielabweichung gegeben ist. Vgl. hierzu mit Hinweis auf die Produkthaftung Albach, H. (1977), S. 10.
28 Vgl. Mugler, J. (1988), S. 679.
29 Vgl. Lück, W. (1999), S. 144.
30 Vgl. hierzu speziell Brockhaus, R. H. (1980), S. 510f. und Klandt, H. (1984), S. 167ff. sowie allgemein Schierenbeck, H.; Lister, M. (2001), S. 314ff.
31 Bezogen auf alle Gewerbemeldungen, also auch auf jene, die zu keiner unternehmerischen Aktivität führten, wurde für diesen Zeitraum von fünf Jahren sogar eine Abgangsrate von über 50 v.H. ermittelt.
32 Vgl. Brüderl, J.; Preisendörfer, P.; Baumann, A. (1991), S. 99.
33 Vgl. Haller, M. (1986), S. 15.
34 Vgl. hierzu u.a. Brüderl, J.; Schüssler, R. (1990), S. 530ff.
35 Der Fall handelt von einem General, der über den Angriff einer feindlichen Stellung zu entscheiden hat. Vgl. Krelle, W. (1965), S. 395.
36 Vgl. ebenda, S. 395.
37 Ebenda, S. 313.
38 Vgl. Albach, H. (1974), Sp. 4040.
39 Vgl. Szyperski, N. (1980), S. 313.
40 Vgl. zu den verschiedenen Konzepten zur Erklärung der zeitlichen Entwicklung des Sterblichkeitsrisikos von Start-Ups Brüderl, J.; Schüssler, R. (1990), S. 530ff. und die dort angegebene Literatur.
41 Im Rahmen ihrer Münchener Gründungsstudie stellten Brüderl et al fest, dass die maximale „betriebliche Sterberate" ausgedrückt als Wahrscheinlichkeit einer Betriebsaufgabe im Folgemonat zwischen dem 9. und 12. Monat nach Unternehmensgründung bei 1,4 v.H.liegt. Besteht ein Unternehmen dagegen bereits 60 Monate, so beträgt das Risiko des Scheiterns nur noch weniger als 0,3 v.H. Vgl. Brüderl, J.; Preisdörfer, P.; Ziegler, R. (1996), S. 61.
42 Vgl. Hunsdiek, D.; May-Strobl, E. (1986), S. 110ff.
43 Vgl. Hesselmann, S.; Stefan, U. (1990),
44 Vgl. Siegert, T.; Böhme, M; Pfingsten, F.; Picot, A. (1997), S. 479.
45 Pape und Beyer sprechen in diesem Zusammenhang von der Gefahr innovativer Unternehmen, in die sog. „Technologiefalle" zu geraten, aus der sie aufgrund dann schnell versiegender Finanzierungsmittel nicht mehr herausfinden. Vgl. Pape, U.; Beyer, S. (2001), S. 635.
46 Vgl. Siegert, T.; Böhme, M; Pfingsten, F.; Picot, A. (1997), S. 480.
47 Vgl. Sternberg, R.; Bergmann, H.; Tamásy, C. (2001), S. 40.
48 Vgl. ebenda, S. 26.
49 Vgl. Brockhoff, K.; Tscheulin, D. (2001), S. 345ff.
50 Während in der frühen Nachkriegszeit noch 70 v.H. der Studierenden eine Arbeit präferierten, die außerordentlich viel Geld verspricht, aber auch große Fähigkeiten verlangt und im Falle des persönlichen Versagens sofort verloren geht, bevorzugten im Jahre 2000 63,4 v.H. der Studierenden eine Arbeit, die einen ganz guten Verdienst verspricht und ein paar Jahre lang einigermaßen sicher ist.
51 Vgl. im Folgenden Pinkwart, A. (2001), S. 30ff. und S. 55ff. Je nach Befragungsgruppe kommen die Aspekte *„gute anderwertige Karrieremöglichkeiten"* (bei den Promovenden) oder *„unzureichende soziale Absicherung"* (bei den weiblichen Studierenden) als weitere persönliche Gründungsbarrieren noch hinzu.
52 Vgl. Pinkwart, A. (2002), S. 63ff.
53 Vgl. Brüderl, J.; Preisendörfer, P.; Baumann, A. (1991), S. 99.

54 Cantillons Werk 'Essai zur la Nature du Commerce en Général' wurde 1755 erst viele Jahre nach seinem Tod veröffentlicht. Cantillon, R. (1755, 1931).
55 Vgl. im Folgenden Cantillon, R. (1755, 1931), S. 32 ff.
56 Vgl. Say, J.-B. (1803, 1971).
57 ebenda, S. 331.
58 Vgl. u.a. Baumol, W. J. (1968), S. 67; Picot, A.; Schneider, D.; Laub, U. (1989), S. 359.
59 Vgl. Marshall, A. (1930), S. 554.
60 Knight, F. (1971).
61 Vgl. Albach, H. (1974), Sp. 4036.
62 Ebenda, Sp. 4037. Albach unterscheidet in diesen beiden Fällen von Unsicherheit 1. Ordnung und Unsicherheit 2. Ordnung.
63 Vgl. Praag, v. C. M. (1999), S. 323.
64 Vgl. Knight, F. (1971), S. 269.
65 Schumpeter, J. (1934, 1993), S. 217.
66 Vgl. ebenda, S. 217.
67 Ebenda, S. 129.
68 Ebenda, S. 69.
69 Ebenda, S. 70.
70 Vgl. Kirzner, I. M. (1978), S. 66.
71 Vgl. Bierfelder, W. (1991), S. 17.
72 Vgl. Hunsdiek, D. (1987); Schneider, D. (1988).
73 Vgl. Hunsdiek, D. (1987), S. 140.
74 Vgl. Picot, A.; Laub, D.; Schneider, D. (1989), S. 49 ff.
75 Vgl. Picot, A.; Schneider, D.; Laub, D. (1989), S. 381 ff.
76 Vgl. Schneider, D. (1991), S. 341 ff.
77 Vgl. Schneider, D.; Zieringer, C. (1991), S. 53 ff.
78 Vgl. Knobloch, A. P. (2001), S. 1459–1484.
79 Vgl. ebenda, S. 1467 ff.
80 Zur Handlungstheorie allgemein vgl. Albach, H. (1974), Sp. 4039 sowie die dort angegebene Literatur.
81 Vgl. Kamien, M. I. (1997), S. 398.
82 In Anlehnung an McClelland (1961), S. 226 begründet Klandt seine These von der mittleren Risikoneigung mit der Logik des Konzepts der Leistungsmotivation. Danach sollten die Leistungsziele aus Motivationsgesichtspunkten weder so niedrig angesetzt werden, dass sie mit Sicherheit erreicht werden können, noch sollten sie so hoch gesteckt werden, dass ihr Erreichen nur noch als Zufall und nicht mehr als Ergebnis eigener Leistungen bewertet werden kann. Vgl. Klandt, H. (1984), S. 170. Brockhaus merkt hierzu kritisch an, dass die moderate Risikoneigung kein besonderes Charakteristikum von Unternehmen, sondern weit verbreitet sei. Vgl. Brockhaus, R. H. (1980), S. 512.
83 Vgl. Kamien, M. I. (1997), S. 398.
84 Dafür spricht auch, dass in der Kölner Hochschulstudie 80 v.H. der nacsent entrepreneurs schon über Erfahrungen mit selbständiger Erwerbstätigkeit verfügten. Vgl. Otten, C. (2000), S. 16.
85 Heuss unterscheidet in Abhängigkeit von der jeweiligen Marktphase die beiden initiativen und risikofreudigen Typen des Pionierunternehmers und des 'spontan imitierenden Unternehmers' von den beiden eher konservativen und risikoscheuen Typen des reagierenden und des immobilen Unternehmers. Vgl. Heuss, E. (1965), S. 9.
86 Vgl. die Ergebnisse der empirischen Studie von Stewart (Jr.), W. H.; Watson, W. E.; Carland, J. C.; Carland, J. W. (1998), S. 203 ff.
87 Vgl. Frank, H.; Korunka, C. (1996), S. 947 ff. Danach kann eine gezielte Verbesserung der Informationslage dazu beitragen, Unsicherheit abzubauen. Dies bestätigt auch die Siegener Hochschulstudie. Der Anteil der Studierenden, die sich selbst über gründungsbezogene Angebote der Hochschule informieren, ist in der Gruppe der 'Gründungsentschlossenen' mit 31,3 v.H. signifikant höher als bei den sonstigen 'Gründungsinteressierten' (7,8 v.H.) und den 'Nicht-Gründungsinteressierten' (4,6 v.H.), vgl. Pinkwart, A. (2001), S. 44.
88 Vgl. Fallgatter, M. J. (2001), S. 1231.

89 Siehe hierzu auch Abbildung 1 mit dem Modell von Sitkin und Pablo, indem die unterschiedlichen Bestimmungsfaktoren individuellen Risikoverhaltens und ihre Wechselwirkungen dargestellt sind.
90 Die empirische Studie bestätigte die Hypothesen, wonach innovative Unternehmer erstens keine höhere Risikoneigung aufweisen als andere Unternehmerpersonen und zweitens bei Konfrontation mit identischen Geschäftsszenarien zu einer vergleichsweise positiveren Wahrnehmung der in Stärken/Chancen- und Schwächen/Risiken-Felder zerlegten Problemstruktur tendieren. Vgl. Palich, L. E. ; Bagby, D. R. (1995), S.431 ff.
91 Vgl. Kahneman; D.; Lovallo, D. (1994), S. 71 ff.; Fallgatter, M. J. (2001), S. 1231.
92 Vgl. Cooper, A. C.; Folta, T. B.; Woo, C. (1995), S. 117.
93 Vgl. Haller, M. (1986), S. 8 f.
94 Vgl. Cleemann, L; Kreuzter, R. (1998), S. 67.
95 Vgl. hierzu grundlegend Albach, H. (1980). Er resümiert darin: „Eine unkoordinierte Risikopolitik im Unternehmen ist eine zu teure Politik.", S. 563.
96 Vgl. zu den Auswirkungen systematischer Risikopolitik in der Unternehmenspraxis Seifert, W. G. (1986), S. 112.
97 Siehe etwa Eifler, P. (1990), S. 239 ff.; Steffen, F. (2001), S. 311 ff.; Altenburger, O. A. (2002), S. 125 ff.
98 Vgl. zu den Methoden der Risikoidentifikation allgemein u.a. Albach, H. (1978), S. 713; Schierenbeck, H.; Lister, M. (2001), S. 329 ff. Eine praktisches Beispiel für die Anwendung der Szenario-Technik findet sich bei Wolf, K.; Runzheimer, B. (1999), S. 27–29. Zur Szenario-Technik im Einzelnen siehe Geschka, H.; Hammer, R. (1984), S. 224–249.
99 Vgl. Cleemann, L.; Kreuzer, R. (1998), S. 68.
100 Vgl. Schierenbeck, H.; Lister, M. (2001), S. 343.
101 Vgl. Karten, W. (1993), Sp. 3828.
102 Vgl. ebenda, Sp. 3828, sowie beispielhaft für die simultane Bestimmung eines optimalen Risk Management Portfolios Albach, H. (1977), S. 11 ff.
103 Dies gilt auch für in Simulationssoftware für Gründungsvorhaben eingebaute Sensitivitätsanalysen. So ist in der UnternehmensGründungsSimulation (UGS für Windows) von Liebig, V. lediglich die Möglichkeit gegeben, die Unsicherheit bei der Umsatzplanung durch jeweils drei unterschiedliche Werte für die jährliche Preis- und Mengenänderungsrate zu berücksichtigen. Der optimistischen (pessimistischen) Erwartung liegt die Annahme zugrunde, dass sich sowohl die Preise als auch die Mengen über den gesamten Planungszeitraum günstiger (ungünstiger) als im Falle der wahrscheinlichen Erwartung entwickeln. Die auf diese Weise entstehenden drei unterschiedlichen Umsatz-Zeitreihen fließen in die korrespondierenden Gründungsteilpläne mit ein. Durch Gegenüberstellung möglicher Verluste im worst case und der Chancen im best case lässt sich das mögliche Risikoausmaß nur grob abschätzen. Alle anderen möglichen Risiken bleiben unberücksichtigt. Vgl. Liebig, V. (1996), S. 22
104 Ein auch für Gründungsvorhaben interessantes Beispiel des Risiko-Chancen-Kalküls zeigen Schierenbeck; Liester für den Zusammenhang zwischen Zielerreichungsgradänderungen bei der Absatzmenge und Änderungen der Werbeausgaben auf, vgl. Schierenbeck, H.; Lister, M. (2001), S. 345 ff.
105 Vgl. Neubürger, K. W. (1981), S. 451 ff.
106 Vgl. Schierenbeck, H.; Lister, M. (2001), S. 339 ff.
107 Vgl. ebenda, S. 343.
108 Vgl. Geschka, H.; Hammer, R. (1984), S. 224 ff.; Wolf, K.; Runzheimer, B. (1999), S. 26 ff.
109 Vgl. Gaertner, v. F. E. (1986), S. 92; Wolf, K.; Runzheimer, B. (1999), S. 41 und Schierenbeck, H.; Lister, M. (2001), S. 350 ff.
110 So sollte im Laufe des Gründungsprozesses stets auf ein hohes Maß an Flexibilität Wert gelegt werden. Hierunter sind die finanzielle (etwa durch Rücklagenbildung und offene Linien) und technologische Flexibilität (etwa durch den Einsatz multifunktionaler Anlagen) sowie die logistische (etwa durch entsprechende Lagerhaltung oder Just-in-Time-Lieferbeziehungen) und personelle Flexibilität zu fassen. Letztere kann durch Funktionsflexibilität (Mehrfachqualifizierung), Strukturflexibilität (Stamm- und Randbelegschaft), Zeit- und Vergütungsflexibilität und durch externe Personalflexibilität bei Vorhandensein eines entsprechend flexiblen Ar-

beitsmarktes erzielt werden. Zur ungerichteten Risikobewältigung zählt ferner, Informationspathologien u.a. durch offene Fehlerkultur, flache Organisation, effiziente Informationssysteme und die Pflege informeller Kommunikation wirksam zu begegnen. Vgl. hierzu ausführlich Hermann, D. C. (1996), S. 84 ff.; Ackermann, K.-F. (1999), S. 91 ff.
111 Vgl. ebenda, S. 175 ff.
112 Vgl. zur ‚Bootstrap Finanzierung' vgl. Nathusius, K. (2001), S. 36 ff.
113 Vgl. Hermann, D. C. (1996) S. 192 ff.
114 Vgl. Haller, M. (1986), S. 31.
115 Vgl. Hermann, D. C. (1996), S. 80 ff.
116 Vgl. Haller, M. (1986), S. 31 f.
117 Vgl. Karten, W. (1993), Sp. 3833.
118 Vgl. u.a. Eifler, P. (1990), S. 239 ff.; Steffen, F. (2001), S. 311 ff.; Altenburger, O. A. (2002), S. 125 ff.
119 Vgl. Haller, M. (1986), S. 32.
120 Vgl. Wolf, K.; Runzheimer, B. (1999), S. 50.
121 Vgl. Albach (1977), S. 11.
122 Vgl. Schierenbeck, H.; Lister, M. (2001), S. 365.
123 Vgl. ebenda, S. 363 f.
124 Vgl. ebenda, S. 366.
125 Vgl. Wolf, K.; Runzheimer, B. (1999), S. 54.
126 Es handelt sich hierbei um die Renditevolatilität des betreffenden Unternehmens im Vergleich zur Marktvolatilität.
127 Vgl. Schierenbeck, H.; Lister, M. (2001), S. 368.
128 Vgl. Kaplan, R. S.; Norton, D. P. (1996).
129 Vgl. Pinkwart, A. (1999).

Literatur

Ackermann, K.-F. (1999): Risikomanagement im Personalbereich, in: ders. (Hrsg.): Risikomanagement im Personalbereich, Wiesbaden, 1999, S. 43–102.
Albach, H. (1980): Gewinnvorbehalt und Risikomanagement, in: Zeitschrift für Betriebswirtschaft, 50. Jg., 1980, S. 557–564.
Albach, H. (1978): Strategische Unternehmensplanung bei erhöhter Unsicherheit, in: Zeitschrift für Betriebswirtschaft, 48. Jg., 1978, S. 702–715.
Albach, H. (1977): Capital Budgeting and Risk Management, in: Albach, H.; Helmstädter, E.; Henn, R. (Hrsg.): Quantitative Wirtschaftsforschung – Wilhelm Krelle zum 60. Geburtstag, Tübingen, 1977, S. 7–24.
Albach, H. (1974): Ungewißheit und Unsicherheit, in: Grochla, E. (Hrsg.): Handwörterbuch der Betriebswirtschaftslehre, 4. Aufl., 1974, Sp. 4036–4041.
Allais, M. (1979): Expected utility hypotheses and the Allais Paradox: contemporary discussions of decisions under uncertainty with Allais' rejoinder, Dordrecht et al
Altenburger, O. A. (2002): Risikomanagement für Gründer, in: Dowling, M.; Drumm, H. J. (Hrsg.). Gründungsmanagement, Berlin et al, 2002, S. 125–141.
Baumol, W. J. (1968): Entrepreneurship in Economic Theory, in: American Economic Review, 58. Jg., 1968, S. 64–71.
Bierfelder, W. (1991): Technologische Neuerungsprozesse aus der Sicht der Claim-Owner rivalisierender Fachgemeinschaften: Die Verknüpfung von Innovation und Unternehmertum als theoretische Herausforderung, in: Laub, U. D.; Schneider, D. (Hrsg.): Innovation und Unternehmertum, Wiesbaden, 1991, S. 3–18.
Blanchflower, D. G.; Oswald, A. J. (1998): What makes an Entrepreneur? In: Journal of Labor Economics, 1998, Vol. 16, No. 1, S. 26–60.
Bowman, E. A. (1980): Risk Return Paradox for Strategic Management, Sloan Business Review, Vol. 21, Spring 1980, S. 17–31.

Brockhaus, R. H. (1980): Risk Taking Propensity of Entrepreneurs, in: Academy of Management Journal, 23. Jg., 1980, S. 509–520.
Brockhoff, K.; Tscheulin, D. (2001): Studentische Einstellung zum Unternehmertum, in. Zeitschrift für Betriebswirtschaft, 71. Jg., 2001, S. 345–350.
Brüderl, J.; Preisendörfer, P.; Ziegler, R. (1996): Der Erfolg neugegründeter Betriebe. Eine empirische Studie zu den Chancen und Risiken von Unternehmensgründungen, Berlin.
Brüderl, J.; Preisendörfer, P.; Baumann, A. (1991): Determinanten der Überlebenschancen neugegründeter Kleinbetriebe, in: MittAB, 1/1991, S. 91–100.
Brüderl, J.; Schüssler, R. (1990): Organizational Mortality: The Liabilities for Newness and Adolescence, in: Administrative Science Quarterly, 35, 1990, S. 530–547.
Cantillon, R.(1931): Abhandlung über die Natur des Handels im allgemeinen, deutsche Übersetzung der französischen Ausgabe von 1755, Jena, 1931.
Cleemann, L.; Kreutzer, R. (1998): Managementstrategien zur Bewältigung von Risiken, in: Hinterhuber, H. et al (Hrsg.): Betriebliches Risiko-Management, Wien, 1998, S. 63–82.
Cooper, A. C.; Folta, T. B.; Woo, C. (1995): Entrepreneurial Information Search, in: Journal of Business Venturing, 10. Jg., S. 107–120.
Eifler, P. (1990): Versicherungsfragen bei der Unternehmensgründung, in: Nathusius, K. (Hrsg.): Praxis der Unternehmensgründung – Hilfen für Existenzgründer, 4. neubearb. Aufl., Köln, S. 239–245.
Fallgatter, M. J. (2001): Unternehmer und ihre Besonderheiten in der wissenschaftlichen Diskussion – Erklärungsbeiträge funktionaler und positiver Unternehmertheorien, in: Zeitschrift für Betriebswirtschaft, 71. Jg., 2001, H. 10, S. 1217–1235.
Frank, H.; Korunka, C. (1996): Zum Informations- und Entscheidungsverhalten von Unternehmensgründern. Der Zusammenhang von „Handlungskontrolle" und Gründungserfolg, in: Zeitschrift für Betriebswirtschaft, 66. Jg., 1996, H. 8, S. 947–963.
Gaertner, v. F. E. (1986): Risk Management und Versicherungsmakler, in: Jacob, Herbert (Hrsg.): Schriften zur Unternehmensführung, Bd. 33, Wiesbaden, 1986, S. 82–94.
Geschka, H.; Hammer, R. (1984): Die Szenario-Technik in der strategischen Unternehmensplanung, in: Hahn, D.; Taylor, B. (Hrsg.): Strategische Unternehmungsplanung, 3. Aufl., Würzburg et al, 1984, S. 224–249.
Gutenberg, E. (1962): Unternehmensführung, Organisation und Entscheidung, Wiesbaden, 1962.
Haller, M. (1986): Risiko-Management – Eckpunkte eines integrierten Konzepts, in: Schriften zur Unternehmensführung, Bd. 33, Wiesbaden, 1986, S. 7–44.
Hermann, D. C. (1996): Strategisches Risikomanagement kleiner und mittlerer Unternehmen, in: Berlin, 1996.
Hesselmann, S.; Stefan, U. (1990): Sanierung oder Zerschlagung insolventer Unternehmen, Schriften zur Mittelstandsforschung, Nr. 75 NF, Stuttgart, 1990.
Heuss, E. (1965): Allgemeine Markttheorie. Tübingen; Zürich, 1965.
Hunsdiek, D. (1987): Unternehmensgründung als Folgeinnovation – Struktur, Hemmnisse und Erfolgsbedingungen der Gründung industrieller innovativer Unternehmen, Schriften zur Mittelstandsforschung, Nr. 16 NF, Stuttgart.
Hunsdiek, D.; May-Strobl, E. (1986): Entwicklungslinien und Entwicklungsrisiken neugegründeter Unternehmen, Schriften zur Mittelstandsforschung, Nr. 9 NF, Stuttgart.
Jemison, D. B. (1987): Risk and the Relationship among Strategy, Organiszational Processes, and Performance, in: Management Science, Vol. 33, 1987, S. 1087–1101.
Kahneman, D.; Lovallo, D. (1994): Timid Choices and Bold Forecasts. A Cognitive Perspective on Risk Taking, in: Rumelt, P.; Schendel, D. E.; Teece, D. J. (Hrsg.): Fundamental Issues in Strategy, Boston, S. 71–96.
Kanbur, S. M. (1981): Risk Taking and Taxation. In: Journal of Public Economics, 15, 1981, S. 163–184.
Karten, W. (1993): Risk Management, in: Wittmann, W. et al (Hrsg.): Handwörterbuch der Betriebswirtschaft, 5. Aufl., Stuttgart, Teilband 3, Sp. 3825–3836.
Kirzner, I. M. (1978): Wettbewerb und Unternehmertum, Tübingen, 1978.
Kaplan, R. S.; Norton, D. P. (1996): The balanced scorecard: translating strategy into action, Boston.

Kamien, M. I. (1997): Kann man Unternehmertum lernen? In: Wirtschaftspolitische Blätter, S. 395–399.
Klandt, H. (1999): Gründungsmanagement. Der integrierte Unternehmensplan, München, Wien.
Klandt, H. (1984): Aktivität und Erfolg des Unternehmensgründers. Eine empirische Analyse unter Einbeziehung des mikrosozialen Umfeldes. Bergisch-Gladbach.
Knight, F. H. (1971): Risk, Uncertainty and Profit, hrsg. v. Stigler, G. J., Chicago, 1. Aufl. 1921.
Knobloch, A. P. (2001): Die staatliche Gründungsfinanzierung aus agency-theoretischer Sicht, in: Zeitschrift für Betriebswirtschaft, 71. Jg., H. 12, 2001, S. 1459–1484.
Krelle, W. (1965): Unsicherheit und Risiko in der Preisbildung, in: Ott, A. E (Hrsg.): Preistheorie, 2. Aufl., Köln, Berlin, 1965, S. 390–433.
Kußmaul, H. (1999): Betriebswirtschaftslehre für Existenzgründer – Grundlagen mit Fallbeispielen und Fragen der Existenzgründungspraxis, München/Wien.
Liebig, V. (1996): UnternehmensGründungsSimulation – UGS für Windows, Benutzerhandbuch, Ulm, 1996.
Lück, W. (1999): Betriebswirtschaftliche Aspekte der Einrichtung eines Überwachungssystems und eines Risikomanagementsystems, in: Dörner, D.; Menold, D.; Pfitzer, N. (Hrsg.): Reform des Aktienrechts, der Rechnungslegung und Prüfung, Stuttgart, 1999, S. 139–176.
Marshall, A. (1930): Principles of economics – An introductory volume, 8. Aufl., London.
Matthes, W. (2001): Gründungscontrolling zur Sicherung des Unternehmenserfolgs, in: Koch, L. T.; Zacharias, C. (Hrsg.): Gründungsmanagement, München, 2001, S. 321–339.
Matthes, W.; Arendt, V.; Pütz, M. (2001): EDV-gestützte Instrumente des Gründungscontrolling, in: Koch, L. T.; Zacharias, C. (Hrsg.): Gründungsmanagement, München, 2001, S. 340–355.
McClelland, D. C. (1961): The achieving society, New York.
Mugler, J. (1988), Risk Management, in: Farny, D. (Hrsg.), Handwörterbuch der Versicherung, Karlsruhe, 1988, S. 679–683.
Neubürger, K. W. (1981): Risiko-Chancen-Kalkül: Hilfsmittel für Unternehmensentscheidungen bei Unsicherheit, in: DBW, 1981, H. 3, S. 447–456.
Neubürger, K. W. (1980): Risikobeurteilung bei strategischen Unternehmungsentscheidungen. Grundlagen des Einsatzes eines Risiko-Chancen-Kalküls, Stuttgart, 1980.
Otten, C. (2000): Einflußfaktoren auf nascent entrpreneurs an Kölner Hochschulen, Working Paper, Wirtschafts- und Sozialgeographisches Institut, Universität Köln, Köln, 2000.
Palich, L. E.; Bagby, D. R. (1995): Using Cognitive Theory to Explain Entrepreneurial Risk-Taking: Challenging Conventional Wisdom, in: Journal of Business Venturing, 10. Jg., 1995, S. 425–438.
Pape, U.; Beyer, S. (2001): Venture Capital als Finanzierungsalternative innovativer Wachstumsunternehmen, in: FinanzBetrieb, H. 11, 2001, S. 627–638.
Picot, A.; Laub, U.-D.; Schneider, D. (1989): Innovative Unternehmensgründungen. Eine ökonomisch-empirische Analyse, Berlin; Heidelberg et al, 1989.
Picot, A.; Schneider, D.; Laub, U. (1989): Transaktionskosten und innovative Unternehmensgründung. Eine empirische Analyse, in: Zeitschrift für betriebswirtschaftliche Forschung, 41. Jg., H. 5, 1989, S.358–386.
Pinkwart, A. (2002): Einflussfaktoren der Gründungsneigung von Studierenden – Ergebnisse einer empirischen Untersuchung, in: Institut für Mittelstandsforschung Bonn (Hrsg.): Jahrbuch der Mittelstandsforschung 2/2001, Wiesbaden, S. 63–84.
Pinkwart, A. (2001): Unternehmensgründungen aus der Hochschule – Eine empirische Untersuchung zu den Einflussbedingungen des Gründungsverhaltens von Studierenden an der Siegener Hochschule, Materialien zur Mittelstandsforschung Nr. 4, Siegen, 2001.
Pinkwart, A. (1999): Ganzheitliches Chancen- und Risikomanagement in Jungunternehmen, 3. Forum Gründungsforschung – Interdisziplinäre Jahreskonferenz zur deutschen Gründungsforschung, Vortragsmanuskript, Köln, 8. Oktober 1999.
Praag, v. C. M. (1999): Some Classic Views on Entrepreneurship, in: De Economist, 147, No. 3, 1999, S. 311–335.
Say, J.-B. (1971): A Treatise on Political Economy or the Production, Distribution and Consumption of Wealth, New York, 1. Aufl. 1803.
Schierenbeck, H.; Lister, M. (2001): Value Controlling. Grundlagen wertorientierter Unternehmensführung, München, Wien, 2001.

Schneider, D. (1991): Die unternehmerische Produktion von Erstmaligkeit und ihre Konsequenzen für die Evolution ökonomischer Transaktionsbeziehungen, in: Laub, U. D.; Schneider, D. (Hrsg.): Innovation und Unternehmertum, Wiesbaden, 1991, S. 341–367.

Schneider, D. (1988): Zur Entstehung innovativer Unternehmen. Eine ökonomisch-theoretische Perspektive, Diss., München, 1988.

Schneider, D.; Zieringer, C. (1991): Interorganisatorisches F&E-Management und F&E-Integration als Herausforderung innovativen Unternehmertums: F&E zwischen E&F, in: Laub, U. D.; Schneider, D. (Hrsg.): Innovation und Unternehmertum, Wiesbaden, 1991, S. 53–78.

Schumpeter, J. (1993): Theorie der wirtschaftlichen Entwicklung. Eine Untersuchung über Unternehmergewinn, Kapital, Kredit, Zins und den Konjunkturzyklus, 8. Aufl., unveränderter Nachdruck der 1934 erschienen 4. Auflage, Berlin, 1993.

Seifert, W. G. (1986): siehe Fußnote 94

Siegert, T.; Böhme, M.; Pfingsten, F.; Picot, A. (1997): Marktwertorientierte Unternehmensführung im Lebenszyklus – eine Analyse am Beispiel junger Geschäfte, in: Schmalenbachs Zeitschrift für betriebswirtschaftliche Forschung, 49. Jg., H. 5, 1997, S. 471–489

Sitkin, S. B.; Pablo, A. L.(1992): Reconceptualizing the Determinants of Risk Behavior, in: Academy of Management Review, 17. Jg., H. 1, 1992, S. 9–38.

Steffen, F. (2001): Das Management der Unternehmensversicherung unter besonderer Berücksichtigung der Gründungsphase, in: Koch, L. T.; Zacharias, C. (Hrsg.): Gründungsmanagement, München, 2001, S. 311–320.

Sternberg, R.; Bergmann, H.; Tamásy, C. (2001): Global Entrepreneurship Monitor – Länderbericht Deutschland 2001, Wirtschafts- und Sozialgeographisches Institut, Universität Köln, Köln, 2001.

Stewart (Jr.), W. H.; Watson, W. E.; Carland, J. C.; Carland, J. W. (1998): A Proclivity for Entrepreneurship: A Comparison of Entrepreneurs, Small Business Owners, and Corporate Managers, in: Journal of Business Venturing, 14, 1998, S. 189–214.

Szyperski, N. (1980): Betriebswirtschaftliche Probleme der Unternehmungsgründung, in: Betriebswirtschaftliche Forschung und Praxis, 32. Jg., H. 4, 1980, S. 309–320.

Wolf, K.; Runzheimer, B. (1999): Risikomanagement und KonTraG. Konzeption und Implementierung, Wiesbaden, 1999.

Zusammenfassung

Ausgehend von der erhöhten Unsicherheit des Gründungsprozesses und ihrer Rückwirkung auf die Gründungsentscheidung und die Unternehmerperson zeigt der Beitrag vor der Folie älterer und jüngerer Unternehmertheorien Wege zu einem umfassenden Risikomanagement in Gründungsunternehmen auf. Neben den unterschiedlichen Erklärungsansätzen für das Risikoverhalten von Unternehmern stehen ausgewählte Methoden der Risikoanalyse und der Risikopolitik sowie des Risikocontrolling im Mittelpunkt der Diskussion. Mit dem Risk-adjusted Balanced Scorecarding für Gründungsunternehmen wird ein methodisches Konzept zur systematischen Verzahnung zwischen Gründungsplanung, -realisierung und –kontrolle unter ganzheitlicher Betrachtung des Chancen- und Risiko-Kalküls vorgestellt.

Summary

Regarding the importance of the entrepreneur's perception and handling of risks for the foundation process and the success of new business venture, risk management is currently not adequately treated in the appropriate literature on new venture management. This study analyses the risks a new venture has to face and gives an overview of different risk taking aspects in some important theories of entrepreneurship. The focal point of the paper is to present risk management as an integral part of strategic venture management. Therefore this article focusses not only on a few methods of risk identification, risk assessment and risk treatment, but shows risk-adjusted balanced scorecarding as a systematic way to integrate the risk management with the foundation process.

10: Allgemeine Fragen der Unternehmenstheorie (JEL M10, M20)
84: Planungsrechnung und Controlling (JEL M49)

Netzwerkbildung und Gründungserfolg

Von Peter Witt und Stephanie Rosenkranz

Überblick

- Der „network success approach" der Gründungsforschung untersucht, ob und wie der Aufbau persönlicher Netzwerke durch Unternehmensgründer den Gründungserfolg positiv beeinflusst. Dieser Beitrag stellt die theoretischen Grundlagen dieses Forschungsansatzes dar und ordnet ihn in die bestehenden betriebswirtschaftlichen Netzwerktheorien ein.

- Bisherige empirische Untersuchungen zum Zusammenhang zwischen Netzwerkbildung und Gründungserfolg kommen zu sehr unterschiedlichen Ergebnissen. Das liegt vor allem an sehr verschiedenen Methoden, die unabhängigen Variablen (Netzwerkaktivitäten von Unternehmensgründern) und die abhängige Variable (Erfolg einer Neugründung) zu messen.

- In diesem Beitrag wird ein erweitertes Modell entwickelt, das neben den strukturellen auch die qualitativen Eigenschaften von einzelnen Beziehungen und ganzen Netzwerken berücksichtigt. Auf der Basis dieses Modells lässt sich u.a. die Existenz einer optimalen Netzwerkgröße herleiten.

Eingegangen: 29. September 2001

Professor Dr. Peter Witt, Lehrstuhl für Unternehmertum und Existenzgründung, Wissenschaftliche Hochschule für Unternehmensführung WHU, Burgplatz 2, 56179 Vallendar.
Dr. Stephanie Rosenkranz, Wirtschaftstheoretische Abteilung III, Rheinische Friedrich-Wilhelms-Universität Bonn, Adenauerallee 24–43, 53113 Bonn.

© Gabler-Verlag 2002

A. Einleitung

Die Erklärung des Gründungserfolgs und die Suche nach Erfolgsfaktoren bei der Neugründung von Unternehmen ist eine Kernaufgabe der Gründungsforschung. Wissenschaftshistorisch betrachtet setzte die Suche nach Erfolgsfaktoren von Gründungen zunächst bei der Person des Gründers oder der Gründerin an, speziell bei ihren angeborenen Eigenschaften.[1] Später widmete sich die Gründungsforschung stärker den Verhaltensweisen von Unternehmensgründern als möglichen Erfolgsfaktoren. Empirische Untersuchungen konnten nachweisen, dass der Gründungserfolg vornehmlich von der Gründungsidee, vom Planungs- und Informationsverhalten der Gründer, von deren Vorgehensweise bei der Beschaffung von Ressourcen und von der Festlegung einer geeigneten Markteintrittsstrategie abhängt (vgl. Mellewigt/Witt 2002).

Bei allen unternehmerischen Verhaltensweisen und Entscheidungen spielen Informations- und Austauschbeziehungen mit Dritten eine wesentliche Rolle. Sie können über Märkte und formelle Transaktionen abgewickelt werden, z.B. die Beauftragung eines Steuerberaters, den Vertragsabschluss mit einem Rechtsanwalt oder den Kauf von Waren bei einem Lieferanten. Informationen und Ressourcen können aber auch über informelle, nicht marktliche Beziehungen ausgetauscht werden, z.B. mit Freunden, Bekannten, ehemaligen Kollegen usw. Die Summe der informellen und auf persönlichen Beziehungen beruhenden Kontakte einer Person zu anderen Personen wird als persönliches Netzwerk bezeichnet (vgl. Birley 1985, S. 109).

Häufig werden Informations- und Leistungsaustausche in Netzwerken nicht einzeln abgerechnet, sondern beruhen auf Reziprozität bzw. der impliziten Verpflichtung zu Gegenleistungen. Beispiele sind kostenlose Beratungsleistungen durch Freunde, die unentgeltliche Mitarbeit des Ehepartners im Unternehmen oder die Vermittlung geeigneter Arbeitskräfte durch andere Unternehmer. Selbst bei Ressourcen, die von den Gründern käuflich erworben werden müssen, können persönliche Kontakte und die aus ihnen entstehenden Netzwerke dabei helfen, die Beschaffungskosten zu senken: „entrepreneurs and intrapreneurs employ social assets such as friendship, liking, trust, obligation, and gratitude to secure resources at prices far lower than the market price." (Starr/MacMillan 1990, S. 79). Beispiele sind unbesicherte Gründungskredite von Verwandten, die kostengünstige Bereitstellung von Büroraum durch Freunde oder die Vermittlung erster Kundenkontakte durch ehemalige Kollegen.

Die Gründungsforschung hat die Netzwerke von Unternehmensgründern seit einer Pionierarbeit von *Aldrich* und *Zimmer* (1986) mit zunehmender Intensität untersucht. Der „network approach to entrepreneurship" (vgl. Brüderl/Preisendörfer 1998, S. 213) wurde zu einer wichtigen eigenen Forschungsrichtung. In ihrer einfachsten Form lautet die Grundhypothese des Netzwerkansatzes der Gründungsforschung: Unternehmensgründer, die über ein großes und vielfältiges Netz an sozialen Kontakten verfügen und die aus ihrem persönlichen Netzwerk viel Unterstützung erfahren, sind erfolgreicher als andere Gründer.[2]

Ziel dieser Arbeit ist, den möglichen Zusammenhang zwischen dem Netzwerkaufbau bzw. den Netzwerkaktivitäten von Gründern und dem Erfolg ihrer Unternehmen theoretisch präzise zu begründen, den Stand der empirischen Forschung zu diesem Zusammenhang darzustellen und schließlich ein theoretisches Modell zur detaillierteren Abbildung und Optimierung der Netzwerkaktivitäten von Unternehmensgründern zu entwerfen. In diesem Modell werden nicht nur die möglichen Erfolgsbeiträge der Netzwerkbildung berücksichtigt, sondern auch deren Kosten.

Abschnitt B stellt bestehende Theorien zur Netzwerkbildung vor. Abschnitt C behandelt den Stand der empirischen Forschung zum Zusammenhang zwischen Netzwerkaktivitäten und Unternehmenserfolg. In Abschnitt D wird ein eigenes Optimierungsmodell für die Nutzen und Kosten der Netzwerkbildung durch Unternehmensgründer vorgestellt. Abschnitt E fasst die Ergebnisse zusammen.

B. Theorien zum Zusammenhang zwischen Netzwerkbildung und Gründungserfolg

I. Zum Begriff der Netzwerkbildung

Ein Netzwerk besteht aus Punkten (Knoten) und Linien (Pfeilen), welche die Punkte miteinander verbinden. Um ein Netzwerk beschreiben und interpretieren zu können, müssen zu drei Betrachtungsebenen Informationen vorliegen (vgl. Lincoln 1982, S. 4–8):

- Punkte: Welche handelnden Einheiten kommen im Netzwerk vor? (Einzelpersonen, Gruppen, Institutionen, Staaten oder alle gemeinsam)
- Dyaden: Welche Art von Verbindungen zwischen den Punkten werden betrachtet? (Inhalt, Gerichtetheit, Stärke, Multiplexität usw.)
- Netzwerk: Welche Eigenschaften weist das Netzwerk insgesamt auf? (Verbundenheit, Dichte, hierarchische Struktur, Clusterbildung usw.)

In soziologischen und betriebswirtschaftlichen Untersuchungen entsprechen die Punkte eines Netzwerks typischerweise einzelnen Menschen oder Unternehmen und die Linien bestimmten Informations- oder Austauschbeziehungen zwischen ihnen. Ein Beispiel sind die Netzwerke von Wissenschaftlern, die durch gemeinsame Publikationen oder freundschaftliche Verbindungen entstehen. Ein anderes Beispiel sind unternehmensinterne Netzwerke. Bei ihnen handelt es sich z.B. um hierarchische oder informelle Beziehungen zwischen Mitarbeitern. Ein drittes Beispiel sind Unternehmensnetzwerke. Sie konstituieren sich z.B. aus informellen Informationsbeziehungen zwischen Vorstandsmitgliedern (vgl. Albach/Kless 1982 und Ziegler 1984). Netzwerke entstehen auch aus Zuliefer- und Abnehmerbeziehungen (vgl. Albach 1993) oder aus strategischen Allianzen und Kooperationen. Zu diesen strategischen Unternehmensnetzwerken gibt es empirische (vgl. z.B. Sydow 1992), konzeptionelle (vgl. z.B. Thorelli 1986) und spieltheoretische Ansätze (vgl. z.B. Rosenkranz 2001).[3] Schließlich gibt es Untersuchungen von Netzwerken, in denen sowohl Einzelpersonen, als auch Unternehmen, Universitäten, Behörden und andere Organisationen miteinander in Verbindung stehen. Ein Beispiel für diese Forschungsrichtung sind Untersuchungen von Regionalnetzwerken und ihren Auswirkungen auf Innovationsaktivitäten und Unternehmensgründungen in einzelnen Regionen (vgl. Knyphausen-Aufseß 1999 und Giesecke 2000).

Abb. 1: Grafische Struktur eines persönlichen Informationsnetzwerks

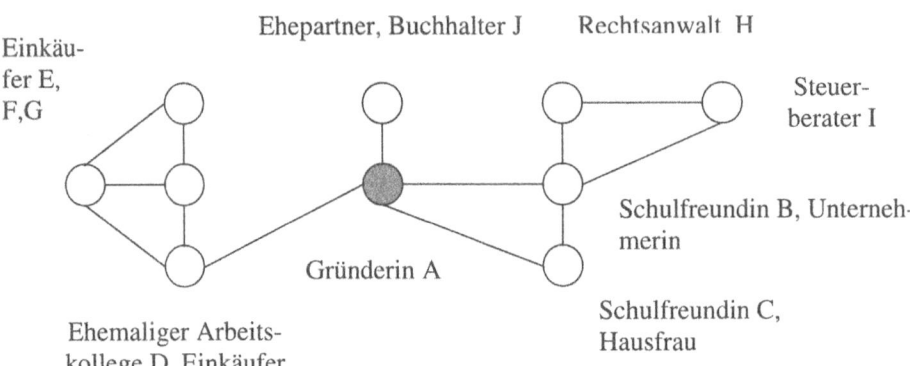

Die in dieser Arbeit relevante Anwendung der Netzwerktheorie betrachtet als Untersuchungseinheit zunächst nur einzelne Personen und deren Kontakte zu anderen Menschen. Diese Forschungsrichtung stammt ursprünglich aus der soziologischen Gruppenforschung (vgl. Granovetter 1973). Sie ist später auch auf betriebswirtschaftliche Fragestellungen angewendet worden. Dabei sind nicht nur die direkten Informations- bzw. Austauschkontakte zwischen Personen von Interesse (Netzwerke erster Ordnung), sondern auch indirekte Kontakte, bei denen eine Person einen Kontaktpartner zwar nicht unmittelbar, aber doch über „Zwischenstationen" bzw. die „Vermittlung" durch direkte Partner erreichen kann (Netzwerke höherer Ordnung). Abbildung 1 zeigt als Beispiel die graphische Struktur eines persönlichen Informationsnetzwerks der fiktiven Unternehmensgründerin A.

Das Beispiel zeigt eine Gründerin, die zu vier Personen direkte Informationskontakte hat: ihrem Ehepartner, zwei Schulfreundinnen und einem ehemaligen Arbeitskollegen. Durch diese direkten Kontakte besteht auch ein indirekter Zugang zu deren Freunden und Bekannten, also der Zugang zu einem Netzwerk, aus dem u.U. wertvolle Informationen und Ressourcen für das eigene Unternehmen bezogen werden können. Die Unterstützung aus dem Netzwerk kann verschiedenste Formen annehmen, wie folgende Beispiele zeigen: Der Ehemann übernimmt die Buchhaltung, die Schulfreundin B gibt Tipps zur Businessplanerstellung und vermittelt einen Rechtsanwalt sowie einen Steuerberater, Schulfreundin C arbeitet stundenweise im Betrieb von A mit, der ehemalige Kollege D vermittelt Kunden usw.

Die Untersuchungseinheiten sind in diesem Fall zwar Einzelpersonen bzw. persönliche Netzwerke, die betriebswirtschaftlichen Studien interessieren sich jedoch vor allem für die Auswirkungen der Netzwerkbildung von Personen auf ihre Institutionen, also auf die Strategien und den Erfolg der betreffenden Unternehmen. Durch die direkten Kontakte zwischen Personen, die aus Freundschaften oder Bekanntschaften hervorgehen, entstehen im Netzwerk „Vermittler". Wenn Gründerin A beispielsweise mit Rechtsanwalt H Kontakt aufnehmen will, um in einem informellen Gespräch einen kostengünstigen Rechtsrat einzuholen, so kann sie das zunächst direkt tun, z.B. durch einen Anruf oder einen Brief. Die Kontaktanbahnung kann immer dann schwierig oder wenig aussichtsreich sein, wenn sich A und H bisher gar nicht kennen. Alternativ könnte Person A zunächst die ihr persönliche bekannte Unternehmerin B ansprechen, die den H gut kennt und bei passender Gelegenheit ein zwangloses Zusammentreffen organisiert. Eine Hypothese der Netzwerktheorie lautet, dass die Vermittlungsleistung von B der Kontaktanfrage der A mehr Vertrauen und größere Bedeutung bei Person H verleiht als es eine direkte Ansprache des H durch A tun würde (vgl. Granovetter 1973, S. 1362).

In dieser Arbeit werden wir uns ausschließlich auf die persönlichen Netzwerke von Gründern konzentrieren und zur Vereinfachung der Darstellung annehmen, dass es nur einen Gründer bzw. eine Gründerin gibt. Diese Annahme ist ganz zu Beginn des Gründungsprozesses, wenn das Unternehmen nur aus einer Person besteht, problemlos. Auch in den frühen Phasen des Gründungsprozesses erscheint die Annahme noch vertretbar, weil der oder die Gründer die Entwicklung des Unternehmens entscheidend prägen (vgl. Mellewigt/Witt 2002). Die Konzentration auf das persönliche Netzwerk des Gründers ist zur Erklärung des Unternehmenserfolgs jedoch um so weniger geeignet, je größer das Unternehmen wird. Denn im Wachstumsprozess kommen Mitarbeiter, Aufsichtsräte und Führungskräfte mit eigenen persönlichen Netzwerken hinzu, so dass das Netzwerk des gesamten Gründungsunternehmen zunehmend weniger mit dem persönlichen Netzwerk des Gründers identisch ist.

II. Maßgrößen für den Gründungserfolg

Eine Unternehmensgründung ist ein Prozess, der sich über einen längeren Zeitraum hinzieht. Er kann theoretisch in mehrere verschiedene Phasen unterteilt werden. In dieser Arbeit wird in Anlehnung an ein Modell von *Kaiser* und *Gläser* (1999, S. 15) ein Ansatz mit sechs Phasen verwendet. Sie lauten, wie in Abbildung 2 dargestellt: Vorlaufphase (Idee), Planungsphase (Planung), Gründungsphase (Errichtung), Frühentwicklungsphase (Bewährung), Wachstumsphase (Expansion) und Konsolidierungsphase (Konsolidierung).

Abb. 2: Phasen des Gründungsprozesses

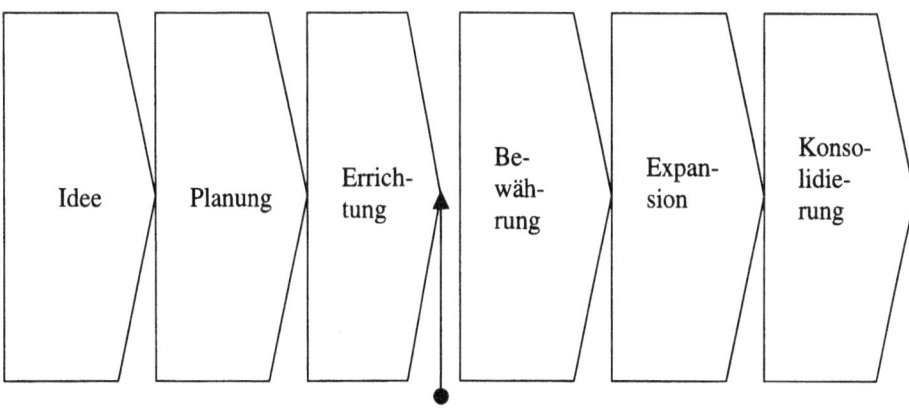

Ausgangspunkt des Gründungsprozesses können zwei Ereignisse im Leben des oder der Gründer sein: Die erste gedankliche Konzeption einer Unternehmensidee oder der persönlich gefasste Beschluss, ein Unternehmen zu gründen, selbst wenn noch keine konkrete Geschäftsidee besteht. Zur Realisierung der Unternehmensidee oder des Wunsches nach einer selbständigen Tätigkeit folgen Planungsaktivitäten, z.B. die Erstellung eines Businessplanes, die Festlegung der Markteintrittsstrategie sowie die Akquisition von personellen und finanziellen Ressourcen. Die in dieser Planungsphase getroffenen unternehmerischen Entscheidungen beeinflussen die weitere Unternehmensentwicklung maßgeblich und legen auch den Grundstein für den Gründungserfolg (vgl. Mellewigt/Witt 2002). Er kann abhängig von der erreichten Phase des Gründungsprozesses und abhängig vom subjektiven Anspruchsniveau an den Erfolgsbegriff unterschiedlich definiert werden, wie im Folgenden darzustellen sein wird.

1. Erfolgsmaß: Tatsächliche Gründung eines Unternehmens

Ein erster Erfolgsindikator ist der erfolgreiche Abschluss der Gründungsphase. Das bedingt im Rahmen des hier verwendeten Phasenschemas des Gründungsprozesses zum einem die amtliche bzw. juristische Eintragung eines Unternehmens in bestimmter Rechtsform. Zum anderen setzt der erfolgreiche Abschluss der Gründungsphase den Markteintritt des jungen Unternehmens voraus. Damit ist das Angebot und der Verkauf von Produkten bzw. Dienstleistungen an Kunden gemeint. Der Markteintritt wird in dieser Arbeit mit der Erzielung erster Umsatzerlöse durch das Gründungsunternehmen gleichgesetzt.

Bei diesem Erfolgsmaß ist kritisch zu sehen, dass es marktunabhängig ist. Jede Gründerin und jeder Gründer kann es erreichen, solange nur das erforderliche Startkapital aufgebracht wird. Dies kann je nach Unternehmenskonzept und Rechtsform sehr gering sein. Man kann den Nachteil des Erfolgsmaßes „tatsächliche Gründung" auch plakativer formulieren: Auch ein ungeeigneter Gründer oder ein Gründer mit einer ungeeigneten Geschäftsidee kann ein Unternehmen gründen und damit Erfolgsmaß 1 erreichen, wenn er nur tatkräftig genug ist.

2. Erfolgsmaß: Überleben des Gründungsunternehmens

Nach der Errichtung des Unternehmens setzt sich der Gründungsprozess mit der Frühentwicklungs- bzw. Bewährungsphase fort. Man kann folglich von Gründungserfolg sprechen, wenn das junge Unternehmen diese Phase vollständig durchläuft und nicht von seinen Wettbewerbern vom Markt verdrängt wird. In einer funktionierenden Marktwirtschaft ist das Überleben eines Unternehmens ein Beleg seiner Wettbewerbsfähigkeit und damit seines Erfolgs (vgl. Brüderl/Preisendörfer/Ziegler 1998, S. 91–92).

Entscheidend ist bei diesem Erfolgsmaß jedoch der Betrachtungszeitraum. Je nach Kapitalausstattung und Cash-Burn-Rate können auch unwirtschaftlich arbeitende und damit langfristig nicht wettbewerbsfähige Gründungsunternehmen viele Monate und Jahre überleben. In Zeiten der Kapitalmarkteuphorie der Jahre 1999 und Anfang 2000 gingen z.B. in Deutschland Gründungsunternehmen an die Börse, die noch nicht lange bestanden und die auch noch weit vom geplanten Erreichen der Gewinnschwelle entfernt waren. In manchen Fällen stellte sich das Geschäftsmodell später sogar als nicht tragfähig heraus. Die entsprechenden Gründungsunternehmen konnten aufgrund der hohen Mittelzuflüsse aus der Aktienemission dennoch mehrere Jahre überleben. Bei den in vielen empirischen Untersuchungen gewählten Betrachtungszeiträumen von sechs Monaten bis zwei Jahren (vgl. z.B. Aldrich/Rosen/Woodward 1987 und Aldrich/Reese 1993) würden solche Unternehmen als erfolgreiche Gründungen klassifiziert werden.

Aus theoretischer Sicht besteht das Problem darin, das Ende des Gründungsprozesses zu bestimmen. Anders ausgedrückt lautet die Frage, wann aus einem Gründungsunternehmen ein „ganz normales" Unternehmen geworden ist. In der theoretischen Literatur zur Gründungsforschung besteht hier keine Einigkeit. Auch das Phasenschema (vgl. Kaiser/Gläser 1999) beantwortet die Frage nicht, weil die Frühentwicklungsphase nicht eindeutig von den später folgenden Wachstums- und Konsolidierungsphasen abgegrenzt werden kann. Die einzige Möglichkeit, in empirischen Untersuchungen das Erfolgsmaß „Überleben" verwenden zu können, besteht in einer mehr oder weniger willkürlichen Festlegung des Endes des Gründungsprozesses, z.B. nach zwei oder drei Jahren am Markt, oder nach einem erfolgreichen Börsengang.

3. Erfolgsmaß: Wachstum des Gründungsunternehmens

Aus einer Betrachtung der letzten Phasen des Gründungsprozesses, also der Wachstumsphase und der Konsolidierungsphase, ergibt sich ein weiterer möglicher Maßstab des Gründungserfolgs: das Unternehmenswachstum. Es ist langfristig betrachtet Ausdruck einer erfolgreichen unternehmerischen Betätigung des Start-up am Markt. Wachstum kann einmal an den Faktoreinsätzen bzw. am Input gemessen werden, z.B. an einer steigenden Anzahl der Mitarbeiter. Alternativ können Outputmaße als Wachstumsindikatoren dienen, z.B. die Produktionsmenge oder der Umsatz. Da Mitarbeiterzahlen und Umsätze auch über mehrere Jahre vergleichsweise leicht zu erhebende Unternehmensdaten sind, bieten sie sich aus Praktikabilitätsüberlegungen als Erfolgsmaße für empirische Studien an. Untersuchungen von *Albach*, *Bock* und *Warnke* haben zudem ergeben, dass die Erfolgsgröße „Umsatzwachstum" in hohem Maße mit finanziellen Erfolgsmaßen eines Unternehmens korreliert ist (vgl. Albach/Bock/Warnke 1985, S. 123 ff.). Umsatzwachstum ist daher nicht nur ein praktikables, sondern auch ein valides Maß für Gründungserfolg.

Brüderl, *Preisendörfer* und *Ziegler* (1998, S. 102–105) leiten aus einer Faktoranalyse von acht verschiedenen Maßen des Gründungserfolgs auf der Basis einer Stichprobe von 1.710 Unternehmensgründungen zwei Erfolgsfaktoren ab, von denen der erste finanziellen Erfolg (Überleben, Gewinnerzielung, Einkommensverbesserung und Wiederholungsabsicht) misst und der zweite das Unternehmenswachstum abbildet (Beschäftigtenzuwachs, Umsatzzuwachs, Geschäftsraumerweiterung und Kapitalaufstockung). Auch dieses Ergebnis spricht dafür, in empirischen Untersuchungen neben dem vergleichsweise anspruchslosen Kriterium des Überlebens auch das Wachstum des Gründungsunternehmens als Erfolgsmaß zu verwenden.

4. Erfolgsmaß: Rentabilität des Gründungsunternehmens

Ein klassisches Erfolgsmaß für unternehmerische Tätigkeit ist der Gewinn bzw. die Rendite auf das eingesetzte Kapital.

Das zentrale Problem mit dem Erfolgsmaß „Gewinn" ist die Wachstumsstrategie vieler Gründungsunternehmen. Sie investieren in den Ausbau des Geschäfts, in die Bekanntheit bei Kunden und in die Erschließung von Märkten, um wachsen zu können. Dadurch machen sie über einen längeren Zeitraum (geplante) Verluste, denen entsprechend hohe erwartete Gewinne in der Zukunft gegenüberstehen. So kann es vorkommen, dass ein Startup zwar sehr erfolgreich am Markt tätig ist und stark wächst, jedoch absichtlich noch viele Jahre Verluste macht. Ein Beispiel ist das US-amerikanische E-Commerce-Unternehmen Amazon.com. Es ist seit seiner Gründung im Jahr 1995 jedes Jahr stark gewachsen, hat die Marktführerschaft in seinem Bereich erreicht und verfügte auch nach dem Abschwung an den internationalen Technologiebörsen noch über eine Marktkapitalisierung von über 3,5 Mrd. Euro (Stand: 6.10.2001). Amazon.com hat aber bisher nur Verluste gemacht, wäre nach dem Erfolgsmaß „Gewinn" also nicht als erfolgreiche Unternehmensgründung anzusehen. Legt man das Erfolgsmaß „Wachstum" zu Grunde, ist Amazon.com dagegen eine sehr erfolgreiche Neugründung.

Nur wenn man die Rentabilität eines Gründungsunternehmens über einen sehr langen Zeitraum misst, dann kann der Gründungserfolg valide abgeschätzt werden (vgl. Albach 1976). Dabei entsteht aber das bereits angesprochene Problem der Abgrenzung eines Gründungsunternehmens von einem etablierten Unternehmen, bzw. das Problem der Definition des Endes des Gründungsprozesses.

5. Erfolgsmaß: Wertsteigerung des Gründungsunternehmens

Der unserer Ansicht nach strengste und damit theoretisch aussagefähigste Erfolgsindikator für ein neu gegründetes Unternehmen ist seine Wertsteigerung. Er entspricht nach der Theorie des Ertragswerts – und auch nach der Theorie der DCF-Methode – dem mit den Kapitalkosten abdiskontierten Gegenwartswert aller zukünftigen Zahlungen des Unternehmens an seine Anteilseigner.

Das Hauptproblem bei der Anwendung des Erfolgsmaßes „Wertsteigerung" in empirischen Studien zum Gründungserfolg ist die schwierige Datenbeschaffung. Für externe Beobachter ist es praktisch nie möglich, aus Sekundärstatistiken Informationen über die geplanten zukünftigen Zahlungsüberschüsse eines Gründungsunternehmens zu erhalten. Die Gründer selbst werden nur in unregelmäßigen Abständen – wenn überhaupt – den Ertragswert ihres Unternehmens berechnen und ihn auch dann nicht gerne in Interviews oder schriftlichen Befragungen preisgeben. Ertragswerte oder DCF-Werte liegen also für Gründungsunternehmen typischerweise nicht vor. Für Gründungs- und Wachstumsunternehmen sind zwar noch einige andere Verfahren zur Unternehmensbewertung entwickelt worden (vgl. Rudolf/Witt 2002), aber auch sie benötigen vergleichsweise umfangreiche Daten, die in empirischen Studien nicht leicht zu beschaffen sind. Selbst wenn zu bestimmten Anlässen im Laufe des Gründungsprozesses Unternehmensbewertungen von Dritten vorgenommen werden, z.B. durch die Investoren bei der Durchführung einer Finanzierungsrunde, werden solche Daten selten veröffentlicht und auch in schriftlichen Befragungen nicht gerne mitgeteilt. Erst wenn ein Gründungsunternehmen an die Börse gegangen ist, kann die Entwicklung des Börsenwertes leicht im Zeitablauf verfolgt werden.[4]

6. Erfolgsmaß: Subjektives Erfolgsempfinden der Gründer

In manchen empirischen Studien ist es nicht möglich, „harte" Erfolgsmaße wie Rentabilität oder Wertsteigerung zu erfragen oder aus Sekundärstatistiken zu erheben. Das kann z.B. am Unwillen von Unternehmensgründern liegen, ihre finanzielle Lage der Öffentlichkeit preiszugeben, oder daran, dass diese Erfolgsmaße den Gründern selbst nicht bekannt sind.

In solchen Fällen besteht eine alternative Messmethode darin, den Gründer bzw. die Gründerin nach dem subjektiven Erfolgsempfinden zu fragen. Die subjektive Erfolgseinschätzung kann sich auf den Grad der absoluten Zufriedenheit mit dem finanziellen Gründungserfolg oder auf den wahrgenommenen finanziellen Erfolg im Vergleich mit Wettbewerbern richten. So lange man davon ausgehen kann, dass die Selbsteinschätzungen der befragten Personen valide Schätzgrößen für den tatsächlichen finanziellen Erfolg eines Gründungsunternehmens sind, kann auf diese Weise die Abfrage direkter Finanzkennzahlen vermieden und die Antwortquote bei Befragungen erhöht werden.

III. Theoretische Auswirkungen der Netzwerkbildung auf den Gründungserfolg

Unternehmertum besteht darin, Marktchancen zu erkennen und sie durch den Aufbau eines Unternehmens Gewinn bringend auszunutzen. Dabei werden typischerweise mehr Informationen und Ressourcen benötigt als der oder die Gründer zum Zeitpunkt der Gründungsentscheidung zur Verfügung haben (vgl. Cooper/Folta/Woo 1991, S. 278). Die Beschaffung von Ressourcen wie Arbeitskräften und Kapital ist daher eine der Kernaufgaben von Unternehmensgründern in den frühen Phasen des Gründungsprozesses. Ein unternehmerischer Erfolgsfaktor bei der Ressourcenbeschaffung ist dabei Sparsamkeit, bzw. „asset parsimony": Erfolgreiche Gründer erwerben so wenig eigene Ressourcen wie möglich und tun das zu den günstigst möglichen Kosten (vgl. Starr/MacMillan 1990, S. 81).

Eine erste Hypothese des Netzwerkansatzes der Gründungsforschung lautet, dass Gründer bestimmte Ressourcen über ihre Netzwerkkontakte billiger beziehen können als über Markttransaktionen. Das liegt daran, dass persönliche Bekannte möglicherweise über Ressourcen verfügen, die sie im Moment nicht brauchen und die sie dem Gründer leihen, dass sie dem Gründer eine Ressource aus Freundschaft unter dem Marktpreis verkaufen, oder dass sie dem Gründer Zugang zu ansonsten unzugänglichen Beschaffungsquellen bieten (vgl. Larson 1991, S. 179). Wenn man annimmt, dass die Ressourcenknappheit zu Beginn des Gründungsprozesses am größten ist und dann im Laufe der erfolgreichen Geschäftstätigkeit abnimmt, dann kann die ergänzende Hypothese aufgestellt werden, dass der Bezug von Produktionsfaktoren aus dem Netzwerk in den frühen Phasen des Gründungsprozesses große und dann im Zeitablauf geringer werdende Bedeutung hat (vgl. Johannisson 1996, S. 255).

Eine zweite Hypothese des Netzwerkansatzes der Gründungsforschung behauptet, dass persönliche Netzwerkbeziehungen den Bezug von Ressourcen ermöglichen, die über den Markt gar nicht beschafft werden können. Dazu gehören insbesondere Informationen über Technologien, Märkte, Kundenbedürfnisse, Rahmenbedingungen des Unternehmertums usw. (vgl. Dubini/Aldrich 1991, S. 308). Am Markt nicht zu erwerbende oder schwer transferierbare Informationen sind im Rahmen der Innovationsforschung auch als „sticky information" bezeichnet worden (vgl. v. Hippel 1994). Sie eignen sich in besonderer Weise für einen Transfer über Netzwerke persönlicher Bekanntschaften.

Eine dritte Hypothese des Netzwerkansatzes der Gründungsforschung besagt, dass Kontaktpartner aus dem Netzwerk einen Gründer nicht nur bei der Ressourcenbeschaffung, sondern auch auf ideelle Art und Weise unterstützen können. Diese Form der Hilfestellung hat trotz ihres immateriellen Charakters konkrete ökonomische Vorteile und fördert die Chancen auf einen Gründungserfolg. Die folgenden Leistungen aus dem Netzwerk sind in der Gründungsforschung als erfolgswirksam nachgewiesen worden:

- *Reputation und Legitimität*: Bekannte und angesehene Personen, die das Gründungsunternehmen öffentlich sichtbar unterstützen, z.B. als Business Angel (so genannte „famous angels") oder durch die Übernahme eines Aufsichtsratmandats, verleihen ihm in den Augen von Marktpartnern Reputation und Legitimität (vgl. Starr/MacMillan 1990, S. 83).
- *Emotionale Unterstützung*: Vor allem Verwandte und enge Freunde unterstützen Gründer durch Zuspruch und mentalen Rückhalt. Sie stärken so die persönliche Leistungsfähigkeit der Gründer (vgl. Bühler 1999, S. 211 und Brüderl/Preisendörfer 1998, S. 223).
- *Vermittlung von Geschäftsbeziehungen*: Verbindungspersonen aus dem Netzwerk der Gründer können dabei helfen, Kontakte zu potenziellen Geschäftspartnern wie Kunden und Lieferanten aufzubauen, die auf eine „Kaltakquise" des Gründungsunternehmens nicht reagiert hätten (vgl. Brüderl/Preisendörfer 1998, S. 215).
- *Hilfe bei der Geschäftsplanung*: Kontaktpersonen mit unternehmerischer Erfahrung können Gründer bei der Erstellung von Businessplänen und speziell bei der Finanzplanung unterstützen und auf diese Weise in einer frühen Phase des Gründungsprozesses dabei helfen, unternehmerische Fehler zu vermeiden (vgl. Bühler 1999, S. 211).

Um bestehende Netzwerkkontakte besser nutzbar zu machen, müssen Unternehmensgründer einerseits ihre kommunikativen und sozialen Kenntnisse einsetzen bzw. erweitern (vgl. Markmann/Baron 1998 und Baron/Markmann 2000). Andererseits sind zur Nutzung von Netzwerkkontakten auch fachliche und technische Qualifikationen erforderlich, um die zu transferierenden Ressourcen und Informationen beurteilen und seinerseits relevante Informationen an die Partner weitergeben zu können. *Ritter* und *Gemünden* (1998, S. 262) haben die Kombination aus sozialen und fachlichen Qualifikationen beim Netzwerkmanagement als „Netzwerk-Kompetenz" bezeichnet.

Eine interessante Gegenposition zur „network success hypothesis" ist die so genannte „compensation hypothesis" (vgl. Bayer 1991, S. 292–293). Sie weist darauf hin, dass Unternehmensgründer, die über wenig Geld, wenig Erfahrung und unzureichendes Humankapital verfügen, stärkere Anreize haben, Ressourcen aus ihrem persönlichen Netzwerk zu beziehen als besser ausgestattete Gründer. Das würde bedeuten, dass sich in empirischen Studien, in denen keine Gruppierung von besser und weniger gut qualifizierten Gründern vorgenommen wird, kein positiver Zusammenhang zwischen Netzwerkbildung und Gründungserfolg ergeben muss, selbst wenn Netzwerkaktivitäten an sich die Erfolgsaussichten erhöhen: „The explanation would be that entrepreneurs resorting to social support start with businesses that do not have good prospects because of other critical dimensions." (Brüderl/Preisendörfer 1998, S. 216). Aufgrund bisher fehlender empirischer Studien zur „compensation hypothesis" wird der Ansatz in den folgenden Teilen dieser Arbeit nicht weiter berücksichtigt.

C. Netzwerkaktivitäten von Unternehmensgründern und Gründungserfolg: Der Stand der empirischen Forschung

Eine der ersten empirischen Studien zum Einfluss der Netzwerkaktivitäten auf den Gründungserfolg stammt von *Aldrich*, *Rosen* und *Woodward* (1987). 1986 befragten sie 285 potenzielle und tatsächliche Gründer aus North Carolina. Zehn Monate später wurden 212 Teilnehmer der ersten Runde erneut befragt. Insgesamt waren 165 Antworten aus beiden Runden auswertbar. Die Autoren messen die Netzwerkbildung anhand von drei Kriterien: Menge der Ressourcen im Netzwerk bzw. die Netzwerkgröße (Frage: „Zu wie vielen Personen haben Sie in den letzten sechs Monaten über Ihre Geschäftsidee gesprochen?"), Verschiedenheit der Ressourcen im Netzwerk bzw. Netzwerkdiversität (Frage: „Mit welchen fünf Personen haben Sie Ihre Geschäftsideen am liebsten besprochen? Bitte, klassifizieren Sie diese als Freunde, Bekannte oder Fremde.") und Erreichbarkeit der Ressourcen im Netzwerk bzw. Netzwerkzugänglichkeit (Frage: „Wie viel Zeit haben Sie damit verbracht, Geschäftskontakte aufzubauen und beizubehalten? Wie gut kennen sich Ihre fünf wichtigsten Kontaktpersonen untereinander?"). Den Erfolg messen die Autoren anhand der tatsächlichen Entscheidung, ein Unternehmen zu gründen, und anhand der Rentabilität der Neugründungen. Die Untersuchung kommt zu vier Ergebnissen: 1. die Zugänglichkeit von Netzwerkressourcen hat einen signifikanten Einfluss auf die Entscheidung potenzieller Unternehmer, tatsächlich zu gründen. 2. In Unternehmen, die noch keine drei Jahre alt sind, ist die Netzwerkdiversität negativ mit der Rentabilität der Neugründung korreliert. 3. In Unternehmen, die noch keine drei Jahre alt sind, ist die Netzwerkzugänglichkeit positiv mit der Rentabilität der Neugründung korreliert. 4. Bei Unternehmen ab drei Jahren Alter ergibt sich zwischen der Größe des Gründernetzwerks und der Rentabilität ein positiver Zusammenhang.

Cooper, *Folta* und *Woo* (1991) untersuchen eine Stichprobe von 2246 Unternehmen, die zwischen 1984 und 1985 in den USA neu gegründet wurden. Diese Unternehmen wurden zuerst im Mai 1985 und dann ein zweites mal zwischen 1986 und 1987 befragt. Ziel der Untersuchung ist die Analyse des Informationsverhaltens der Gründer und dessen Auswirkungen auf den Gründungserfolg im Sinne des Überlebens am Markt. Die Autoren unterscheiden drei Quellen von Informationen: Öffentliche Quellen (Bücher, Verbände, Schulungen usw.), persönliche Quellen (Freunde, Verwandte, Bekannte) und professionelle Quellen (Bankiers, Steuerberater, Anwälte usw.). Die persönlichen Informationsquellen entsprechen dem Netzwerk der Gründer im Sinne dieser Arbeit. Die Studie findet jedoch keinen Zusammenhang zwischen der Intensität der Nutzung des persönlichen Netzwerks durch die Gründer und dem Gründungserfolg.

Die Studie von *Aldrich* und *Reese* (1993) basiert auf einer Stichprobe von Gründern aus North Carolina, die einmal zwischen 1990 und 1991 (444 auswertbare Antworten) und dann noch einmal zwei Jahre später (380 auswertbare Antworten) befragt wurden.[5] Die Netzwerkaktivitäten der Gründer werden anhand von drei Variablen klassifiziert: der Netzwerkgröße (Frage: „Mit wie vielen verschiedenen Personen besprechen Sie Ihre Geschäftsangelegenheiten während eines Monats?"), des Zeitaufwands zur Entwicklung des Netzwerks (Frage: „Wie viele Stunden verbringen Sie pro Woche mit der Anbahnung neuer Geschäftskontakte?") und des Zeitaufwands zur Pflege bestehender Kontakte (Frage: „Wie viele Stunden verbringen Sie pro Woche mit der Aufrechterhaltung bestehender Kontakte?"). Der Gründungserfolg wird zum einen am Überleben nach zwei Jahren und zum anderen am Umsatzwachstum gemessen. Die Autoren fanden jedoch insgesamt bei keiner der Netzwerkvariablen einen signifikanten Einfluss auf den Gründungserfolg.

Hansen (1995) befragt 44 Unternehmen aus Tennessee, die innerhalb der letzten fünf Jahre gegründet wurden. Die drei Kriterien für die Netzwerkaktivitäten der befragten Gründer sind: die Anzahl der Personen, die aus dem Gesamtnetzwerk des Gründers im Rahmen der Gründungsaktivitäten zu Rate gezogen wurden (Frage: „Bitte benennen Sie die Personen, mit denen Sie während des Gründungsprozesses am meisten interagiert haben."), die Dichte des Gründernetzwerks (Frage: „Welche Ihrer Kontaktpersonen kennen sich untereinander?") und die Häufigkeit der Kommunikation innerhalb des Netzwerks (Fragen: „Wie häufig haben Sie mit Ihren Informationspartnern während der Gründungsphase Kontakt?" und „Wie häufig haben Ihre Partner durchschnittlich untereinander Kontakt?"). Als Maß für den Gründungserfolg verwendet *Hansen* das Unternehmenswachstum, speziell das Wachstum der Lohnsumme im ersten Jahr nach der Einstellung des ersten Vollzeit-Mitarbeiters. Auf diese Weise sollen nicht nur steigende Mitarbeiterzahlen als Wachstum erfasst werden, sondern auch Steigerungen bei der Qualifikation der Beschäftigten. Die Studie findet anhand einer multivariaten Regressionsrechnung einen positiven Zusammenhang zwischen der Größe des aktiven Netzwerks und dem Gründungserfolg (Wachstum der Lohnsumme). Derselbe positive Zusammenhang ergibt sich für die Dichte des Gründernetzwerks. Dieses Ergebnis von *Hansen* (1995) ist unserer Ansicht nach vor allem deshalb kritisch zu sehen, weil das Maß für den Gründungserfolg zu anspruchslos ist. Die Einstellung eines einzigen weiteren Mitarbeiters oder eine Gehaltserhöhung des ersten und weiterhin einzigen Beschäftigten innerhalb eines Jahres nach der ersten Mitarbeitereinstellung reichen dem Autor schon aus, um einen Gründungserfolg zu konstatieren.

Johannisson (1996) befasst sich in einer Panelstudie mit schwedischen Unternehmensgründern und Gründungsinteressierten. 1987 wurden 361 Personen befragt, von denen 158 auch 1993 noch einmal auf eine Anfrage antworteten. Die Netzwerkaktivitäten der Gründer und die Merkmale ihrer Netzwerke werden von dem Autor in zwei Gruppen untersucht. Zum einen wird das gesamte Netzwerk anhand seiner Größe und anhand des monatlichen zeitlichen Aufwands für Aufbau und Pflege charakterisiert. Zum anderen erhebt *Johannisson* (1996, S. 257–258) noch das Netzwerk der fünf engsten Bekannten jedes Gründers, das er als „primary network" bezeichnet, mit Hilfe von vier Kriterien (Art der Beziehung, Häufigkeit des Austausches, Stärke der Verbindungen zwischen den Partnern und Größe des Netzwerks jedes Partners). Der Gründungserfolg wird anhand der subjektiven Einschätzung der Gründer bezüglich der Wachstumsaussichten, des finanziellen Erfolgs und der persönlichen Zufriedenheit erfasst. Der Artikel macht jedoch keine genauen Angaben zu den verwendeten Fragen. Die Studie findet keinen Zusammenhang zwischen den Variablen der Netzwerkaktivitäten und dem Gründungserfolg, konkrete statistische Ergebnisse werden in diesem Abschnitt des Papiers jedoch nicht vorgelegt.

Brüderl und *Preisendörfer* (1998) untersuchen 1710 Unternehmen, die zwischen 1985 und 1986 in München und Oberbayern gegründet wurden. Die Studie nimmt zum Zeitpunkt 1990 eine multivariate Querschnittsanalyse dieser Unternehmen vor. Die Autoren messen interessanterweise nicht die Netzwerkaktivitäten der Gründer an sich, sondern deren Ergebnis, also die Unterstützung, welche die Gründer aus ihrem persönlichen Netz-

Tab. 1: Ergebnisse empirischer Studien zum Zusammenhang zwischen Netzwerkaktivitäten der Gründer und Gründungserfolg

Studie	Stichprobe	Maß für die Netzwerkaktivitäten	Erfolgsmaße	Zusammenhang
Aldrich/Rosen/ Woodward (1987)	165 Gründer und Gründungsinteressierte aus North Carolina, USA	a) Netzwerkgröße b) Netzwerkdiversifität c) Netzwerkzugänglichkeit	d) tatsächliche Gründung e) Rentabilität	1) positiv (c-d) 2) negativ (b-e bei jungen UN) 3) positiv (c-e bei jungen UN) 4) positiv (a-e bei älteren UN)
Cooper/Folta/Woo (1991)	2.246 Gründer in den USA	Intensität der Nutzung privater Informationskontakte	Überleben nach 3 Jahren	keiner
Aldrich/Reese (1993)	380 Gründer aus North Carolina, USA	a) Größe des Netzwerks b) Aufbau neuer Kontakte c) Pflege der Kontakte	d) Überleben nach 2 Jahren e) Umsatzwachstum	keiner
Hansen (1995)	44 Gründer aus Tennessee, USA	a) Größe des aktiven Netzwerks b) Dichte des Netzwerks c) Häufigkeit der Kommunikation im Netzwerk	d) Wachstum der Lohnsumme ein Jahr nach Einstellung des ersten Vollzeit-Mitarbeiters	1) positiv (a-d) 2) positiv (b-d)
Johannisson (1996)	158 Gründer und Gründungsinteressierte aus Schweden	a) Größe des Netzwerks b) Aufgewendete Zeit für Aufbau und Pflege des Netzwerks	c) subjektives Urteil der Gründer	keiner
Brüderl/Preisendörfer (1998)	1.710 Gründer aus München und Oberbayern	a) Ausmaß der Unterstützung des Gründers aus seinem Netzwerk	b) Überleben nach 4–5 Jahren c) Wachstum der Mitarbeiteranzahl d) Umsatzwachstum	1) positiv (a-b) 2) positiv (a-d)

werk erfahren haben. Für den Gründungserfolg werden drei Maße verwendet: Das Überleben zum Zeitpunkt der Untersuchung, das Wachstum der Anzahl der Beschäftigten und das Umsatzwachstum. Das zentrale Ergebnis der Studie lautet: Ein hohes Ausmaß der Unterstützung der Gründer aus ihrem persönlichen Netzwerk heraus erhöht die Überlebenswahrscheinlichkeit und die Wachstumschancen eines neu gegründeten Unternehmens um acht bis 18 Prozent im Vergleich zum Fall einer geringen Unterstützung. Signifikant ist insbesondere der positive Effekt des Rückhalts, den ein Gründer aus dem familiären Netzwerk erfährt, auf das Überleben und das Umsatzwachstum seines Unternehmens. Der Hauptnachteil der Studie von *Brüderl* und *Preisendörfer*, die ansonsten durch ihren großen Stichprobenumfang und ihre methodische Sorgfalt besticht, liegt in der fehlenden Messung der Netzwerkbildung. Die Unterstützung der Gründer durch Netzwerkkontakte liegt in der theoretischen Kausalkette näher am Gründungserfolg als die Aktivitäten zur Netzwerkbildung. Zusätzlich ist zu kritisieren, dass die Unterstützung durch den Ehepartner und enge Freunde in der Studie durch drei Variable gemessen wird („support from strong ties", „active help from spouse", „emotional support from spouse"), während für alle anderen denkbaren Netzwerkpartner nur eine einzige Variable benutzt wird („support from weak ties"). Die Bedeutung des Ehepartners im Netzwerk wird unserer Ansicht nach überrepräsentiert.

Die Tabelle 1 fasst die Ergebnisse der hier ausgewerteten empirischen Untersuchungen zum Zusammenhang zwischen Netzwerkbildung und Gründungserfolg zusammen.

D. Ein theoretisches Modell zum Wert des Aufbaus und der Pflege von Netzwerken durch Unternehmensgründer

Gründernetzwerke setzen sich zusammen aus persönlichen Beziehungen des oder der Gründer zu anderen Personen. Sie sind geprägt von sozialen, langfristigen Transaktionen. Daher ist es besonders schwierig, den einzelnen Kontakten und dem Netzwerk als Ganzem objektivierbare Nutzen und Kosten und damit einen ökonomischen Wert beizumessen: „Although there are calculable extrinsic and intrinsic costs and benefits in social transactions, they do not carry exact price tags or reflect market-based utilities and preferences." (Starr/MacMillan 1990, S. 80).

Dennoch ist es aus Sicht eines Unternehmensgründers aus mehreren Gründen unerlässlich, beim Aufbau und bei der Pflege von Netzwerkbeziehungen zumindest heuristische Optimierungsüberlegungen anzustellen und nicht einfach nur zufälligen Kontaktaufbau zu betreiben:

– Jede Informations- oder Austauschbeziehung bietet nicht nur erwartete Nutzen, sondern verursacht auch erwartete Kosten. Neben unmittelbar zahlungswirksamen Kosten sind das vor allem Opportunitätskosten durch die aufgewendete persönliche Zeit für den Aufbau und die Pflege des Netzwerks.
– Informationskontakte zu Bekannten sind im Gründungsprozess unterschiedlich gut nutzbar. Beim Aufbau eines Netzwerks ist es daher nicht sinnvoll, einfach nur die Zahl der Kontakte zu maximieren. Die Gründer müssen stattdessen eine bewusste Auswahl geeigneter Personen treffen.

Im Folgenden wird auf der Grundlage erster bestehender Ansätze zur Bewertung von Netzwerkpositionen von Unternehmen im Transformationsprozess (vgl. Albach 1993 und Witt 1996, S. 37–39) sowie von Gründungsunternehmen (vgl. Witt 1999) der Versuch unternommen, die Nutzen und Kosten des Aufbaus und der Pflege von Gründernetzwerken zu erfassen und daraus für einzelne Unternehmensgründer ein betriebswirtschaftliches Optimierungsmodell abzuleiten.

I. Der Wert des Kontakts zu einzelnen Netzwerkpartnern

Der Wert eines Kontaktes des betrachteten Unternehmensgründers i zu einem einzelnen Informations- oder Austauschpartner j in einem bestimmten Betrachtungszeitraum sei als WK_j^i bezeichnet. Er ist durch folgende Funktion f bestimmt:

(1) $\quad WK_j^i = f(r_{ij}, v_{ij}, k_{ij})$.

Die verwendeten Variablen haben folgende Bedeutung:

r_{ij} : Relevanz des Kontaktes zu Person j für Gründer i.
v_{ij} : Verfügbarkeit bzw. Zugänglichkeit der Person j für Gründer i.
k_{ij} : Kosten des Aufbaus und der Pflege des Kontakts zu Person j für Gründer i.

Wir unterstellen auf der Basis der bisherigen theoretischen Überlegungen, dass die ersten Ableitungen der Funktion f nach den Variablen r und v positiv und nach der Variablen k negativ sind. Die zweiten Ableitungen nehmen wir zunächst bei allen Variablen – in Ermangelung vorliegender theoretischer oder empirischer Studien – als null an. Das bedeutet, dass der marginale Wert zunehmender Relevanz und Verfügbarkeit einer Verbindung konstant ist und auch die Kostenfunktion linear verläuft. Weiterhin nehmen wir an, dass die drei Funktionsargumente von f unabhängig voneinander sind.

1. Relevanz eines Netzwerkkontakts

Die Relevanz eines einzelnen Kontakts, über den Informationen und andere Ressourcen ausgetauscht werden, bestimmt sich zum einen nach den eigenen Kenntnissen und Fähigkeiten des Gründers. Besonders wertvoll ist ein Zugang zu komplementären Informationen und Ressourcen, also solchen, über die der Gründer selbst nicht verfügt. Zum anderen bestimmt sich die Relevanz eines Kontakts aber auch aus dem Wissen und den Ressourcen, über die der Kontaktpartner verfügt, die er also dem Gründer übermitteln kann. Frühere Bewertungsmodelle für Informationsnetzwerke haben z.B. unterstellt, dass Personen über um so mehr Informationen verfügen, je zentraler sie im Netzwerk positioniert sind, je mehr Informationen sie also ihrerseits auf direktem Wege erhalten können (vgl. Witt 1996, S. 38). Zentralität kann dabei graphentheoretisch einmal als „closeness" bzw. Anzahl der direkten Informationskontakte des Partners (vgl. Nieminen 1974) interpretiert werden oder als „betweenness" bzw. Häufigkeit der Positionierung auf indirekten Informationsverbindungen zwischen Netzwerkteilnehmern (vgl. Freeman 1977 und Freeman 1978/79). Die Häufigkeit der Nutzung eines Kontakts hat keinen Einfluss auf die Relevanz der ausgetauschten Informationen bzw. Ressourcen. Empirische Untersuchungen haben jedenfalls nachgewiesen, dass deutsche Manager im Vergleich zu ihren US-amerikanischen Gegenparts zwar häufiger mit Kollegen aus anderen Unternehmen kommunizieren, aber dafür Informationen von geringerer Relevanz austauschen (vgl. Schrader/Sattler 1993). Schließlich hängt die Relevanz einer einzelnen Dyade im Netzwerk auch von der Verfügbarkeit alternativer Dyaden ab, also von der Struktur des gesamten Netzwerks der persönlichen Beziehungen. Je dichter und je größer das Netzwerk eines Gründers ist, und je mehr verschiedenartige Personen in ihm enthalten sind, desto geringer ist die Wahrscheinlichkeit, dass einem einzelnen Kontakt eine hohe Relevanz zukommt.

2. Verfügbarkeit eines Netzwerkkontakts

Ein Kontakt zu einem Netzwerkpartner ist auch bei hoher Relevanz nur wertvoll, wenn er auch genutzt werden kann. Die Zugänglichkeit bzw. die Verfügbarkeit des Partners entscheidet darüber, ob, wie häufig und wie schnell Informationen und/oder andere Ressourcen ausgetauscht werden können. Umgekehrt haben Netzwerkkontakte, die zwar jeder Zeit leicht zugänglich sind, aber wenig Relevanz besitzen, für einen Unternehmensgründer nur geringen Wert.

3. Kosten eines Netzwerkkontakts

In jede Informationsbeziehung muss zumindest Zeit investiert werden. Netzwerkbeziehungen beruhen zudem auf Reziprozität. Auf Dauer können nur solche Informationskontakte für das Unternehmen erfolgreich genutzt werden, bei denen man dem Partner subjektiv gleichwertige Leistungen und Informationen bieten kann. Das Erfordernis der Reziprozität verursacht ebenfalls Kosten. Die Kosten einer einzelnen Netzwerkverbindung sind abhängig von der Größe und der Struktur des ganzen Netzwerks. Je mehr Verbindungen beispielsweise im Netzwerk bestehen (größere Dichte), desto einfacher und damit billiger wird es, bestimmte Personen zu erreichen. Umgekehrt steigen die Kosten pro Dyade mit steigender Netzwerkgröße an, weil die Opportunitätskosten der aufgewendeten Zeit zunehmen.

II. Der Wert eines Netzwerks

Der Wert des Netzwerks eines Unternehmensgründers entspricht in unserem Modell der Summe der Werte seiner bestehenden Einzelkontakte. Er lässt sich aber nur bei Kenntnis der Struktur des gesamten Netzwerks berechnen, weil die Relevanz und die Kosten einzelner Dyaden, die man zur Berechnung der WK_j^i braucht, von der Struktur des ganzen Netzwerks abhängen.

Wir lassen im Folgenden das Problem der Begrenzung des Netzwerks außer acht, auch wenn es in empirischen Studien große Bedeutung hat,[6] und konzentrieren uns auf mögliche Maße zur Charakterisierung der Struktur des Netzwerks. Der Wert des gesamten persönlichen Netzwerks eines Unternehmensgründers i sei im Folgenden mit WN^i benannt. Er wird durch folgende Funktion g bestimmt:

(2) $\quad WN^i = \sum_j WK_j^i = g(G, D, V)$

Die neu hinzugekommenen Variablen haben folgende Bedeutung

G: Größe des Netzwerks, gemessen als Anzahl der direkt und indirekt verbundenen Partner,

D: Dichte des Netzwerks, gemessen als Anzahl der direkten Beziehungen geteilt durch die Anzahl der theoretisch maximal möglichen Verbindungen (vgl. Niemeijer 1973),

V: Verschiedenheit bzw. Diversifität der Netzwerkpartner, z.B. ein ausgewogenes Verhältnis von „starken" und „schwachen" Verbindungen (vgl. Granovetter 1973).

Für das Vorzeichen der Ableitungen der Funktion g nach den einzelnen Funktionsargumenten gibt es – bis auf die positive Ableitung nach den WKs – zunächst keine theoretischen oder empirischen Vorarbeiten.

Wir wollen uns in dieser Arbeit auf die Erarbeitung einer Hypothese zum Zusammenhang zwischen den Variablen WN^i und G konzentrieren und die Zusammenhänge zwischen WN^i und den anderen Variablen zukünftigen Forschungsarbeiten überlassen. Das erscheint insofern gerechtfertigt, als der Netzwerkgröße in bisherigen empirischen Untersuchungen die größte Bedeutung zugemessen wurde. Im Folgenden sei daher unterstellt, dass die Dichte des Netzwerks D und die Verschiedenheit der Netzwerkpartner V unabhängig von der Netzwerkgröße und konstant sind. Dann ist WN^i nur noch eine Funktion von G. Die bisherige Gründungsforschung hat einheitlich unterstellt, dass es einen monoton positiven Zusammenhang zwischen der Größe des persönlichen Netzwerks der Gründer und dem Wert des Netzwerks im Sinne eines Gründungserfolgs gibt (vgl. Dubini/Aldrich 1991, S. 308).

Wir wollen nun hier die abweichende Hypothese aufstellen, dass sich unter den genannten Annahmen eine optimalen Größe des persönlichen Netzwerks von Unternehmensgründern bestimmen lässt und eben kein monoton positiver Zusammenhang vorliegt. Anders ausgedrückt lautet die Hypothese, dass die Grenzerträge des Aufbaus neuer Netzwerkbeziehungen abnehmen, während seine Grenzkosten zunehmen. Das lässt sich wie folgt begründen.

1. Abnehmende Grenznutzen des Netzwerkaufbaus

Die marginalen Wertzuwächse durch neue Kontakte im Netzwerk sind bei einer geringen Anzahl an Verbindungen am größten. Wer erst wenige Kontakte hat, erfährt aus zusätzlichen Verbindungen eher neue und damit relevante Informationen als jemand mit einem größeren persönlichen Netzwerk. Die Grenznutzen eines neuen Partners sind hoch. Mit steigender Anzahl bestehender Netzwerkkontakte sinken sie, weil die Wahrscheinlichkeit, schon bekannte (redundante) oder irrelevante Informationen zu erhalten, mit jedem neuen Partner zunimmt.

Ein zweites Argument betrifft die Zugänglichkeit. Je mehr Netzwerkkontakte ein Gründer pflegen muss, desto weniger zugänglich kann er bei gegebenem Zeiteinsatz pro Kontakt sein. Austauschbeziehungen und Kooperationen beruhen jedoch auf Reziprozität bzw. gegenseitiger Offenheit (vgl. auch Rosenkranz 1995). Daher kann erwartet werden, dass die Kontaktpartner auf eine verringerte Zugänglichkeit des Gründers ihrerseits mit einer verringerten Zugänglichkeit reagieren. Das bedeutet dann, dass der Grenznutzen einer Netzwerkvergrößerung auch wegen der sinkenden Zugänglichkeit pro Einzelkontakt abnimmt.

Abb. 3: Verlauf des Netzwerkwerts in Abhängigkeit von der Anzahl der Netzwerkkontakte (Größe des persönlichen Netzwerks)

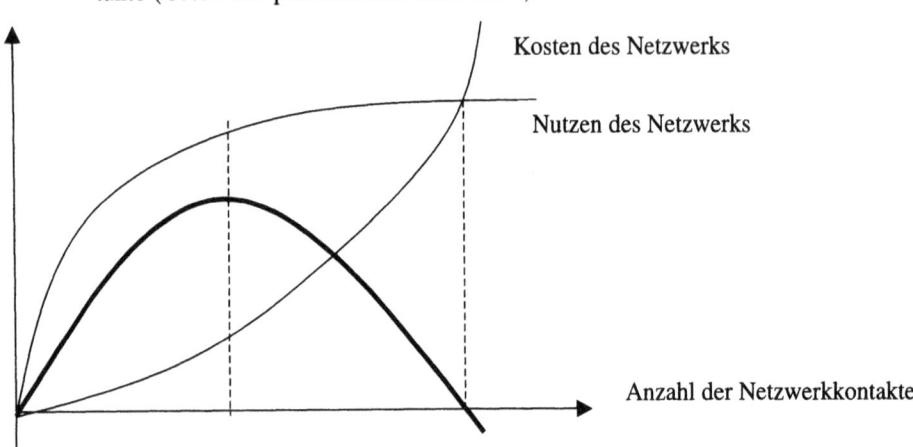

2. Zunehmende Grenzkosten des Netzwerkaufbaus

Umgekehrt steigen die Opportunitätskosten der Vergrößerung des persönlichen Netzwerks mit seiner Größe stetig an. Das liegt daran, dass jedem Gründer nur eine bestimmte Anzahl von Stunden pro Tag für seine Geschäftstätigkeit zur Verfügung stehen. Je mehr Zeit für den Netzwerkaufbau verwendet wird, desto „kostbarer" wird die verbleibende Zeit. Ab einer bestimmten Zahl persönlicher Verbindungen werden die Grenzkosten der Aufnahme einer neuen Verbindung prohibitiv hoch, z.B. weil ein Gründer mit einer zunehmenden Häufigkeit von Anrufen und Terminen mit Geschäftsfreunden nicht mehr zur strategischen Führungsarbeit in seinem Unternehmen kommt.

Abbildung 3 veranschaulicht die Überlegungen zum Verlauf von Grenznutzen und Grenzkosten des Netzwerkaufbaus grafisch.

Die bisherige Gründungsforschung hat unterstellt, dass persönliche Netzwerke der Gründer eine bedeutende Rolle in den Frühphasen des Gründungsprozesses spielen und die Aussichten auf einen Erfolg des Start-up erhöhen. Da die Netzwerkaktivitäten von Unternehmensgründern und der Erfolg von Unternehmensgründern sehr verschieden definiert werden können und in den vorliegenden Studien auch tatsächlich sehr unterschiedlich definiert worden sind, kann es nicht überraschen, dass empirische Untersuchungen bisher kein klares Bild zum Zusammenhang zwischen Netzwerkbildung und Gründungserfolg haben zeichnen können.

Wir haben daher in dieser Arbeit zunächst theoretisch zu klären versucht, was man unter Netzwerkbildung verstehen kann und welche möglichen Einflüsse des persönlichen

Gründernetzwerks auf den Erfolg seines Unternehmens denkbar sind. Anschließend haben wir sechs mögliche Maße des Gründungserfolgs definiert, von denen sich Wachstumsmaße als praktikable und zugleich theoretisch überzeugende Erfolgsgrößen erwiesen haben. Vor dem Hintergrund dieser theoretischen Vorüberlegungen wurden dann die bestehenden empirischen Studien zum Zusammenhang zwischen Netzwerkbildung und Gründungserfolg einer kritischen Würdigung unterzogen.

Die Kernthese dieses Beitrag lautet: Um den Einfluss von Netzwerkbeziehungen auf den Gründungserfolg theoretisch zufrieden stellend untersuchen zu können, müssen die qualitativen Merkmale der einzelnen Dyaden und die des ganzen Netzwerks sowie die Kosten von Netzwerkaufbau- und -pflege berücksichtigt werden. Dazu haben wir ein Modell vorgestellt, dass die unserer Meinung nach wichtigsten Einflussgrößen darstellt. Basierend auf diesem Modell kann dann zu einer der am häufigsten untersuchten Fragen des Netzwerkansatzes der Gründungsforschung – der Frage nach der Bedeutung der Netzwerkgröße für den Gründungserfolg – eine neue Antwort gegeben werden: Es gibt keinen linearen Zusammenhang, sondern eine optimale Netzwerkgröße.

Anmerkungen

1 Der „Traits Approach" blieb weitgehend ergebnislos und hat daher einer eher verhaltensorientierten Beschäftigung mit Gründerpersönlichkeiten, dem „Behavioral Approach", Platz gemacht, vgl. Gartner (1985).
2 Brüderl/Preisendörfer (1998, S. 213) fassen den Ansatz kurz und prägnant als „network success hypothesis" zusammen.
3 Auch Unternehmensnetzwerke auf der Ebene der einzelnen Dyade beruhen auf persönlichen Beziehungen zwischen einzelnen Menschen (vgl. Larson 1991, S. 181).
4 Ob die Zeitreihe der Börsenkurse die tatsächliche Entwicklung des Werts eines Gründungsunternehmens zutreffend wiedergibt, mag derjenige bezweifeln, der nicht an die Informationseffizienz von Kapitalmärkten glaubt. Dazu besteht empirischen Untersuchungen zufolge guter Grund, vgl. Sapusek (1998).
5 Die Arbeit von Reese/Aldrich (1995) stellt inhaltlich dieselbe Studie vor wie Aldrich/Reese (1993) und ist auch vom Text her fast wortgleich.
6 Eine Möglichkeit der Begrenzung bei so genannten egozentrierten Netzwerken, die das Netzwerk ausgehend von einem fokalen Punkt her erheben, besteht z.B. darin, nur indirekte Verbindungen über zwei Verbindungsstufen zuzulassen. Auf diese Weise ergeben sich persönliche Netzwerke zweiter Ordnung, vgl. Albach (1993).

Literatur

Albach, H. (1976): Kritische Wachstumsschwellen in der Unternehmensentwicklung, in: Zeitschrift für Betriebswirtschaft 46, S. 683–696.
Albach, H. (1993): Zerrissene Netze – eine Netzwerkanalyse des ostdeutschen Transformationsprozesses, Berlin.
Albach, H./Kless, H.-P. (1982): Personelle Verflechtungen bei deutschen Industrieaktien-gesellschaften, in: Zeitschrift für Betriebswirtschaft 52, S. 959–977.
Albach, H./Bock, K./Warnke, T. (1985): Kritische Wachstumsschwellen in der Unternehmensentwicklung, Stuttgart.
Aldrich, H. E./Zimmer, C. (1986): Entrepreneurship through social networks, in: Sexton, D. L./Smilor, R. W. (Hrsg.): The art and science of entrepreneurship, Cambridge Mass., S. 3–23.

Aldrich, H. E. /Rosen, B./Woodward, W. (1987): The impact of social networks on business foundings and profit: A longitudinal study, in: Frontiers of Entrepreneurship Research, S. 154–168.

Aldrich, H. E./Reese, P. R. (1993): Does networking pay off? A panel study of entrepreneurs in the research triangle, in: Frontiers of Entrepreneurship Research, S. 325–339.

Baron, R. A./Markman, G. D. (2000): Beyond social capital: How social skills can enhance entrepreneurs' success, in: Academy of Management Executive 14, S. 106–116.

Bayer, K. (1991): The impact of using consultants during venture formation on venture performance, in: Frontiers of Entrepreneurship Research, S. 291–305.

Birley, S. (1985): The role of networks in the entrepreneurial process, in: Journal of Business Venturing 1, S. 107–117.

Brüderl, J. /Preisendörfer, P./Ziegler, R. (1998): Der Erfolg neu gegründeter Betriebe – Eine empirische Studie zu den Chancen und Risiken von Unternehmensgründungen, 2. Auflage, Berlin.

Brüderl, J./Preisendörfer, P. (1998): Network support and the success of newly founded businesses, in: Small Business Economics 10, S. 213–225.

Bühler, C. (1999): Soziale Netzwerke von Gründern in Ostdeutschland, in: Bögenhold, D. (Hrsg.): Unternehmensgründung und Dezentralität – Renaissance der beruflichen Selbständigkeit in Europa, Wiesbaden, S. 195–217.

Cooper, A C./Folta, T./Woo, C. Y. (1991): Information acquisition and performance by start-up firms, in: Frontiers of Entrepreneurship Research, S. 276–290.

Dubini, P./Aldrich, H. E. (1991): Personal and extended networks are central to the entrepreneurial process, in: Journal of Business Venturing 6, S. 305–313.

Freeman, L. C. (1977): A Set of Measures of Centrality Based on Betweenness, in: Sociometry, 40, S. 35–41.

Freeman, L. C. (1978/79): Centrality in social networks, conceptual clarification, in: Social Networks 1, S. 215–239.

Gartner, W. B. (1985): A conceptual framework for describing the phenomenon of new venture creation, in: Academy of Management Review 10, S. 696–706.

Giesecke, S. (2000): The contrasting roles of government in the development of biotechnology industry in the US and Germany, in: Research Policy 29, S. 205–223.

Granovetter, M. (1973): The strength of weak ties, in: American Journal of Sociology 78, S. 1360–1380.

Hansen, E. L. (1995): Entrepreneurial networks and new organization growth, in: Entrepreneurship Theory & Practice, Summer, S. 7–19.

Hippel, E. von (1994): "Sticky information" and the locus of problem solving: Implications for innovation, in: Management Science 40, S. 429–439.

Johannisson, B. (1996): The dynamics of entrepreneurial networks, in: Frontiers of Entrepreneurship Research, S. 253–267.

Kaiser, L./Gläser, J. (1999): Entwicklungsphasen neu gegründeter Unternehmen, Trierer Arbeitspapiere zur Mittelstandsökonomie Nr. 6, hrsg. von Axel G. Schmidt, Trier.

Knyphausen-Aufseß, D. zu (1999): Theoretische Perspektiven der Entwicklung von Regionalnetzwerken, in: Zeitschrift für Betriebswirtschaft 69, S. 593–6616.

Larson, A. (1991): Partner networks: Leveraging external ties to improve entrepreneurial performance, in: Journal of Business Venturing 6, S. 173–188.

Lincoln, J. (1982): Intra- (and inter-)organizational networks, in: Bacharach, S. (Hrsg.): Research in the sociology of organizations, Greenich, S. 1–38.

Markmann, G. D./Baron, R. A. (1998): Social skills and entrepreneurs financial success: Evidence that the ability to get along with others really matters, in: Frontiers of Entrepreneurship Research, S. 88–102.

Mellewigt, T./Witt, P. (2002): Die Bedeutung des Vorgründungsprozesses für die Evolution von Unternehmen: Stand der empirischen Forschung, in: Zeitschrift für Betriebswirtschaft 72.

Niemeijer, R. (1973): Some applications of the notion of density to network analysis, in: Boissevain, J./Mitchell, C. (Hrsg.): Network analysis – studies in human interaction, Paris et al, S. 45–64.

Nieminen, J. (1974). On the centrality in a graph, in: Scandinavian Journal of Psychology 15, S. 332–336.

Reese, P. R./Aldrich, H. E. (1995): Entrepreneurial networks and business performance. A panel study of small and medium-sized firms in the research triangle, in: Birley, S./MacMillan, I. (Hrsg.): International Entrepreneurship, London, S. 124–144.

Ritter, T./Gemünden, H. (1998): Die netzwerkende Unternehmung: Organisationale Voraussetzungen netzwerk-kompetenter Unternehmen, in: Zeitschrift Führung und Organisation 67, S. 260–265.

Rosenkranz, S. (1995): Innovation and cooperation under vertical product differentiation, in: International Journal of Industrial Organization 13, S. 1–22.

Rosenkranz, S. (2001): Simultaneous choice of process and product innovation when consumers have a preference for product variety, Working Paper, Universität Bonn.

Rudolf, M./Witt, P. (2002): Bewertung von Wachstumsunternehmen, Wiesbaden.

Sapusek, A. (1998): Informationseffizienz auf Kapitalmärkten, Wiesbaden.

Schrader, S./Sattler, H. (1993): Zwischenbetriebliche Kooperation: Informaler Informationsaustausch in den USA und Deutschland, in: Die Betriebswirtschaft 53, S. 589–608.

Starr, J. A./Macmillan, I. C. (1990): Resource cooptation via social contracting: Resource acquisition strategies for new ventures, in: Strategic Management Journal 11, S. 79–92.

Sydow, J. (1992): Strategische Netzwerke. Evolution und Organisation, Wiesbaden.

Thorelli, H. (1986): Networks: Between markets and hierarchies, in: Strategic Management Journal 7, S. 37–51.

Witt, P. (1996): Planung betrieblicher Transformationsprozesse, Wiesbaden.

Witt, P. (1999): Information Networks of Small and Medium-Sized Enterprises, in: Journal of Enterprising Culture 7, S. 213–231.

Ziegler, R. (1984): Das Netz der Personen- und Kapitalverflechtungen deutscher und österreichischer Wirtschaftsunternehmen, in: Kölner Zeitschrift für Soziologie und Sozialpsychologie 36, S. 585–614.

Zusammenfassung

Die „network success hypothesis" unterstellt einen positiven Zusammenhang zwischen den Netzwerkaktivitäten von Unternehmensgründern und ihrem Gründungserfolg. Sowohl die unabhängige als auch die abhängige Variable werden in der bisherigen Literatur jedoch sehr verschieden definiert. Diese Arbeit klärt daher zunächst theoretisch, was man unter Netzwerkbildung verstehen kann und welche Einflüsse auf den Gründungserfolg denkbar sind. Anschließend werden sechs mögliche Maße des Gründungserfolgs definiert. Die bestehenden empirischen Studien zum Zusammenhang zwischen Netzwerkbildung und Gründungserfolg werden einer kritischen Würdigung unterzogen. In einem neuen Modell werden die qualitativen Merkmale der einzelnen Dyaden und die des ganzen Netzwerks sowie die Kosten von Netzwerkaufbau- und -pflege erfasst. Basierend auf diesem Modell kann abgeleitet werden, dass es eine optimale Netzwerkgröße für Gründer gibt.

Summary

The network success hypothesis assumes a positive relation between the networking activities of founders and a start-up's success. Both variables, the dependent one and the independent one, have been defined very differently. Firstly, this paper clarifies what network building means and what effects networks can have on entrepreneurial success. Secondly, it defines six possible measures for start-up success. The paper then critically surveys the empirical studies that have looked at the relation between founders' networks and entrepreneurial success. In a new model, we include qualitative characteristics of individual dyads, of the whole network, and the costs of building and maintaining a personal network. Based on this model, the paper derives the existence of an optimal size for the entrepreneurial network.

20: Allgemeine Fragen der Organisationstheorie (JEL M19)
21: Unternehmensführung (JEL M19)

Entrepreneurial Teams
– A Survey of German and US Empirical Studies

Thomas Mellewigt und Julia F. Späth*

Abstract

- Research on entrepreneurial teams has been established as a field of research on its own within entrepreneurship research. The paper takes stock and analyzes the state-of-the-art of empirical research on entrepreneurial teams by reviewing literature that has been published since 1980. The results presented are based on a survey of more than 40 German and US empirical studies.

- It can be concluded that the proportion of team-foundations with regard to the total number of new ventures is significantly higher in the USA than in Germany. In contrast to the German findings, the American results show that many American teams are complementary teams.

- The empirical studies given, lead to the conclusion that team-foundations show a tendency to being more successful than single-foundations. In contrast to the common wisdom that heterogeneous teams are superior to homogeneous teams, latest research shows that heterogeneity is a double edged sword: benefits of additional cognitive resources are offset by likely conflicts between the team-members. The risks of team foundations as well as the dynamics of entrepreneurial teams have not been explored systematically, yet.

Eingegangen: 26. März 2002

Dr. Thomas Mellewigt, wissenschaftlicher Assistent, Lehrstuhl für Allgemeine Betriebswirtschaftslehre und Organisation, Johannes Gutenberg-Universität Mainz, 55099 Mainz, Germany. e-mail: mellewigt@uni-mainz.de.
Dipl.-Hdl. Julia F. Späth, wissenschaftliche Mitarbeiterin, Lehrstuhl für Allgemeine Betriebswirtschaftslehre und Organisation, Johannes Gutenberg-Universität Mainz, 55099 Mainz, Germany. e-mail: julia.spaeth@uni-mainz.de.

© Gabler-Verlag 2002

A. Introduction

A team-foundation can be defined as a joint foundation of at least two persons (Kamm et al, 1989) who are not necessarily working full-time in that particular business (Cachon, 1991), and are more or less equal-ranking with regard to financial resources and job-sharing (Wicher, 1992). Team-foundations are not a new phenomenon in business practice. American firms, like Hewlett-Packard, Intel, and Apple, as well as German firms, like Fichtel & Sachs, Daimler, Melitta, and Adidas, were founded in teams (Müller-Böling 1990). In contrast, little consideration had been given to entrepreneurial teams in literature until the mid 90s. Wicher (1992), for example, argues that there is no independent field of research that concentrates on team-related business formations. Talking of an "undiscovered field of research", Müller-Böling supports this statement (Müller-Böling, 1990, p. 189). Up to now, characteristics of the individual entrepreneur as well as potential government restrictions to venture creations have been in the focus of interest. However, it appears that entrepreneurial teams are gaining popularity as well for practitioners as for academics, which can best be seen by the propelling number of papers related to this field of research in the Frontiers of Entrepreneurship Research since 1998. Handelberg et al. give 3 reasons for the increasing interest in entrepreneurial teams and the growing body of literature on team formation:

- entrepreneurial teams appear to be more common than entrepreneurial literature suggests,
- accumulated evidence indicates that an entrepreneurial team can make a difference in venture success, and
- the common interest has shifted from lifestyle enterprises to growth enterprise (Handelberg et al, 1998, p. 2).

B. Theoretical Background

First of all, it is useful to embed the analysis of entrepreneurial teams in the theoretical background of the resource-based view. According to this approach, firms are considered as idiosyncratic bundles of resources. These form the basis for gaining competitive advantages and for ensuring a company's success in the long run. Resources can be classified into several systems. Following the classification system of Nolte/Bergmann (1998) and Bamberger/Wrona (1996) this paper distinguishes between tangible, financial, and intangible resources. Tangible resources are, for example, raw materials, manufacturing facilities, land, and buildings, whereas cash flow and creditworthiness are financial resources. Alongside financial resources, human capital, as an intangible resource, is of major importance for business foundations, especially for technology-oriented ones that have extremely high demands for human capital.

The resources needed for a new venture frequently exceed the means of a single business founder, so that he has to canvass additional resources. Studies show that the ability to acquire critical resources, especially financial and intangible resources in form of human capital, has a positive effect on a company's success (Birley, 1986; Eisenhardt/Schoonhoven, 1990). Concerning financial resources, Duchesneau/Gartner (1990) have shown that business foundations with higher start-up capital also realize higher profits. Brüderl et al (1992) support these results in their studies showing that a lower capitalization correlates with a higher risk of failure. As intangible resources are very difficult to imitate they are of special importance and contribute to the venture's success. Intangible resources can be further classified into resources that are independent from particular persons, like patents or copyrights, and those that are dependent on specific persons, like the experience and expertise of staff members. Entrepreneurial teams improve the human capital basis. Therefore, they can be viewed as intangible resources that are dependent on special persons.

In addition to the resource-based view the analysis of entrepreneurial teams has theoretically been embedded in the upper-echelons perspective. The central question of the upper-echelons perspective is whether characteristics of top managers are reflected in the strategic choices made and finally in the overall performance of a venture (Hambrick/Mason, 1984).

Hambrick states three basic points of the upper-echelons perspective:

- the organization becomes a reflection of its top managers,
- the characteristics of a team matter more than those of a single manager, and
- demographic characteristics are indicators for psychological properties (Hambrick/Pettigrew, 2001).

The strategic choices of the team reflect the idiosyncrasies of the decision makers. "Managers act on the basis of their incomplete, filtered, and highly stylized understanding of their situations" (Hambrick/Pettigrew, 2001, p. 38). Although the executive orientation of a team includes both, demographic as well as psychological aspects, the research focus lies on the observable features of managers, especially age, functional background, career experiences, and education. These characteristics can be regarded as indicators or proxies for psychological properties and executive dispositions.

Besides the executive orientation the upper-echelons perspective takes the industry of the venture into account, as the environment constrains and obstructs managers in their decisions. This decisively influences the management team on its strategic choice and, by way of this, the profitability, the growth, and the survival of a venture, as shown in Figure 1.

For research on entrepreneurial teams the upper echelons perspective signifies that knowledge and abilities of the venture management can be regarded as an independent source of competitive advantage. According to this view, psychological and demographic features of the entrepreneurial team have an impact on the choice of strategy and the performance of a new venture. Characteristics considered in the following are the size and the completeness of the team, with regard to functional and industry experience, the qualification basis, as well as the heterogeneity of the entrepreneurial management team.

In how far and under what conditions entrepreneurial teams positively influence the performance of a newly-founded business is still under discussion. It will be argued that one or more business partners improve the human capital basis for a newly-founded firm. In addition, a partner usually possesses financial resources, connections, and a reputation that might be important for a new firm and that might help to acquire further resources

Fig. 1: Model of the upper-echelons perspective

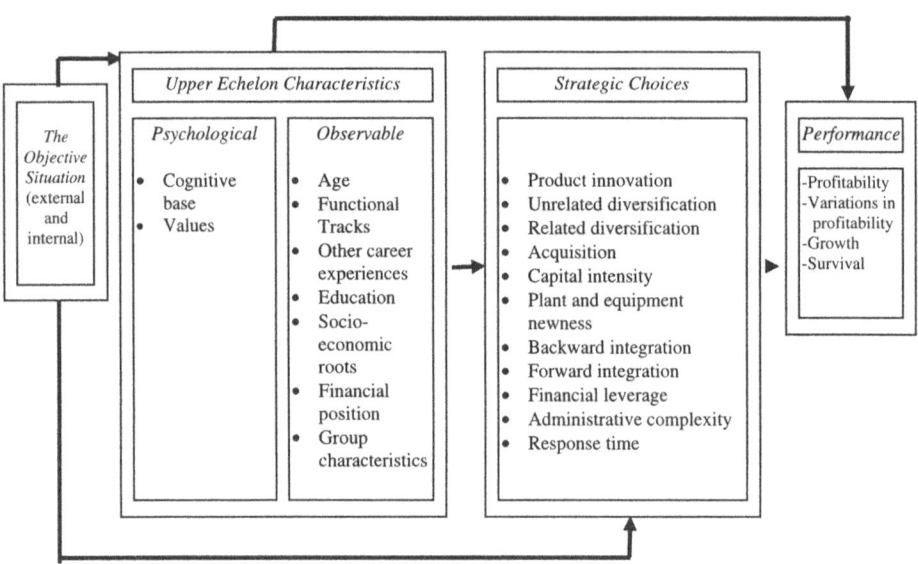

(Cooper/Daily, 1997). Referring to the study of Kamm et al. (1989), Cooper/Daily conclude: "The new firm depends upon the team to such an extent that investors often indicate that they emphasize the quality of the management team more than any other single factor as they make investment decisions" (Cooper/Daily, 1997, p. 127).

C. German and US Entrepreneurial Teams

I. Occurrence of Entrepreneurial Teams

The analysis of empirical studies with regard to the occurrence of entrepreneurial teams concentrates on the following questions:

- How high is the proportion of founding teams compared with the total number of new venture creations?
- Can a general tendency towards team-foundations be identified?
- Are there any differences with regard to the proportion of team-foundations between the US and Germany?

Results of the empirical analysis since 1980, summarized in table 1 (Germany) and 2 (USA), show the following facts: the proportion of team-foundations varies from 8% to 81%, it is not possible, however, to identify a clear direction. The industry seems to be the most important factor influencing team-foundations. Predominantly technology-oriented and fast-growing new ventures show a rate of 50% to 80% of team-foundations

Table 1: Proportion of team-foundations in Germany

Author	Sample	Team-foundations
Szyperski/Kirschbaum (1981)	Founders from several industries in North Rhine-Westphalia (NRW)	18%
Szyperski/Klandt (1981)	Founders in NRW	8%
SINUS (1983)	153 founders in NRW between 1975 and 1983	44%
Alban (1984)	48 new ventures in the production industry in three regions of NRW	48%
Berndts/Harmsen (1985)	90 technology-oriented foundations	50%
Klandt/Kirschbaum (1985)	25–32 software and systems companies	52%
Knigge/Petschow (1986)	63 technology-oriented foundations in Berlin	67%
Albach/Hunsdiek (1987)	67 technology-oriented foundations	57%
Kulicke (1987)	83 companies from fast-growing industries	53%
Sternberg (1988)	106 technology-oriented firms from different industries	58%
Picot et al (1989)	52 founders from innovative firms from different industries	52%
Bögenhold (1990)	25 foundations in the north of Germany	14%
Domeyer/Funder (1991)	26 foundations in the production, craft and service industry	46%
Jungbauer-Gans/ Preisendörfer (1992)	1849 foundations in Bavaria between 1985 and 1986	29%
Kulicke et al (1993)	93 technology-oriented companies	38%
Pett (1994)	173 technology-oriented foundations	57%
Brüderl et al (1996)	1849 founders in Munich and the north of Bavaria	21%
Kulicke/Wupperfeld (1996)	118 young technological companies	59%
Seeger (1997)	379 companies which have moved out of Start-up centers	62%
Klandt et al (1998)	862 foundations between 1983 and 1987	22%

whereas the rate in industries, like trade, craft, and services is under 40%. Regional samples that analyze all business foundations in a certain time or in a certain region also have a low rate of team-foundations (Jungbauer-Gans/Preisendörfer, 1992; Brüderl et al, 1996).

Many authors state a general tendency towards team-foundations during the last years. For instance, Berndts/Harmsen (1985) report that during 1973 and 1983 the proportion of new ventures founded only by a single person decreased from 53% to 47%. Kulicke points to similar findings: a tendency towards entrepreneurial teams can be identified since 1974. 64,7% of 34 firms built up before 1974 were founded by a single person, whereas 66,7% of the younger new ventures were founded by a team (Kulicke, 1987, p. 108). In contrast to these results, a general tendency towards team-foundations cannot be identified all results considered, including the technology-oriented new ventures.

Comparing the proportion of entrepreneurial teams in Germany and the USA, visible differences can be observed. Taking all studies into consideration, the findings show that the rate of team-foundations in Germany is between 8% and 67%, whereas the rate in the USA is between 49% and 81%. As the American studies concentrate exclusively on technology-oriented business foundations, these results are not surprising. Taking only the technology-oriented business foundations in Germany into consideration, the rate of team-foundations in Germany is between 38% and 67%. The German studies show an average founding team rate between 50–60% and the American studies show an average rate of 60–80%. The results for the USA are supported by Cooper who found out that, conside-

Table 2: Proportion of team-foundations in the USA

Author	Sample	Team-foundations
Hoban (1981)	50 venture capital companies	74%
Obermeyer (1982)	151 foundations (patent strategy)	70%
Bruno/Tyebee (1984)	145 technology-oriented companies	66%
Teach et al (1986)	237 firms from the software industry	71%
Feeser/Willard (1988)	108 founders from 42 firms from the IT-industry	80%
Roberts (1991a)	118 MIT spin-offs	64%
Roberts (1991b)	21 fast-growing business foundations	81%
Roberts (1991c)	39 spin-offs of an electronic firm	49%
Roberts (1991d)	18 spin-offs of a MIT-department	65%
Reynolds (1993)	1424 fastest growing new firms	60%

ring 10 different empirical studies, the average rate of team-foundations was 70% (Cooper/Daily, 1997, p. 129). It can be concluded that the proportion of team-foundations with regard to the total number of new ventures is significantly higher in the USA than in Germany.

II. Size of the Entrepreneurial Team

When analyzing the results concerning the size of the entrepreneurial teams, the following questions are of major importance:

- Has the size of founding teams increased in the course of time?
- Does the size of entrepreneurial teams differ between Germany and the USA?

Table 3 (mainly following Wippler, 1998, p. 115) shows the empirical results. With regard to the size of a team, many authors state that it has increased in the course of time. For instance, Hunsdiek (1987) found out that from 1962 to 1983 the average number of founders was 1.7. This number grew to an average of 2.2 in the years 1984/85. Similar results are reported by Berndts/Harmsen (1985). Nevertheless, this tendency cannot be identified when taking all studies into consideration. Comparing the average size of

Table 3: Size of founding-teams in Germany and in the USA

Germany		USA	
study	average size of the team	study	average size of the team
Berndts/Harmsen (1985)	Ø 1.8	*Teach* et al(1985)	Ø 2.1
Knigge/Petschow (1986)	Ø 2.6	*Teach* et al (1986)	Ø 2.6
Kulicke (1987)	Ø 1.8	*Roberts* (1991b)	Ø 3.2
Picot et al (1989)	Ø 2.6	*Reynolds* (1993)	Ø 2.6
Kulicke et al (1993)	Ø 1.6	*Keeley/Knapp* (1994)*	Ø 6.1
Pett (1994)	Ø 2.3	*Keeley/Knapp* (1994)**	Ø 1.4
Kulicke/Wupperfeld (1996)	Ø 1.9	*Ettington/Bantel* (1994)	Ø 3.5
Seeger (1997)	Ø 2.3	*Chandler/Hanks* (1998)	Ø 3.2
Lechler/Gemünden (2002)	Ø 2.7		

* data for companies financed by capital-participation
** data for fast-growing companies without venture capital-participation

entrepreneurial teams in Germany and the USA, German entrepreneurial teams have an average size of 2 members whereas American new ventures are mainly founded by 3 members. Even when excluding the studies of Keeley/Knapp (1994), the results remain more or less the same. The bigger size of American teams more easily allows a division of responsibility between different functional departments. This may have a positive effect on the success of the firm, which will be discussed in section D.

III. Completeness of the Entrepreneurial Team

Concerning the composition of entrepreneurial teams, Nathusius distinguishes between complementary and additive partnerships. In a complementary team the founders complete each other with regard to their education, profession, skills, and experiences, e.g. engineer and economist. In contrast, an additive team consists of partners who nearly have the same education, profession, competence, and experience-profiles, e.g. engineer and engineer (Nathusius, 1994, pp. 18–21). Taking into consideration the requirement-profile on the human capital basis, particularly in technology-oriented business foundations, the major importance of complementary teams becomes obvious. Flynn/Hynes observe that the successful formation of high-technology teams relies on the combination of expertise, preferably complementary. Managerial experience was considered more important by the founders than start-up experience, the latter viewed as beneficial but not as a necessity (Flynn/Hynes, 1999, p. 28). Szyperski/Nathusius identify 5 different qualification levels that a single founder or a founding team should cover (Szyperski/Nathusius, 1977, p. 39; also Wicher, 1992, p. 101):

- technical qualifications
- business qualifications
- specific qualifications in the field of business foundation
- experiences in the respective industry
- management qualifications

As it is hardly possible that a single founder holds all required qualifications to run a company successfully, it is fair to assume that qualification deficits can be compensated by an alliance of several founders having complementary skills. In the following, the composition of entrepreneurial teams in Germany and in the USA will be discussed concentrating on the following questions:

- Is completeness a focal consideration in team formation?
- Do German and US entrepreneurial teams differ with regard to their functional completeness?

Unfortunately, less empirical results concerning this field of research can be found than, for example, in regard to the size and occurrence of entrepreneurial teams. Nearly all German studies which concentrate on the composition of entrepreneurial teams present relatively homogeneous results. Kulicke (1987) has found out that 64% of the examined entrepreneurial teams consist exclusively of technicians and natural scientists. In the empirical study of Steinkühler (1994) this percentage is even higher with 80%. Berndts/

Harmsen (1985) have shown that only 19% of all founders and 38% of the entrepreneurial teams have experiences in the field of research or development and in the field of management. Similarly, Picot et al (1989) report that more than 50% of the examined teams are 'incomplete' with regard to specific founding-qualifications, such as the coordination of information, resources, and the market. Hunsdiek, who also concentrates on technology-oriented business foundations, argues, with regard to the job specification of founders, that there are many deficits concerning founding experiences and management qualities. Many founders recognize these deficits and, therefore, they start the new venture in a team (Hunsdiek, 1987, p. 230). The empirical studies show, however, that even entrepreneurial teams cannot always compensate these deficits as they are often additive partnerships.

In contrast to the German findings, the American results show that many American teams are complementary teams, which means that the technological knowledge is supplemented by management and business skills (Wippler, 1998, p. 116). For instance, Kamm et al (1989) show that more than two third of the entrepreneurial teams are functional complete or, at least, well-balanced. Roberts (1991) adds that business skills depend on the size of the team: the bigger the team, the better the business qualification basis.

Koen (1999) found that having a credible team is one of the most important criteria cited by venture capitalists and a critical criterion for obtaining large amounts of funding. Wippler argues that American venture capitalists often make their contribution of capital conditional on the completeness of the team or even actively form the team (Wippler, 1998, p. 116). In contrast to their American counterparts, German venture capitalists judged the criteria "completeness" as one of minor importance in the past (Wupperfeld, 1996, p. 167). These findings lead to the supposition that US entrepreneurial teams should be more complete, which is in line with Kamm et al (1989). Nevertheless, it can recently be observed in Germany that the completeness of a team becomes as important to venture capitalists as it is to them in the US. This implies that topical empirical studies which analyze the composition of founding teams in Germany are likely to show similar results to US empirical studies. However, further findings are needed to support the assumption.

IV. Dynamics of Entrepreneurial Teams

Although the focus of this paper lies on the characteristics of the founding team at creation of a new venture, it should be mentioned that the team sizes underlie dynamic changes (Ucbasaran et al, 2001; Lechler/Gemünden, 2002; Chandler/Hanks, 1998; Cachon, 1991). Lechler/Gemünden remark that the exit of at least one partner can on average be observed in 50%–60% of the founding teams (Lechler/Gemünden, 2002, p. 27). Chandler/Hanks observed in 12 US companies that the team size decreased from an average of 3.1 to 2.9 within 5 years of survival. 6 firms experienced an overall decline in team members, 3 retained the same number, and 3 increased the number (Chandler/Hanks, 1998, p. 5). Analyzing 39 team-member entrepreneurs from organizations in existence for at least 2 years in Canada, Cachon (1991) also shows dynamic changes in the teams' composition, although in the other direction. He shows the average size of entrepreneurial teams increased from 2.3 at creation to 2.5 after a minimum of 2 years. These findings suggest that the size of a founding team is not a lasting characteristic of a new venture as there is a need to adjust the size of a team when an underperformance of any kind is perceived. This makes it difficult to conclude from the team size at creation to the performance of a venture after several years of existence and team size adjustments.

In a large-scale longitudinal study over a period of ten years Ucbasaran et al (2001) observed that environmental factors (levels of risk and competitive pressures), the heterogeneity of a team as well as the level of formal and informal communication influence team turnover.

According to Ucbasaran et al (2001) heterogeneity of a team with regard to age, education and joint experience has a significant but twofold effect on the dynamics of a team. On the one hand, demographic and educational heterogeneity reduces the likelihood of team turnover which can also be observed in teams with prior joint entrepreneurial experience. On the other hand, functional heterogeneity can be associated with higher turnover. A closer look reveals that different entrepreneurial experiences can be related to member departure whereas heterogeneity in terms of previous job status can be associated with member entry. A similar effect was observed in teams showing prior joint working experience, which makes it more likely that the team introduces new members.

Distinguishing between exit and entry of team members, the study shows that external environmental pressures, e.g. levels of risk and competitive pressures but also few in-

Fig. 2: Factors influencing the entrepreneurial team dynamics

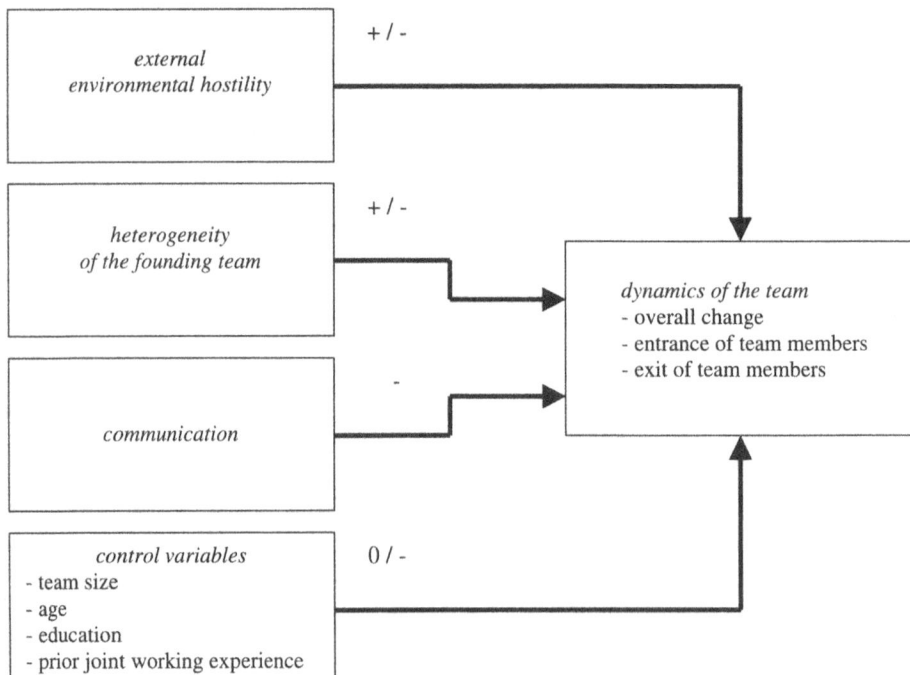

vestment in marketing opportunities, make it more likely that team members will leave the business. Thus in adverse situations it is unlikely that new members will enter the management team. A lower likelihood of team member entry was also found at a high level of informal communication within the team, whereas higher levels of formal communication make it more likely that team members will exit. However, no significant impact on team turnover was found with regard to the size of the team. The following figure summarizes the results of an analysis of 58 venture creations in the period between 1990 to 2000 by Ucbasaran et al (2001).

D. Entrepreneurial Teams: A Source of Success?

New ventures normally have restricted resources. They are especially short of financial resources and human capital. In team-foundations each partner improves the human capital basis by bringing in specific technical, business, or founding know-how, industry experiences as well as management skills. In addition, the partners also bring in financial resources and social capital through networks. Compared to a single founder, one can argue that the quantitatively and qualitatively enhanced resources of founding teams lead to a better performance of a new venture (Lechler/Gemünden, 2002; similarly Cooper/Daily, 1997). Therefore, the thesis that companies founded by a team are more successful than those founded by a single person is frequently proclaimed. As many other authors do, Pett argues that the chances for success are better for companies founded in teams because qualifications and skills of the founders often complete one another. Therefore, technical and market-specific requirements can be met more easily (Pett, 1994, p. 212). Most empirical German and American studies, summarized in table 4, support this thesis.

In order to analyze the correlation between the number of founders and the performance of a company, Picot et al (1989) evolved a founder-strength-portfolio: Founder-specific qualifications are divided into the qualification to co-ordinate information, resources, and the market. The authors conclude that the possibility of a business foundation to be successful increases with the number of founders, but, nevertheless, the less successful companies prevail. It seems to be important for very successful business foundations to form a team with different entrepreneurial strengths (Picot et al, 1989, p. 105). The findings of Picot et al show clearly the importance of complementary founder-qualifications for the success of a company: entrepreneurial strengths within a team should complement each other; an overload of already given strengths should then be avoided. These findings are also supported by Kulicke (1987). She shows that there is no direct connection between the sheer number of founders and the performance. The combination of functionally different qualifications is decisive. Concerning technology-oriented business foundations, Albach (1999) points out that the probability for a successful foundation increases when the company is founded by a team that consists of a technician or a natural scientist and of an economist. American studies from Roure/Maidique (1986) and Roure/Keeley (1990) support these results. Analyzing the features of 4 successful new ventures, Roure/Maidique (1986) exhibit a completeness ranging from 80 to 100% with an average team size of 4.25. The other 4 unsuccessful new ventures revealed a completeness between 50% and 80% and an average team size of 3.25.

Table 4: Empirical results concerned with the correlation of team-foundations and performance

Author	Sample	Results
Klandt/ Kirschbaum (1985)	25–32 software and systems firms	5 out of 13 team-foundations belong the very successful companies but only 2 out of 11 single-foundations. A division of responsibility is realized in 5 out of 7 successful firms and 1 out of 7 not successful firms.
Roure/ Maidique (1986)	4 successful/4 unsuccessful new ventures	The likelihood of a start-up's success is significantly increased by having an experienced, complete team with previous joint experience.
Albach/ Hunsdiek (1987)	67 technology-oriented foundations	43% of the team-foundations are successful but only 20% of the single-foundations
Kulicke (1987)	83 firms form fast-growing industries	There is no correlation between the size of a team and the performance of the firm. The combination of qualifications is decisive.
Picot et al. (1989)	52 founders of innovative firms	63% of the team-foundations but only 38% of the single-foundations belong to the very successful companies. Very successful teams are mainly complementary teams.
Cachon (1991)	39 team-member entrepreneurs	In teams related to family ties the success of the team is related to the complementarity of goals, skills, and levels of interest of the members
Reynolds (1993)	1424 young companies	40% of high performance new ventures are started by teams with 3 or more partners, the fastest growing ventures were more likely to be started by a team.
Cooper et al. (1994)	1053 companies	Team-foundations have a higher rate of economic growth because of the companies' greater human and financial basis.
Keeley/ Knapp (1994)	High performing companies	The number of founders of high performing start-up companies ($2 million in sales within 5 years and growing faster than 100% per year) varies.
Brüderl et al. (1996)	1849 founders	Team-foundations are more successful than single-foundations if the team is a "real" team (full time occupation right from the start) and if a partner brings in experiences of the industry.
Kulicke/ Wupperfeld (1996)	118 young technology-oriented foundations	Team-foundations are not less susceptible to crisis than single-foundations.

Table 4: (continued) Empirical results concerned with the correlation of team-foundations and performance

Author	Sample	Results
Cooney (1998)	93 firms in the U. S. software development industry	Fast-growth firms founded by teams are more likely to use an organic structure which is required if a company wishes to increase its chances of fast-growth.
Klandt et al. (1998)	862 foundations from different industries	There are no significant differences between team- and single-foundations with regard to the performance of the company.
Ensley/ Amason (1999)	196 founders from 88 fast-growing companies	The heterogeneity of a team has a negative effect on the performance of the company. Heterogeneous teams have a positive effect in a dynamic environment.
Pleschak/ Werner (1999)	124 foundations from different industries	Measured by the survival, turnover, and increase in employees, team foundations are more successful, however not significantly.
Teal/Hofer (2001)	126 new ventures recognized for rapid growth	Ventures which were begun by teams that included members who had either founded or cofounded a venture in the past and that included members who had worked together in a different company have higher levels of performance.
Lechler/ Gemünden (2002)	founders of 159 ventures. 66% IT/software, 23% engineering, 11% IT/hardware	The social interaction within the team has a significant positive effect on the subjectively assessed performance (customer satisfaction, competitive position, efficiency, overall success). Moreover, the cumulated industry experience (human capital) of the founding team has a clear effect on the turnover.

Looking at the characteristics of the founding team, Roure/Maidique (1986) state that the founders of successful ventures tended to form larger, more complete teams. Recent American studies, however, show that the general thesis that 'complementary (heterogeneous) teams are more successful than additive (homogeneous) teams' must be doubted. Teal/Hofer (2001) examined in their sample of 126 rapid growing ventures the completeness of a team and the functional experience of the team members. Both task-related characteristics of the founding team were eliminated from further examination after the nonparametric tests did not identify statistically significant relationships.

Ensley/Amason (1999) summarize the recent discussion by speaking of a "double-edged sword" concerning heterogeneous top-management teams. The authors argue that, on the one hand, heterogeneous skills, educational background, and functional experiences lead to more creative solutions and more cognitive resources than homogeneous teams. Different skills and perspectives often result in cognitive conflicts that, if solved on the cognitive level, lead to a better quality of decisions. On the other hand, heterogeneous teams might tend to communicate less frequently and with more difficulties within a team. As a result, information is not used efficiently and some conflicts are solved on an affective level due to different perspectives. This effects the formation of an efficient entrepreneurial team. It seems that the obvious and discussed advantages of heterogeneous teams cannot be realized easily. In their empirical study with a sample of 88 fast-growing firms, Ensley/Amason (1999) show that heterogeneity in general has a negative effect on the performance of the company with regard to the turnover. However in a dynamic environment team heterogeneity has a positive effect on the performance of the company as heterogeneous teams are more flexible and adaptable. Interestingly, Cooper et al (1994) also show that team-foundations do not lead to a higher probability to survive. They assume that the high rate of failed teams can be traced back to disagreements between the partners. The findings of Brüderl et al are similar. They report that 29% of the persons studied stated that there had been serious problems or conflicts with one or several partners. This percentage is even more surprising as a certain tendency towards "socially desired" answers is expected in an empirical study (Brüderl et al, 1996, p. 191). Lechler/Gemünden argue that personal and factual conflicts are the cause for dynamics in the team which finally result in the failure of the new venture (Lechler/Gemünden, 2002, p. 27).

The empirical studies given lead to the conclusion that team-foundations show a tendency to being more successful than single-foundations. However, one cannot simply conclude from the presence of a team to a higher growth-rate or greater likelihood of survival of a new venture. Empirical findings suggest that the performance is enhanced in 2 different ways. On the one hand, size effects, like a greater human capital basis and additional financial resources, make the success of a team foundation more likely than of a venture founded by a single person. Resource-based arguments are, therefore, supported. On the other hand, a venture founded by a complete team is more likely to be successful under the condition that the team performs well, i.e. the team members must cope with the conflicts and dissimilarities linked to heterogeneity. To reason with the motivational

Fig. 3: Factors influencing business performance in team foundations

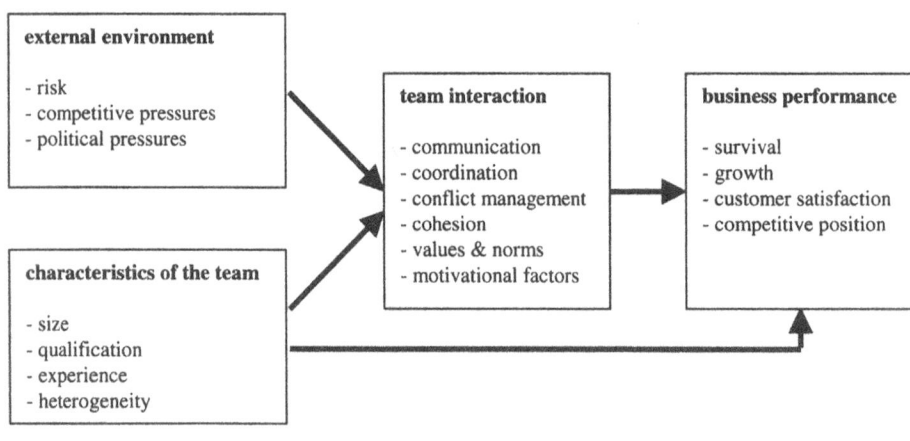

approach of Handelberg et al: "..[A]n effective team is determined by a number of motivational factors. These, in turn have an influence on the creative energy of the team members, through the creation of new understandings and actions, which lead to improved business performance" (Handelberg et al, 1998, p. 13).

The question if and under which conditions complementary or additive teams are more successful has yet been discussed only basically. Concerning this field of research, internal and external factors of team-foundations have to be specified with regard to the performance of the company. Figure 3 visualizes the current state of research on entrepreneurial teams.

E. Conclusion

Taking into consideration the total number of empirical studies concerned with entrepreneurial teams, it seems to be an intensively discussed field of research. Looking closer, however, it becomes obvious that team-foundations are a variable that is measured implicitly in many studies without being the explicit object of research. Cooper/Daily summarize the state of the art as follows: "Few topics in entrepreneurship research are so central and yet so under-researched" (Cooper/Daily, 1997, p. 147). Hitherto existing research focused on two aspects: the proportion of founding teams in comparison with the total number of new venture creations and the effects of single as well as team foundations on the performance. Promising areas worthy of future research are the risks, on the one hand, and the dynamics of team foundations, on the other hand.

Team foundations are no new and rare phenomenon in practice. In the past the focus lay on the advantages of venture creations in a team. Subsequently it is substantial to recognize the disadvantages of team foundations, which have not been explored systematically in research, yet but are evident in practice. There is a crucial need to identify the risks in general and their occurrences under particular contextual factors. More specifically the focus can be put on the risks considered with the social interaction in a team and on ways to overcome conflicts and other barriers to efficient communication and decision-making.

Acknowledging the fact that entrepreneurial teams are not static but adapt to internal and external changes over time special attention is drawn on the team turnover, particularly the entrance and departure of team members. This dynamic view leads to the conclusion that there is a smooth but ongoing transition from the original founding team to a top management team.

With regard to research, this implies that theoretical perspectives, hypotheses and findings of established related fields can borrowed to explore the process of team turnover. Findings of the small group research as well as research on the top-management team can be used to advance research on entrepreneurial teams. On the one hand the amalgamation, at least an approximation, of the views facilitates research on the management of dynamics in order to benefit the venture performance. On the other hand this allows a closer look at the distinction between an entrepreneurial team and a top management team. "Though there may be some overlap between a venture's management and entrepreneurial team, there is scope for exploring the extent to which all team members contribute to the key entrepreneurial functions of opportunity identification an exploitation as opposed to only managerial functions" (Ucbasaran et al, 2001, p. 16).

In line with the shift in the questions posed it can be observed that the experimental designs have become more sophisticated in entrepreneurship research. A move from bivariate analyses to multivariate research designs is essential to explore future research priorities e.g. the genesis of entrepreneurial teams and the dynamics in the development of founding teams.

References

* We thank the Stiftung Rheinland-Pfalz für Innovation for financial Support.

Albach, Horst (1999), Unternehmensgründungen in Deutschland, in: Hahn, Dietger/Esser, Klaus (ed.), Unternehmensgründungen, pp. 1–13.

Albach, Horst/Hunsdiek, Detlef (1987), Die Bedeutung von Unternehmensgründungen für die Anpassung der Wirtschaft an veränderte Rahmenbedingungen, in: Zeitschrift für Betriebswirtschaft, Vol. 57, pp. 562–580.

Alban, Cornelia (1984), Existenzgründungen – Ein regionaler Vergleich unter dem Aspekt von Beschäftigungswirkungen.

Bamberger, Ingolf/Wrona, Thomas (1996), Der Ressourcenansatz und seine Bedeutung für die Strategische Unternehmensführung, in: ZfbF, Vol. 48, pp. 130–153.

Bamford, Charles E./Bruton, Garry D./Takahashi, Geoff (2001), New Venture Performance and the Stability of Founding Teams, paper presented at the Babson College – Kauffman Foundation Entrepreneurship Research Conference, June 13–17.

Berndts, Peter/Harmsen, Dirk-Michael (1985), Technologieorientierte Unternehmensgründungen in Zusammenarbeit mit staatlichen Forschungseinrichtungen.

Birley, Sue (1986), The Role of New Firms: Births, Deaths, and Job Generation, in: Strategic Management Journal Vol. 7, pp. 361–376.

Bögenhold, Dieter (1990), Wege zur eigenen Firma zwischen Anpassungsdruck und Freiwilligkeit, in: Berger, Johannes/Domeyer, Volker/Funder, Maria (ed.), Kleinbetriebe im wirtschaftlichen Wandel, pp. 159–178.

Brüderl, Josef/Preisendörfer, Peter/Ziegler, Rolf (1996), Der Erfolg neugegründeter Betriebe – Eine empirische Studie zu den Chancen und Risiken von Unternehmensgründungen.

Bruno, Albert V./Tyebjee, Tyzoon T. (1984), The Entrepreneur's Search for Capital, in: Frontiers of Entrepreneurship Research 1984, Babson College.

Cachon, Jean-Charles (1991), A Longitudinal Investigation of Entrepreneurial Teams, Part One: Who is Involved, Why, and What Makes Them Succeed, in: Frontiers of Entrepreneurship Research 1991, Babson College.

Chandler, Gaylen N./Hanks, Steven H. (1998), An Investigation of New Venture Teams in Emerging Business, in: Frontiers of Entrepreneurship Research, Babson College.

Cooney, Thomas M. (1998), Fast-Growth Firms in the U. S. Software Development Industry: Are Entrepreneurial Teams the Route to Success?, in: Frontiers of Entrepreneurship Research. Babson College.

Cooper, Arnold C./Gimeno Gascón, F. Javier (1992), Entrepreneurs, processes of founding and new firm performance, in: Sexton, Donald L./Kasarda, John D. (ed.), The State of the Art of Entrepreneurship, pp. 301–340.

Cooper, Arnold C./Daily, Catherine M. (1997), Entrepreneurial Teams, in: Sexton, Donald L./Smilor, Raymond W. (ed.), Entrepreneurship.

Cooper, Arnold C./Gimeno Gascón, F. Javier/Woo, Carolyn Y. (1994), Initial Human Capital as Predictors of New Venture Performance, in: Journal of Business Venturing, Vol. 9, pp. 371–395.

Domeyer, Volker/Funder, Maria (1991), Kooperation als Strategie – Eine empirische Studie zu Gründungsprozessen, Organisationsformen, Bestandsbedingungen von Kleinbetrieben.

Duchesneau, Donald A./Gartner, William B. (1990), A Profile of New Venture Success and Failure in an Emerging Industry, in: Journal of Business Venturing, Vol. 5, pp. 297–312.

Eisenhardt, Kathleen M./Schoonhoven Claudia B. (1990), Organizational Growth: Linking Founding Team, Strategy, Environment, and Growth Among U. S. Semiconductor Ventures, 1978–1988, in: Administrative Science Quarterly, Vol. 35, pp. 504–529.

Ensley, Michael/Amason, Allen C. (1999), Entrepreneurial Team Heterogeneity and the Moderating Effects of Environmental Volatility and Team Tenure on New Venture Performance, in: Frontiers of Entrepreneurship Research, Babson College.

Ettington, Deborah R./ Bantel, Karen A. (1994), Intent to Use Strategic Alliances for Commercialization, in: Frontiers of Entrepreneurship Research, Babson College.

Feeser, Henry R./Willard, Gary E. (1988), Incubators and Performance: A Comparison of High and Low Growth High-Tech Firms, in: Frontiers of Entrepreneurship Research. Wellesley, Babson College.

Flynn, Anne/Hynes, Briga (1999), High-Tech Entrepreneurial Teams – Managing the Challenge of Growth, in: Frontiers of Entrepreneurship Research, Babson College.

Hambrick, Donald C., Pettigrew, Andrew (2001), Upper echelons: Donald Hambrick on executives and strategy, in: The Academy of Management Executive, Vol. 15, pp. 36–47.

Hambrick, Donald C./Mason, Pyllis A. (1984), Upper echelons: The organization as a reflection of its top managers, in: Academy of Management Review, Vol. 9, pp. 193–206.

Handelberg, Jari/Vyakarnam, Shailendra /Jacobs, Robin C. (1998), Towards a Theoretical Model of Entrepreneurial Team Formation, in: Frontiers of Entrepreneurship Research, Babson College.

Hoban, James P. (1981), Characteristics of Venture Capital Investments, in: American Journal of Small Business, Vol. 6, pp. 3–12.

Hunsdiek, Detlef (1987), Unternehmensgründung als Folgeinnovation.

Jungbauer-Gans, Monika/Preisendörfer, Peter (1992), Frauen in der beruflichen Selbständigkeit – Eine erfolgversprechende Alternative zur abhängigen Beschäftigung?, in: Zeitschrift für Soziologie, Vol. 21, pp. 61–77.

Kamm, Judith B./Shuman, Jeffrey C./Seegar, John A./Nurick, Arron J. (1989), Are well-balanced teams more successful?, in: Frontiers of Entrepreneurship Research, Babson College.

Keeley, Robert H./Knapp, Robert W. (1994), Founding Conditions And Business Performance: „High Performers" vs. Small vs. Venture Capital-backed Start-ups, in: Frontiers of Entrepreneurship Research, Babson College.

Klandt, Heinz/Kirchhoff-Kestel, Sabine/Struck, Jochen (1998), Zur Wirkung der Existenzgründungsförderung auf junge Unternehmen.

Klandt, Heinz/Kirschbaum, Guenter (1985), Software- und Systemhäuser – Strategien in der Gründungs- und Frühentwicklungsphase.

Knigge, Rainer/Petschow, Ulrich (1986), Technologieorientierte Unternehmensgründungen in Berlin.

Koen, Peter A. (1999), Corporate Start-Up Funding: are the Criteria Different for Projects Obtaining More Than One Million Dollars?, in: Frontiers of Entrepreneurship Research, Babson College.

Kulicke, Marianne (1987), Technologieorientierte Unternehmen in der Bundesrepublik Deutschland.

Kulicke, Marianne (1993), Chancen und Risiken junger Technologieunternehmen. Ergebnisse des Modellversuchs „Förderung technologieorientierter Unternehmensgründungen" (TOU).

Kulicke, Marianne/Wupperfeld, Udo (1996), Beteiligungskapital für junge Technologieunternehmen – Ergebnisse eines Modellversuchs.

Lechler, Thomas/Gemünden, Hans Georg (2002), Gründerteams: Chancen und Risiken für den Unternehmenserfolg. Ergebnisse einer empirischen Untersuchung.

Müller-Böling, Detlef (1990), Partnerschaftsgründungen – Problemaufriß eines unentdeckten Forschungsfeldes, in: Arbeitskreis für Kooperation und Partizipation e.V. (ed.), Kooperatives Management, pp. 189–206.

Nathusius, Klaus (1994), Typologie Unternehmerischer Partnerschaften, in: Müller-Böling, Detlef/Nathusius, Klaus (ed.), Unternehmerische Partnerschaften, pp. 11–32.

Nolte, Heike/Bergmann, Rainer (1998), Ein Grundmodell des ressourcenorientierten Ansatzes der Unternehmensführung, in: Nolte, Heike (ed.), Aspekte ressourcenorientierter Unternehmensführung, pp. 2–27.

Obermayer, Judith H. (1982), Protection Strategies for Technical Entrepreneurs: Some Conclusions from a Survey, in: Frontiers of Entrepreneurship Research, Babson College.

Pett, Alexander (1994), Technologie- und Gründerzentren.

Picot, Arnold/Laub, Ulf-Dieter/Schneider, Dietram (1989), Innovative Unternehmensgründungen – Eine ökonomisch-empirische Analyse.

Reynolds, Paul D. (1993), High-Performance Entrepreneurship: What Makes it Different?, in: Frontiers of Entrepreneurship Research. Babson College.

Roberts, Edward B. (1991), Entrepreneurs in High Technology. Lessons from MIT and Beyond.

Roure, Juan B./Maidique, Modesto A. (1986), Linking Prefunding Factors and High-Technology Venture Success: An Exploratory Study, in: Journal of Business Venturing, Vol. 1, pp. 295–306.

Roure, Juan B./Keeley, Robert H. (1989), Comparison of Predicting Factors of Successful High Growth Technological Ventures in Europe and the USA, in: Birley, Sue (ed.), European Entrepreneurship: Emerging Growth Companies, pp. 189–222.

Seeger, Heike (1997), Ex-Post-Bewertung der Technologie- und Gründerzentren durch die erfolgreich ausgezogenen Unternehmen und Analyse der einzel- und regionalwirtschaftlichen Aspekte.

SINUS – Sozialwissenschaftliches Institut Nowak und Sörgel (1983), Neue Selbständige in Nordrhein-Westfalen. Probleme und Erfahrungen bei der Unternehmensgründung.

Steinkühler, Ralf-Hendrick (1994), Technologiezentren und Erfolg von Unternehmensgründungen.

Sternberg, Rolf (1988), Technologie- und Gründerzentren als Instrument kommunaler Wirtschaftsförderung.

Szyperski, Norbert/Kirschbaum, Guenter (1981), Unternehmensfluktuation in Nordrhein-Westfalen – Eine empirische Untersuchung zur Entwicklung von Gründungen und Liquidationen im Zeitraum von 1973 bis 1979.

Szyperski, Norbert/Klandt, Heinz (1981), The Empirical Research on Entrepreneurship in the Federal Republic of Germany, in: Frontiers of Entrepreneurship Research, Babson College.

Szyperski, Norbert/Nathusius, Klaus (1977), Probleme der Unternehmensgründung – Eine betriebswirtschaftliche Analyse unternehmerischer Startbedingungen.

Teach, Richard D./Tarpley, Fred A./Schwartz, Robert G. (1986), Software Venture Teams, in: Frontiers of Entrepreneurship Research, Babson College.

Teach, Richard D./Tarpley, Fred A./Schwartz, Robert G. (1985), Who are the Microcomputer Software Entrepreneurs? Frontiers of Entrepreneurship Research, Babson College.

Teal, Elizabeth J./Hofer, Charles W. (2001), Key Attributes of the Founding Entrepreneurial Team of Rapidly Growing New Ventures, in: Journal of Private Equity, Spring, pp. 1–13.

Ucbasaran, Deniz/Lockett, Andy/Wright, Mike/Westhead, Paul (2001), The Dynamics of Entrepreneurial Teams, paper presented at the Babson – Kauffman Entrepreneurship Research Conference, June 2001.

Wicher, Hans (1992), Innovative Teamgründungen – Entwicklung, Bedeutung, Probleme.

Wippler, Armgard (1998), Innovative Unternehmensgründungen in Deutschland und den USA.

Wupperfeld, Udo (1996), Strategien und Management von Beteiligungsgesellschaften im deutschen Seed-Capital-Markt.

Summary

This study investigates if German and US entrepreneurial teams differ in their occurrence, size, completeness, and performance. The results presented are based on a survey of more than 40 German and US empirical studies. The proportion of founding-teams compared with the total number of new venture creations is significantly higher in the USA than in Germany. In contrast to the German findings, the American results show that many American teams are complementary teams. The empirical studies given, lead to the conclusion that team-foundations show a tendency to being more successful than single-foundations. In contrast to the common wisdom that heterogeneous teams are superior to homogeneous teams, latest research shows that heterogeneity is a double edged sword: benefits of additional cognitive resources are offset by likely conflicts between the team-members.

Zusammenfassung

Der Beitrag geht der Frage nach, ob deutsche und US-amerikanische Gründerteams sich hinsichtlich Anteil, Größe, Zusammensetzung und Erfolg unterscheiden. Die vorliegenden Ergebnisse basieren auf einer Bestandsaufnahme von mehr als 40 deutschen und US-amerikanischen empirischen Studien. Es zeigt sich, daß in den USA prozentual mehr Unternehmen im Team gegründet werden als in Deutschland. Im Gegensatz zu den deutschen Befunden zeigen amerikanische Forschungsergebnisse, daß viele amerikanische Gründerteams aus komplementären Teams bestehen. Empirische Studien lassen überdies den Schluß zu, daß Teamgründungen tendenziell erfolgreicher sind als Einzelgründungen. Im Gegensatz zu der weitverbreiteten Annahme, daß heterogene Teams homogenen Teams überlegen seien, zeigen jüngste Forschungsergebnisse, daß Heterogenität als zweischneidiges Schwert gesehen werden muß: Die Vorteile zusätzlicher kognitiver Ressourcen werden durch ein größeres Konfliktpotential zwischen den Teammitgliedern aufgehoben.

20: Allgemeine Fragen der Organisationstheorie (JEL M19)
014: Volkswirtschaftlicher Rahmen (JEL P00)

Bewährte Lehrtexte + interaktiver Aufgabentrainer = gute Klausuren

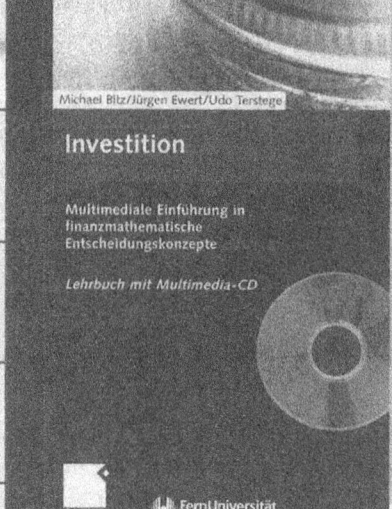

Inhalt:

Modelltheoretische und entscheidungslogische Grundlagen

Finanzmathematische Grundlagen der Investitionsrechnung

Investitionsentscheidungen auf der Basis finanzmathematischer Kennzahlen

Investitionsrechnung unter Berücksichtigung von Steuern

Investitionsrechnung unter Unsicherheit

Umgang mit den Ergebnissen einer modellgestützten Analyse

CD-ROM mit interaktiver Übungssoftware und Klausursimulationen am PC

Michael Bitz/
Jürgen Ewert/Udo Terstege
Investition
Multimediale Einführung in finanzmathmatische Entscheidungskonzepte
2002. VIII, 392 S.
CD-ROM mit multimedialem Dateikurs
Br. mit CD € 39,90
ISBN 3-409-12027-0

Das Lehrbuch und die zugehörige Lernsoftware basieren auf erprobten Lern- u Übungskonzepten und bieten eine inhaltlich und mediendidaktisch weit entwick Einführung in die Grundlagen einer auf finanzmathematische Kennzahlen gestü ten Investitionsentscheidung.

Prof. Dr. Michael Bitz, Inhaber des Lehrstuhls für BWL, insb. Bank- und Finanzwirtschaft, an der FernUniversität Hagen, leitet die Institute IFAB und IWW und ist wissenschaftlicher Leiter des MBA-Studiengangs der Allfinanz Akademie.

Dr. Jürgen Ewert ist wiss. Mitarbeiter und akad. Oberrat am Lehrstuhl für Bank und Finanzwirtschaft der FernUniversität Hagen. PD Dr. Udo Terstege ist Hochschuldozent am Lehrstuhl für Betriebswirtschaftslehre, insb. Bank- und Finanzwirtschaft, an der Universität Hagen.

Bestellung

Fax: 06 11.78 78-420

321 02 10

Ja, ich bestelle:

___ Expl. Bitz/Ewert/Terstege
Investition
2002. VIII, 392 S.
Br. mit CD E 39,90
ISBN 3-409-12027-0

Vorname und Name

Straße (bitte kein Postfach)

PLZ, Ort

Unterschrift

Änderungen vorbehalten.
Erhältlich beim Buchhandel oder beim Verlag. Abraham-Lincoln-Str. 46, 65189 Wiesbaden, Tel: 06 11.78 78-124, www.gabler.de

GABLER

Gründungs-Controlling als Erfolgsfaktor

Von Johannes Georg Bischoff

Überblick

- Gerade Start-ups mit ihren starken finanziellen Restriktionen und noch fehlenden Erfahrungswerten benötigen ein zielorientiertes Steuerungsinstrument. Die finanziellen und zeitlichen Ressourcen dafür sind meist gering. Deshalb wird im vorliegenden Beitrag für Start up's ein Controllinginstrumentarium entwickelt, das auf Grundelementen aufbaut, mit denen viele deutsche junge Unternehmen ohnehin arbeiten: Businessplan und gängige Finanzbuchhaltungssysteme. Diese Elemente lassen sich differenzieren, erweitern und kombinieren und bilden so einen ganzheitliches Steuerungsinstrument, das sowohl für konventionelle imitatorische als auch für schnell wachsende Start-ups der New Economy geeignet ist.

Eingegangen: 14. März 2002

Professor Dr. Johannes Georg Bischoff ist Steuerberater, vereidigter Buchprüfer und seit 1985 mit Rechtsanwälten, Steuerberatern und Wirtschaftsprüfern in der überörtlichen Sozietät BISCHOFF & PARTNER® GbR tätig. Johannes G. Bischoff ist Honorarprofessor für Controlling an der Bergischen Universität Wuppertal.

© Gabler-Verlag 2002

A. Einleitung

Noch vor wenigen Jahren wurde Controlling bei kleineren und mittleren Unternehmen selten eingesetzt, besonders bei Start-ups.[1] Hier ist ein großer Fortschritt festzustellen. Banken und Venture Capital Gesellschaften fordern von Gründungswilligen heute regelmäßig detaillierte Gründungs- bzw. Businesspläne.[2] Und: Gründer nutzen zunehmend Gründungsplanung und aufbereitete Informationen, insbesondere aus dem Rechnungswesen, für eine ergebnisorientierte Unternehmenssteuerung.[3]

Gerade bei jungen Unternehmen ist auch die Notwendigkeit eines zielorientierten Controllings besonders groß: Sie sind am Markt noch nicht etabliert, können bei Kosten- und Leistungsstruktur noch nicht auf mehrjährige Erfahrungswerte zurückgreifen und unterliegen dabei in der Regel aufgrund ihrer begrenzten Eigenkapitalausstattung und Fremdfinanzierungsmöglichkeiten wesentlich stärkeren finanziellen Restriktionen als etablierte Unternehmen. Sie müssen deshalb Fehlentwicklungen schnell erkennen und analysieren, um zügig geeignete Gegensteuerungsmaßnahmen ergreifen zu können. Sonst droht die Insolvenz. Die Ausfallquote wird bei Gründungen innerhalb der ersten drei bis fünf Jahre in der Literatur für Deutschland zwischen 20 % und 50 % angegeben.[4]

In diesem Beitrag soll ein Controllinginstrument dargestellt werden, das die Besonderheiten von Start-ups berücksichtigt. Dabei wurden sowohl konventionelle (imitatorische) Gründungen als auch Gründungen von Wachstumsunternehmen einbezogen. Daran anschließend werden Voraussetzungen, Möglichkeiten und Grenzen dieses Systems erörtert. Zunächst sollen aber die Begriffe Start up und Controlling abgegrenzt werden.

I. Start up's

Betrachtungsobjekt sind Start-ups[5], die als Unternehmen in der Vor-, Gründungs-, Frühentwicklungs- und der frühen Wachstumsphase definiert werden.[6]

Die Vorgründungs[7]-, oder auch kurz Vorphase, ist von elementarer Bedeutung für die Gründung eines Unternehmens und die Implementierung eines Controllings bei Start-ups. Ausgehend von der Ideengenerierung sollte diese Phase vor allem die Erstellung der Unternehmenskonzeption und des Businessplanes umfassen. Die Vorphase dient damit der gedanklichen Vorwegnahme der künftigen Existenzgründung und der Fixierung der Zielvorstellungen.[8]

Die Gründungsphase umfasst die Gesamtheit derjenigen Maßnahmen, die ein Unternehmen entstehen lässt[9] und endet mit der formalrechtlichen Gründung.

Die Frühentwicklungsphase kennzeichnet, dass sich das betreffende Unternehmen im Aufbau befindet oder „. . . seit kurzem im Geschäft (ist) und . . . seine Produkte noch nicht oder noch nicht im größeren Umfang verkauft (hat)."[10] Die anschließende Wachstumsphase endet mit der Konsolidierung und Etablierung der Unternehmung am Markt.

Die Übergänge zwischen den einzelnen Phasen sind oftmals fließend. Der Zeitraum von der Gründung bis zur Etablierung am Markt beträgt erfahrungsgemäß bei den meisten Unternehmungen drei bis fünf Jahre.

Start-ups unterscheiden sich sowohl in quantitativen als auch qualitativen Merkmalen von etablierten Unternehmen:[11]

Nach den Erhebungen der Deutschen Ausgleichsbank für die Jahre 1994 bis 1997 investieren Start-ups vor allem zum Zeitpunkt der Gründung und beschäftigen nach zwei Jahren im Durchschnitt 6,5 Mitarbeiter.[12] Nach drei Jahren haben Start up's im Durchschnitt einen Umsatz zwischen 0,6 und 0,8 Mio. € und erst die Hälfte von ihnen erzielt einen Gewinn von über 15 T€ (gerundet) pro Jahr.[13]

Start-ups kämpfen mit unzureichenden Informationen über Beschaffungsmöglichkeiten, Abhängigkeiten von Lieferanten und ungünstigen Konditionen.[14] Beim <u>Absatz</u> fehlt noch die Akzeptanz als kompetenter Marktpartner. Eine realistische Bestimmung des Nachfragekreises und Nachfragepotentials sowie Preisgestaltung und Kalkulation ist für sie noch schwierig. Qualifzierte Mitarbeiter müssen sie erst noch finden und die Fluktuationsrate ist erfahrungsgemäß besonders hoch. Der Aufbau eines die Kapazitäten auslastenden Vertriebes ist eine oft unterschätzte Herausforderung. Bei alledem ist die Liquidität knapp. Anfangsinvestitionen und Vorlaufkosten sind zu finanzieren. Die Eigenkapitalquote ist unterdurchschnittlich und die Finanzierung häufig nicht fristenkongruent. Das Zahlungsverhalten der jeweils konkreten Kunden kann noch nicht beurteilt und daher der Forderungsbestand auch noch nicht – wie bei etablierten Unternehmen – gesteuert werden. In den kaufmännischen Strukturen und im Rechnungswesen sind oft große Defizite festzustellen – selbst bei jungen börsennotierten Unternehmen.

II. Besonderheiten bei Gründungen von Wachstumsunternehmen

In der Vergangenheit wurden immer wieder die unzureichenden Möglichkeiten der Finanzierung von jungen Wachstumsunternehmen festgestellt.[15] So sahen 77 % aller wachstumsstarken Start up's nach einer DtA-Studie in der mangelnden Kapitalausstattung das zentrale Hemmnis (weit vor Absatzproblemen 19,1 %).[16]

Mit einer Einführung des Marktsegments „Neuer Markt" 1998 hat sich in Deutschland eine eigenständige Kultur für Start-ups mit ambitionierten Wachstumszielen gebildet. Dies resultiert daraus, dass der neu entstandene „Markt für Beteilgungen an Wachstumsunternehmen" andere Anforderungen an die Start up's stellt als z.B. die Kreditinstitute, die konventionelle (imitatorische) Gründungen finanzieren. Es fließen hohe Finanzmittel in Form von Eigenkapital in eine Produktidee mit vermutet hohem Marktpotential. In der Praxis dominieren bei diesen Wachstumsunternehmen die (Kleine) AG und die GmbH als Rechtsformen.

Entscheidende Faktoren für die Investoren sind schnell wachsende Zielmärkte „time to market" und das Potential, innerhalb kürzester Zeit eine tragfähige Infrastruktur aufzubauen, die dem rasanten geplanten Wachstum standhält. Oft unbeachtet bleiben bei Gründern und Investoren die hohe Anforderung an die Elastizität der Unternehmensstruktur, das Rechnungswesen und auch das Controlling.

Bis zum Ende der Frühentwicklungsphase besteht bei vielen Wachstumsunternehmen noch wenig Nähe zum tatsächlich geplanten Geschäft und zur Kundengruppe.[17]

Deutlich werden die Besonderheiten der jungen Wachstumsunternehmen bei einem Vergleich mit konventionellen (imitatorischen) Gründungen:

Konventionelle imitatorische Gründungen (z.B. im Einzelhandel, Handwerk oder in freien Berufen) werden üblicherweise mit Eigenmitteln finanziert, ergänzt um Finanzierungen vor allem durch Kreditinstitute. Ein Großteil der Finanzierungen durch Kreditinstitute sind „öffentliche Finanzierungen", d.h. Finanzierungen, die unmittelbar bzw. refinanziert durch Institute mit öffentlichem Auftrag (wie z.B. die Deutsche Ausgleichsbank, KfW oder Landesbanken) erfolgen. Ein wesentliches Ziel des Gründers liegt bei konventionellen Gründungen darin, sich eine Grundlage für eine tragfähige Vollexistenz zu sichern. Die Finanzierung zu Beginn des Unternehmens soll den Finanzbedarf der ersten Jahre völlig absichern und die Liquidität sicherstellen. Angestrebt wird im Allgemeinen eine möglichst schnelle Erreichung des Break Evens und der Kapitaldienstfähigkeit.

Völlig anders bei Start-ups der New Economy: Sie sind fokussiert auf die schnelle Besetzung von dynamisch wachsenden neuen Marktsegmenten. Daraus resultieren hohe Aufwendungen für die schnelle Schaffung von Strukturen und den schnellen Markteintritt. Die hohen Entwicklungs- und Kommunikationsaufwendungen für die Markterschließung stehen dem kurzfristigen Erreichen des Break Evens entgegen. Im Allgemeinen sind solche Start up's bis in die frühe Wachstumsphase hinein durch eine hohe monatliche liquiditätsmäßige Unterdeckung gekennzeichnet.

Die Höhe des Finanzbedarfs und die oft extremen unternehmerischen Risiken bei Gründung von Wachstumsunternehmen machen in der Praxis eine übliche Gründungsfinanzierung durch Kreditinstitute unmöglich. Die Lücke schließen sog. „Start up-" und „Seed-" und „First-Stage-Finanzierungen" von Venture Capital-Gesellschaften.[18]

Hierzu wird das Start-up-Unternehmen bzw. die Gründungsidee zunächst bewertet.[19] Auf der Basis dieser Bewertungen führen Venture Capital Gesellschaften Eigenkapital gegen eine Beteiligung am Unternehmen meist in der Form einer Kapitalerhöhung, teilweise kombiniert mit einer atypisch stillen Beteiligung, zu.

Wegen der hohen Risiken sind Venture Capital Gesellschaften zu Beteiligungen an Start-ups der New Economy nur bereit, wenn sie bei planmäßigem Verlauf davon ausgehen können, hohe Wertsteigerungen der Beteiligungen in einem überschaubaren Zeitraum zu realisieren. Denn realisierte Wertsteigerungen sollen nicht nur eine risikogerechte Verzinsung des investierten Kapitals, sondern auch die hohen Akquisitions- und Betreuungsaufwendungen der Verture Capital-Gesellschaften abdecken. Deshalb kommt in der Praxis der „Exit-Strategie" besondere Bedeutung zu. Oder umgekehrt formuliert: Start up's mit hohen Wachstumszielen sind in aller Regel nur finanzierbar, wenn aufgrund der Businessplanung für Kapitalgeber Möglichkeiten von deutlichen Wertsteigerungen ihrer Beteiligung in den nächsten zwei bis fünf Jahren plausibel dargestellt werden.[20]

„Exit-Kanäle" sind dabei „Trade Sale", Börsengang des Unternehmens (Initial Public Offering), „Secondary Purchase" und „Buy Back" durch die verbleibenden Gesellschafter.[21] Erfahren – wie in den euphorischen Jahren 1998 bis 2000 – junge Wachstumsunternehmen am Markt (insbesondere an der Börse) hohe Bewertungen, erleichtert dies die Finanzierung von Start-ups. Bricht der Neue Markt – wie 2000/2001 – ein, so erschwert dies den „Exit" der Venture Capital Gesellschafter. Damit sinkt die Bereitschaft, Start-ups in der notwendigen Höhe mit Beteiligungskapital auszustatten.

III. Controlling

Der Begriff Controlling wird in der betriebswirtschaftlichen Literatur nicht einheitlich definiert. Eine Übersetzung des Begriffes Controlling mit „Kontrolle" wird heute aber weitgehend abgelehnt und stattdessen aus „to controll" im Sinne von beaufsichtigen, beherrschen oder steuern abgeleitet.[22]

Hier wird Controlling als ein informationsverarbeitendes integriertes Regelkreissystem[23] verstanden, dessen Aufgabe in der „... informationellen Sicherung ergebnisorientierter Planung, Steuerung und Kontrolle des Unternehmensgeschehens"[24] besteht. Hiermit verbunden nimmt das Controlling vielfach eine Integrations- und grundsätzlich eine Koordinationsfunktion wahr.[25]

„Planung und Kontrolle bzw. Steuerung des Aufbaus erster oder neuer Geschäftsfelder einer Unternehmung mit dem Ziel, stabile Arbeits- und Erfolgspotentiale zur Erfolgs- und Existenzsicherung zu installieren, ist Aufgabe des Gründungscontrollings als einem grundlegenden Bereich der Entwicklungssteuerung einer Unternehmung."[26]

Controlling bei Start-ups dient also der ergebnisorientierten Steuerung von Unternehmen in der Vor-, Gründungs-, Frühentwicklungs- und frühen Wachstumsphase. Es wird – wie z.B. das Sanierungscontrolling – ein Teilbereich des Entwicklungscontrollings.[27]

B. Die Darstellung eines Controllinginstrumentes für Start up's

Damit Controlling gerade bei Start-ups mit seinen speziellen Problemstellungen der Unternehmensführung als Betriebsführungshilfe dienen kann, ist es notwendig, ein an den Finanz- und Erfolgsgrößen orientiertes, aber zunächst nicht zu komplexes Controllinginstrument zu entwickeln, das mit dem Unternehmen wächst. Im Folgenden sollen die Möglichkeiten gezeigt werden, die Start-ups bieten.

Abb. 1: Phasen des Controllings

1. Gründungsplanung	• *Konkrete Beschreibung des Gründungsvorhabens* • *Erarbeitung von Zielgrößen mit Vorgabecharakter*
2. Kontrolle	• *Aufbereitung von Ist-Daten in einer kontrollfähigen Form* • *Gegenüberstellung der Soll- und Ist-Größen*
3. Abweichungsanalyse	• *Ermittlung der Abweichungen* • *Analyse der Abweichungsursachen*
4. Gegensteuerung	• *Entwicklung von konkreten Handlungsalternativen*

I. Zielformulierungen im Business- bzw. Gründungsplan

Grundlage jedes Controllings von Start-ups ist die Erarbeitung von Zielgrößen mit Vorgabecharakter in Form von operationalen Sollwerten. Die hierzu erforderliche gedankliche und systematische Vorwegnahme zukünftiger Entwicklungen der neu zu gründenden Unternehmung kann als Gründungs- oder Businessplanung bezeichnet werden.[28] Entsprechend einer prozessorientierten und einer instrumentellen Würdigung können hierbei einerseits der Ablauf des Planungsprozesses selbst sowie andererseits Inhalt und Ergebnis der planerischen Arbeit zum Gegenstand der Betrachtung gemacht werden.

Eine Besonderheit der Gründungsplanung ist, dass die zu ermittelnden operationalen Zielgrößen nicht auf der Basis von Vergangenheitswerten aufgebaut werden können. Aufgrund der damit verbundenen erhöhten Planungsunsicherheit erfordert die Auswahl des der Planung zugrunde liegenden Datenmaterials besondere Beachtung als eigenständiges Prognose- bzw. Entscheidungsproblem.

1. Zum Problem der Datengewinnung bei der Gründungsplanung

Eine wichtige Informationsquelle bei der Gründungsplanung stellen die Einschätzungen und Erwartungen der/des Gründer/s dar, die ohne weitergehende Informationsgewinnungsaktivitäten in der Regel auf bisherigen Erfahrungen in angestellten Arbeitsverhältnissen und auf der gedanklichen Analyse mit dem Gründungsvorhaben beruhen.

Die systematische Informationsgewinnung über planungsrelevante Umweltfaktoren erfolgt auf dieser Grundlage dann durch mittelbare und unmittelbare Informationsaktivitäten.[29]

2. Ablaufschema und Inhalt der Gründungsplanung

Jede ablauforientierte Strukturierung des Planungsprozesses hat drei Zielsetzungen:

- Erhöhung der Planungssicherheit,
- Erzielung von Übereinstimmung der Teilpläne durch systematischen Abgleich sowie
- ungewollte Entwicklungen der geplanten Gründung erkennen und vermeiden, bevor sie entstanden sind („Feed-forward-Denken"[30]).

Dem ersten Ziel dient die Einbeziehung einer Mehrzahl von Instanzen in den Planungsprozess, um die Informationsbasis zu verbreiten und die Plausibilität der Planung zu erhöhen. Dem zweiten und dritten Ziel dient vor allem das mehrfache Durchlaufen derselben Planungsprozedur in Form von sogenannten „Planungsrunden".

Aufgrund der im Datenbedarf begründeten Zusammenhänge zwischen den einzelnen Teilplänen existiert eine Planungslogik, welche die Struktur des Planungsprozesses weitgehend bestimmt:

Ein vollständiger Gründungsplan wird alle Funktionsbereiche der zu gründenden Unternehmung umfassen. Die Gliederung in Funktionsbereiche impliziert die *Zerlegung des Gründungsplans in Teilpläne*[31], die im Verlauf des Planungsprozesses zur Übereinstimmung gebracht werden müssen. Eine funktionale Gliederung hat sich für den Gründungsplan als die geeignetste Form erwiesen – mit Ausnahme der selteneren Fälle, in denen die Gründung einer Mehrproduktunternehmung oder der Aufbau mehrerer, regionaler Unternehmungseinheiten vorgesehen sind. Der Planungshorizont wird i. d. R. bei zwei bis fünf Jahren liegen, wobei eine Entscheidung für einen längeren Planungszeitraum den Vorzug hat, dass nicht nur die Gründungsphase, sondern auch die mittelfristige Zielsetzung der Unternehmung – Größe und Ertragskraft betreffend – dokumentiert werden.

Ein übergreifender Teilplan, der die ökonomischen Konsequenzen aller übrigen Teilpläne widerspiegelt – und sich daher als zentrales Element eines Controllinginstrumentes besonders eignet – ist der *Finanz- und Erfolgsplan*, der hier näher betrachtet werden soll. Dieser besteht aus zwei sich gegenseitig bedingenden Einheiten, und zwar einer Ergebnis- und einer Liquiditätskomponente.

Für beide Komponenten sind zwei unterschiedliche Betrachtungsweisen möglich:

Die bilanzielle bestandsgrößenorientierte sowie die an Bewegungsgrößen orientierte Analyse (pagatorische sowie kosten- und ertragsorientierte Betrachtungsweise). Eine Unterscheidung der beiden Analyseformen soll im Rahmen der Darstellung der Liquiditätsplanung vorgenommen werden. Zunächst soll jedoch die Ergebnisplanung betrachtet werden:

Die Ergebnisplanung enthält zur Erfassung der kapazitätsbestimmenden Faktoren zunächst einen Investitions- und einen Personalbedarfsplan, aus dem die Abschreibungs- und Personalkostenplanungen abgeleitet werden, wobei die Personalkosten aus Vereinfachungsgründen i.d.R. weitgehend als fix angesehen werden. Weiterhin sind die laufenden fixen Aufwendungen des Geschäftsbetriebes nach Kostenarten (und in Ausnahmefällen zusätzlich nach Kostenstellen) zu gliedern.

Diese Teilpläne (Investitions-, Personal- und Kostenplan) stehen am Anfang des Planungsprozesses, weil bei diesen Elementen von der geringsten Planungsunsicherheit ausgegangen werden kann. Nach Festlegung der Kapazitäten sind die voraussichtlich entstehenden Kosten vergleichsweise leicht zu prognostizieren.

Die Erfassung der sich aus der Kalkulation ergebenden variablen Kosten in Form von Material- oder Wareneinsatz, Roh-, Hilfs- und Betriebsstoffen, Verkaufsprovisionen etc. ermöglicht schließlich die Break-Even-Analyse [32].

Mit der Berechnung des Break-Evens sind z.B. auch Stückzahlen zur Vollkostendeckung fixiert. Hier setzt in der Praxis eine erste wichtige Prüfung der Planung auf Plausibilität ein:

- Steht die Kapazität zur Produktion der geplanten Mengen lt. Planung zur Verfügung?
- Ist der Absatz dieser Mengen zu diesem Preis realistisch?
- Bewältigt die geplante Vertriebsstruktur die notwendigen Stückzahlen?

Sehr häufig zeigen sich bereits hier konzeptionelle Schwächen am geplanten Vorhaben, die eine Überarbeitung der Planung notwendig machen.

Im nächsten Schritt der Planung werden die voraussichtlichen Erträge in der Umsatzplanung erfasst. Dieser mit den größten Unsicherheiten behaftete Planungsteil erfordert im Rahmen von Sensitivitätsanalysen häufige Prämissenvariationen, um die eventuell erheblichen Auswirkungen von Abweichungen zu erkennen.

Die Ergebnisbetrachtung steht am Ende des Planungsprozesses und erfolgt i.d.R. in einer dem Rechnungswesen angepaßten Form (Plan-Gewinn- und Plan-Verlustrechnung) unter Berücksichtigung von Finanzierungsaufwendungen, die sich erst aus der Liquiditätsplanung ergeben.

Die Liquiditätsplanung kann – wie oben bereits erwähnt – nach kumulativ-pagatorischer oder alternativ nach bilanzbezogener Methode erstellt werden.[33] Bei der pagatorischen Methode wird die Liquidität unmittelbar aus den Ein- und Auszahlungsströmen berechnet. Nach der bilanzbezogenen Methode ermittelt man sie aus Veränderungen der einzelnen Bilanzpositionen.

Für die bilanzbezogene Methode spricht die Nähe zum Rechnungswesen der Unternehmung sowie die Komplexitätsreduktion durch eine Begrenzung des Planungshorizonts.[34] Die kumulativ-pagatorische Liquiditätsplanung gestattet jedoch eine präzisere Ermittlung der Liquiditätsentwicklung über den gesamten Planungshorizont hinweg. Der Nachteil des erhöhten Datenbedarfs ist im Fall der Gründungsplanung wegen der fehlenden Notwendigkeit von Datenvorträgen zum Planungsbeginn von geringerer Bedeutung. Wird der zahlungsbezogene Liquiditätsplan bereits zum Gründungszeitpunkt erstellt, so ist auch von Anfang an eine planerische Basis vorhanden, die im Laufe des Abgleichs mit den tatsächlich bestehenden Kontensalden bei den Kreditinstituten einen Soll-Ist-Vergleich ermöglicht, der einfacher nicht sein könnte.

Die Einbeziehung von auf Gewinngrößen basierenden Ausschüttungen und Steuerzahlungen erfolgt auf der Grundlage der simultan erstellten Ergebnisplanung. Ein Beispiel für die Struktur eines Gründungsplanungsprozesses, der auch planungsnotwendige Entscheidungen über Rechtsformwahl und Finanzstruktur mit einschließt, zeigt Abb. 2.

3. Besonderheiten bei der Planung von jungen Wachstumsunternehmen: Meilensteine

Für junge Wachstumsunternehmen ist kennzeichnend, dass sie während einer längeren Entwicklungsphase noch keinerlei oder nur geringfügige Umsatzerlöse erzielen werden. Die planmäßige Verwendung der Mittel entsprechend der Businessplanung lässt sich, wie auch bei konventionellen Gründungen, recht unaufwendig planen und überwachen. Entscheidend für den weiteren Erfolg des Unternehmens am Markt ist aber, ob mit den Aufwendungen auch die geplanten Ergebnisse erreicht werden.

Während sich dies bei konventionellen Unternehmensgründungen schnell im Umsatz manifestiert, müssen für junge Wachstumsunternehmen andere „kontrollfähige" Größen – sog. Meilensteine – herangezogen werden, die z.B. den Entwicklungsstand eines neuen Produktes oder die Penetrierung im Markt dokumentieren. Bei einer Internetplattform könnten z.B. als Meilensteine Respondszahlen und Zugriffe auf die Plattform verwendet werden.

Meilensteine sind nur „controllinggeeignet", wenn sie in eindeutiger und messbarer Form Kriterien festlegen, aus denen die Unternehmensführung nachvollziehen kann, ob die Entwicklung des Unternehmens planmäßig verläuft.

Sie haben bei vielen Finanzierungskonzepten zentrale Bedeutung. Insbesondere bei „venture-finanzierten" Start-ups ist in der Praxis immer häufiger zu beobachten, dass Gründungsvorhaben stufenweise finanziert werden und der Zufluss weiterer finanzieller Mittel im Beteiligungsvertrag mit dem Erreichen bestimmter „Meilensteine" des Businessplanes verknüpft wird.[35]

Bei diesen Start-ups führen deshalb gravierende Verzögerungen beim Erreichen von „Meilensteinen" in aller Regel zu liquiditätsmäßigen Engpässen, häufig sogar zur Insol-

Abb. 2: Schritte der Gründungsplanung. Methode:
PLAN/SYSTEM, PROF. DR. BISCHOFF & PARTNER®

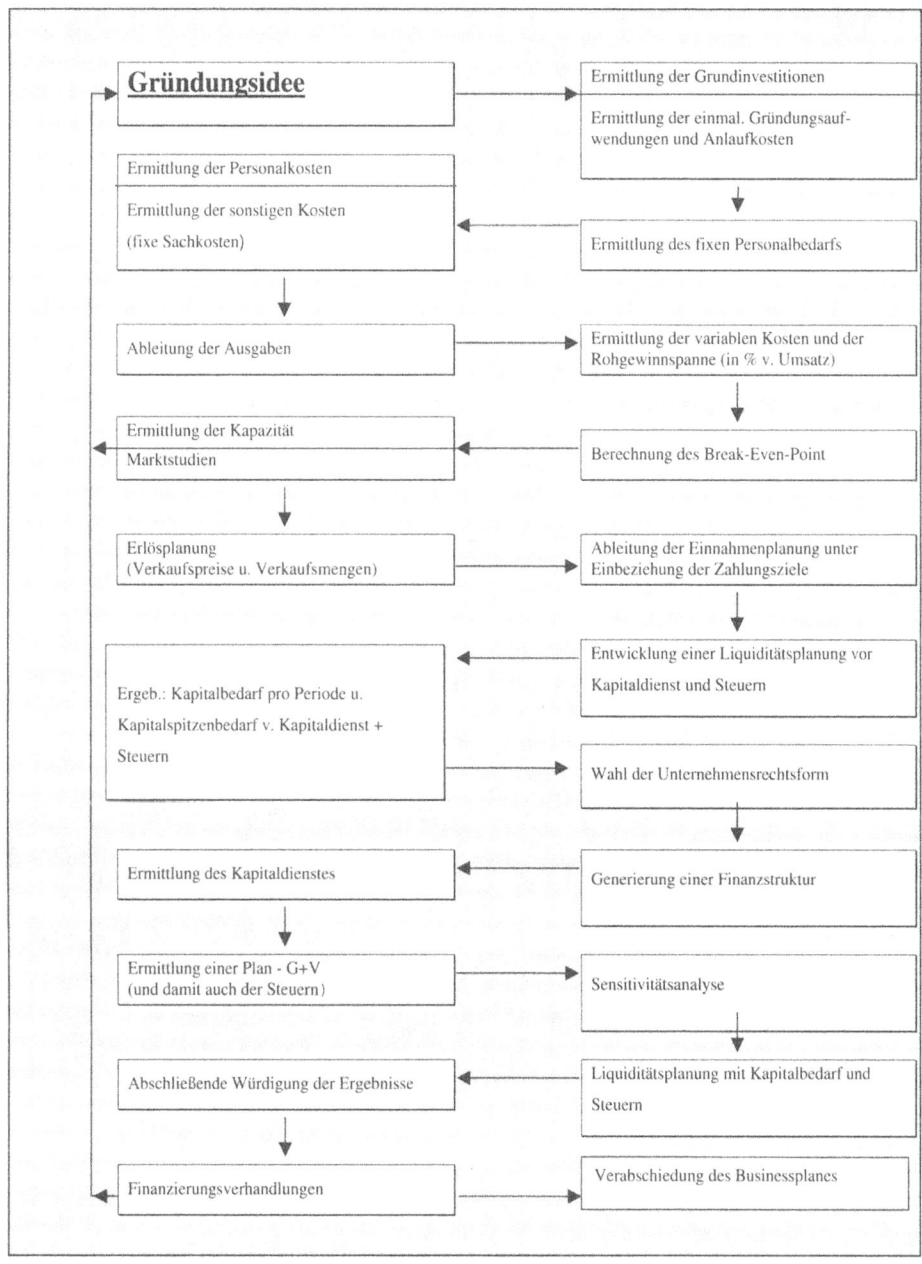

Abb.3: Finanzierungsalternativen bei GmbH's

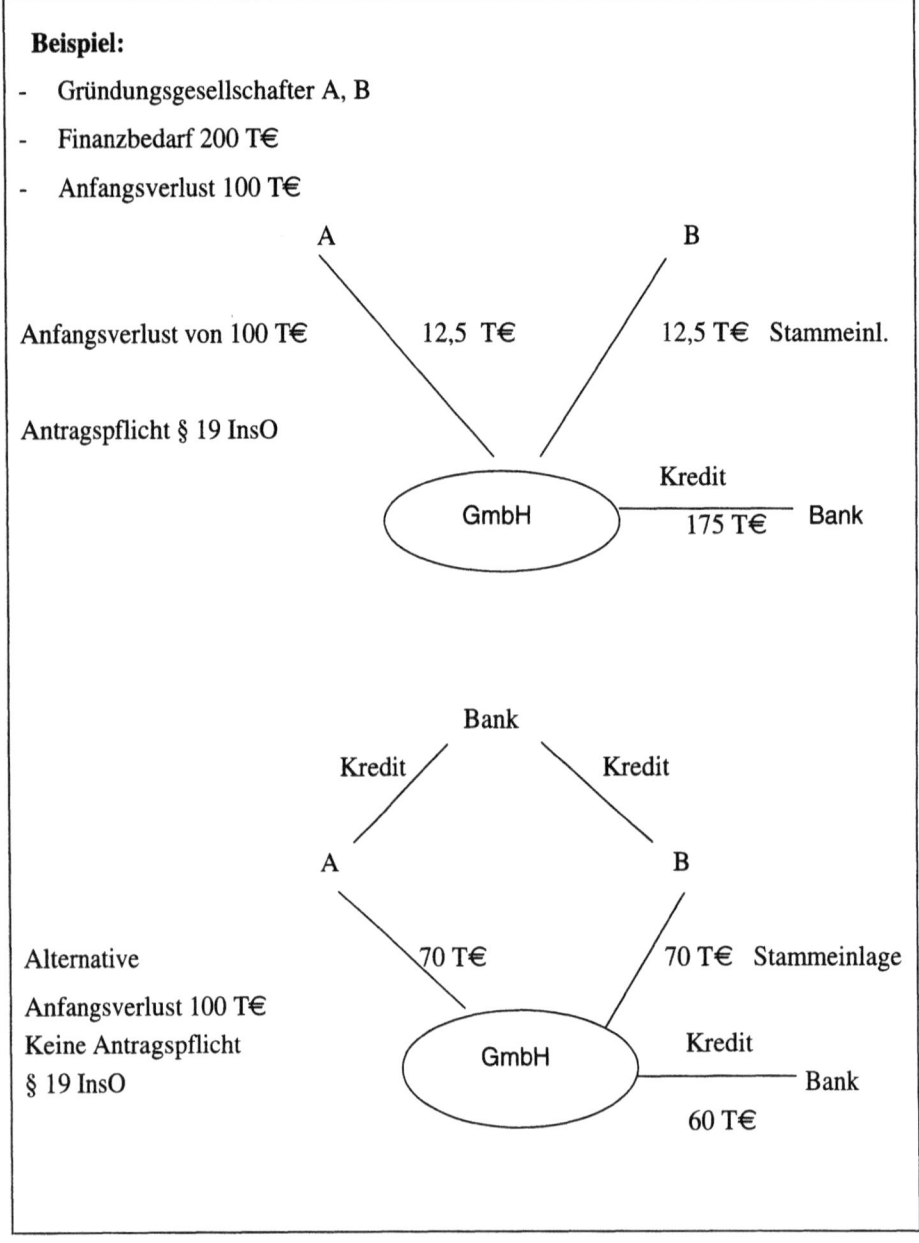

venz. Dies impliziert die Notwendigkeit einer zeitnahen Kontrolle der planmäßigen Entwicklung, um frühzeitig Verzögerungen entgegenwirken zu können – mithin also die Notwendigkeit der Einbindung von eindeutigen und messbaren Meilensteinen als ergänzende Zielgrößen in die Businessplanung und damit in das Controlling von jungen Wachstumsunternehmen.

4. Planungsfalle: § 19 InsO

Als Rechtsformen von Start up's sind die GmbH und die (Kleine) Aktiengesellschaft weit verbreitet. Bei der Finanzierung von Kapitalgesellschaften ist die Restriktion zu beachten, dass durch Anfangsverluste keine Überschuldung i. S. d. § 19 Abs. 2 InsO entsteht. Eine Untersuchung von Prof. Dr. Bischoff & Partner im Auftrage des ZDF legt die Hypothese nahe, dass hier bei Gründern, aber auch bei Kreditinstituten, noch starke Wissensdefizite bestehen.[36]

Überwiegend werden heute Gesellschaften mit beschränkter Haftung lediglich mit dem gesetzlich vorgeschriebenen Mindestkapital von 25.000,00 € ausgestattet. Bei Gründungen durch mehrere Personen wird darüber hinaus häufig von der Möglichkeit Gebrauch gemacht, nur die gesetzlich vorgeschriebene Mindesteinzahlung von 12.500,00 € (vgl. § 5 Abs. 1; § 7 Abs.2 GmbHG) einzuzahlen.[37] Der darüber hinausgehende Kapitalbedarf wird finanziert mit der GmbH als Kreditnehmer und i.d.R. mit den Gründern als Bürgen.

Eine (nicht repräsentative) Untersuchung bei 100 Gründungsvorhaben in Köln und Chemnitz hat ergeben, dass bei 91 dieser Gründungsvorhaben der Kapitalbedarf zum Teil deutlich über 25.000,00 € lag.[38] Der Finanzbedarf ergab sich aus (geplanten) Anfangsverlusten (Vorlaufkosten, Markterschließungskosten etc.), aber auch aus Investitionen und Aufbau eines Forderungsbestandes. Bei 63 der untersuchten 100 Fälle ergaben sich kumulierte Verluste in der Anfangsphase von über 50.000,00 €.

Werden solche Start-ups lediglich mit dem Mindestkapital ausgestattet, so ergibt sich eine „geplante" Überschuldung i.S.d. § 19 InsO des Start-ups. Damit besteht innerhalb des Planungszeitraumes die gesetzliche Verpflichtung, dass der Geschäftsführer bzw. Vorstand einen Antrag auf Insolvenz gemäß § 19 Abs. 1 InsO stellt.

Dies lässt sich dadurch vermeiden, dass der Finanzbedarf – zumindest teilweise – nicht durch Kredite der Kapitalgesellschaft gedeckt wird, sondern dass der Gründungsgesellschafter bzw. Aktionär _persönlich_ einen Kredit aufnimmt und diese Mittel, z.B. als Stamm- oder Grundkapital der Kapitalgesellschaft zusätzlich zur Verfügung stellt (s. Abb. 3).

Bei Wachstumsunternehmen ist die Gefahr einer Insolvenzpflicht nach § 19 InsO besonders hoch, denn ein Großteil des Finanzbedarfs wird hier für Entwicklungs- und Marketingaufwendungen verwendet. Deshalb erfolgt die langfristige Finanzierung von (Wachstums-) Start-ups häufig nur mit Beteiligungskapital (Eigenkapital).

II. Aufbereitete Informationen für Kontrolle und Abweichungsanalyse

Controlling bei Start-ups setzt voraus, dass nach Ablauf einer Betrachtungsperiode (Realisationsphase) die Ist-Daten in einer kontrollfähigen Form aufbereitet und den Zielgrößen aus dem Gründungs- bzw. Businessplan gegenübergestellt werden.

Wichtigste Informationsquelle ist bei kleineren und mittleren Unternehmen das Rechnungswesen. Bereits ein einfaches Rechnungswesen läßt sich für die Gewinnung stark differenzierter Informationen verwenden:

Fast alle gängigen Finanzbuchhaltungssysteme bieten betriebswirtschaftliche Auswertungen an. Diese Datenverdichtungen aus dem Rechnungswesen können bereits in vielen Fällen eine fundierte Übersicht z.B. über die Ertrags- und Liquiditätsentwicklung eines Unternehmens geben. In diese Auswertungen lassen sich häufig die Daten der Gründungsplanung als sogenannte Vorgabewerte speichern und in einem Soll-Ist-Vergleich Abweichungen ausweisen.

Bei vielen Start-ups ist es sinnvoll, nicht nur die Gesamtunternehmung, sondern auch steuerungsrelevante Teilbereiche, controllinggerecht abzubilden. Beispielsweise die Deckungsbeiträge einzelner Filialen, Betriebsstätten oder Produkte, aber auch Kostenvergleiche von bestimmten maschinellen Anlagen oder betriebliche Funktionen (und nicht nur von Kostenarten – wie in den meisten Standardauswertungen).

Mit Hilfe einer solchen zusätzlichen individuellen Auswertung könnte z.B. der Inhaber einer neu gegründeten Zahnarztpraxis analysieren, ob sein Eigenlabor wirtschaftlich sinnvoll ist oder er nicht besser auf ein Fremdlabor zurückgreifen sollte. Der Filialist wüsste, warum welche Filiale nicht die geplanten Deckungsbeiträge erwirtschaftet.

Das Rechnungswesen von Start-ups bietet also in den meisten Fällen gute technische Voraussetzungen für eine monatliche automatische Gegenüberstellung der Soll- und Ist-Größen sowie Ermittlung der Abweichungen in einer automatisch aufbereiteten kontrollfähigen Form. Häufig werden aber nicht ausreichend Vorkehrungen dazu getroffen, die Zahlen periodengerecht auszuweisen und sachgerecht den Zeilen der Auswertung zuzuordnen. Unterjährig werden also lediglich die Mindestanforderungen erfüllt, die sich insbesondere aus der USt-Voranmeldung für das Rechnungswesen ergeben. Typische Problembereiche dieser „Buchhaltungen" stellen z.B. dar:

– Fehlende monatliche AfA (obwohl sie sich heute problemlos aus der Anlagenbuchhaltung einspielen lassen),
– fehlende monatliche Erfassung des Wareneinsatzes,
– fehlende periodengerechte Zuordnung von Steuern, Zinsen, Versicherungs- und sonstigen Beiträgen, Eigenverbrauch und Sachbezügen sowie
– fehlende Abgrenzung von Weihnachts- und Urlaubsgeldern.

Sind diese Problembereiche nicht durch praktische organisatorische Maßnahmen geregelt, so ist der Aussagegehalt der betriebswirtschaftlichen Auswertungen äußerst gering, zum Teil sogar irreführend! So führt der Ausweis des Wareneinkaufs als Wareneinsatz (fehlende Erfassung von Bestandsveränderungen) bei periodisch stark wechselnder Lagerhaltung (z.B. Einzelhandel) zu völlig unbrauchbaren Monatsergebnissen. Die Nutzung der Auswertungen aus dem Rechnungswesen als Kontrollinstrument stellt also höhere Anforderungen an die laufende monatliche Verbuchung, als es heute immer noch in vielen jungen Unternehmungen üblich ist.

Gängige FiBu-Programme liefern neben den o.a. Ertragsauswertungen meist auch automatisch Daten über die Herkunft und Verwendung liquider Mittel (z.B. in Form von Kapitalverwendungsrechnungen). Außerdem wird i.d.R. standardmäßig die statische Liquidität zum Monatsende ermittelt. Für ein zeitnahes Finanz-Controlling empfiehlt sich zusätzlich die regelmäßige Aufbereitung eines Liquiditätsstatus anhand der Kontenstände. Diese kann manuell oder über die üblichen Programme der Kreditinstitute online erfolgen. Beides ist für Start-ups mit relativ geringem Aufwand verbunden.

Wie bereits dargestellt, werden die aufbereiteten Informationen zur Kontrolle mit den Vorgabewerten aus dem Businessplan in der BWA gegenübergestellt und Abweichungen berechnet. Diese Abweichungen lassen sich nach ihren Ursachen analysieren und schaffen damit Grundlagen für Gegensteuerungsmaßnahmen.

„Dabei lebt das Controlling nicht von richtiger Planung, sondern von der falschen."[39] Man betrachtet die Abweichungsanalyse als einen Lernprozess für die Unternehmung und für ihr Management auf der Basis von „trial and error". Die Abweichung ist das Feedback, d. h. die Rückkoppelung aus der Vergangenheit. Sie ist das Signal für notwendige Gegensteuerungen und Änderungen.[40] Mit der Abweichung auf den Gründungsplan als Feedback zwischen Zielsetzung und Realisierung wird das Controlling zu einem Regelungssystem.[41]

III. Gegensteuerungsmaßnahmen

Kontrolle und Abweichungsanalyse sind zwingende Voraussetzungen für die vierte Phase eines Controlling-Regelkreissystems – für die (Gegen-)Steuerung.

Regelmäßige Kontrolle (z.B. auf der Basis einer betriebswirtschaftlichen Auswertung mit Vergleichswerten) hat die Aufgabe, eine Gefährdung des Gesamtziels der Unternehmung frühzeitig zu erkennen. Die Abweichungsanalyse hat für die Steuerung insoweit Bedeutung, als dass sie genaue Hinweise auf Ursachen von Abweichungen und damit Ansatzpunkte für wirksame Steuerungsmaßnahmen gibt.

Gerade für Start-ups ist es von besonderer Bedeutung, schnell Gegensteuerungsmaßnahmen zu identifizieren, die den Zielerreichungsgrad kurzfristig in starkem Maße beeinflussen. Hinsichtlich der konsequenten Durchsetzung dieser Maßnahmen können sich aber spezifische Probleme und damit auch Grenzen der Gegensteuerungsmaßnahmen ergeben.

Beispiel:

Ein Internethandelshaus stellt fest, dass der Wareneinsatz um 10%-Punkte über der Businessplanung liegt. Die Planwerte wurden einem Vergleich mit Statistiken konventioneller Handelshäuser gleicher Branche entnommen. Um die kommunizierten Erwartungen der Investoren nicht zu enttäuschen und damit die nächste Finanzierungsrunde nicht zu gefährden, muss der Wareneinsatz um 10%-Punkte gesenkt werden.

Hierzu wird als eine Form der operativen Analysetechnik[43] eine ABC-Analyse der Lieferanten durchgeführt. Ziel dieser Technik ist das Erkennen von Schwerpunkten[46] im weitesten Sinne. Lieferanten werden nach den bei diesen getätigten Einkaufsumsätzen aufgelistet. Ergänzt wird diese Einkaufsliste um Preislisten der bezogenen Waren und erhaltenen Skonti. Bei dieser Analyse stellt das Internethandelshaus fest, dass bei den wichtigsten Lieferanten keine Skonto-Vereinbarungen bestehen. Trotz ausreichender Liquidität können aus organisatorischen Mängeln bei den übrigen Lieferanten die Skontofristen nicht eingehalten werden. Darüber hinaus wird durch die Einholung von Angeboten anderer Lieferanten deutlich, dass die eingekauften Waren teilweise günstiger zu beziehen sind.

Diese Problematik ist typisch für Start-ups. Laut einer Studie bezeichnen 25 % der befragten jungen Unternehmen unzureichende Informationen über den Beschaffungsmarkt als ihr Hauptproblem; hinzu kommen häufig ungünstige Konditionen wegen geringer Bestellmengen.[44]

Im vorliegenden Beispiel sind als Gegensteuerungsmaßnahmen Wechsel der Lieferanten, neue Lieferantenverhandlungen sowie ein verändertes Zahlungsverhalten notwendig.

C. Voraussetzungen, Möglichkeiten und Grenzen des dargestellten Controlling-Instrumentes in jungen Unternehmungen

Im vorangegangen Abschnitt wurde ein an den speziellen Problemstellungen von Start-ups orientiertes Controlling-Instrument dargestellt. Im folgenden Abschnitt sollen die Voraussetzungen, Möglichkeiten und Grenzen dieses Instrumentes untersucht werden.

I. Anwendungsvoraussetzungen und Einsatzmöglichkeiten

Die beiden wesentlichen Voraussetzungen des dargestellten Controlling-Instrumentes sind heute in den meisten Start-ups bereits vorhanden. Denn ambitionierte Start-ups verfügen heute in aller Regel über

(1) einen Businessplan
und
(2) ein Rechnungswesen, aus dem Informationen in der für ein Controlling notwendigen Form automatisch aufbereitet werden können.

Auf der Basis dieser Anwendungsvoraussetzungen kann die Unternehmensleitung der Start up's die Einhaltung der konkreten und im Gründungsplan dokumentierten Rentabilitätsziele zeitnah überwachen und somit frühzeitig erkannten Fehlentwicklungen gegensteuern.

Mit wenigen zusätzlich aufbereiteten Informationen lässt sich darüber hinaus auch ein Finanz-Controlling zur Überwachung der liquiditätsmäßigen Entwicklung erstellen. Zu prüfen ist, inwieweit in Einzelfällen noch Meilensteine ergänzend hinzugezogen werden sollten.

II. Systemimmanente Grenzen

Ein Controlling-Instrument, das bei den Ist-Werten im Wesentlichen auf Daten der Finanzbuchhaltung, also auf einer wertmäßigen Abbildung aller betrieblichen Vorgänge in einer Periode basiert, enthält keine mengenmäßigen und qualitativen Informationen. Dies impliziert, dass es nur in sehr begrenztem Umfang für ein Beschaffungs-, Personal-, Produktions- und Absatz-Controlling geeignet ist. Es eignet sich beispielsweise nicht zur Absicherung zentraler Anforderungen einer Unternehmung an den Beschaffungsbereich, nämlich Qualitätsanforderung, Beschaffungsmenge, Preisvorstellungen, Ort des Verbrauchs und Zeitpunkt des Bedarfs.[45] Auch den Anforderungen an ein Absatz-Controlling wird es nicht gerecht.[46] So eignet es sich weder für ein langfristiges Absatz-Controlling, beispielsweise für eine Portfolioanalyse, noch für den kurzfristigen Absatz-Controlling-Bereich, z.B. für ein Distributions- oder Werbungs-Controlling.

Diese systemimmanenten Grenzen des dargestellten Controlling-Instrumentes lassen sich bei Bedarf durch ergänzende Bereichs-Controlling-Instrumente, aber auch durch die bereits dargestellten „Meilensteine" überwinden. Mit zunehmender Größe und damit auch zunehmender Komplexität der Unternehmung erhöht sich die Notwendigkeit der Implementierung ergänzender Controlling-Instrumente. Dies gilt insbesondere für Wachstumsunternehmen. Bei den meisten imitatorischen Start-ups dagegen ist dieser Bedarf allein aus betriebsgrößenbedingten Gründen zu vernachlässigen.

III. Anwenderbezogene Grenzen

Bei stark wachstumsorientierten Start-ups ist heute eine am Businessplan orientierte Unternehmensführung – also ein Controlling – fast eine Selbstverständlichkeit.

Dagegen stößt Controlling bei traditionell geführten kleineren und mittleren Unternehmungen heute immer noch auf Akzeptanzprobleme.[47] Konventionelle (imitatorische) Gründungen sind hier keine Ausnahme.[48]

- „Mein Fingerspitzengefühl ist auch durch ein Controlling-Instrument nicht zu ersetzen."
- „Neben den zahlreichen Pflichten im Unternehmen ist es mir (dem Unternehmer) unmöglich, ein Controlling aufzubauen und konsequent durchzuführen."
- „Controlling macht die Unternehmung unflexibel."
- „Controlling ist bei uns nicht möglich, weil bei ständig wechselnden Bedingungen die Planung nie mit den Ergebnissen übereinstimmen würde."

Diese typischen Vorbehalte gegen die Einführung eines Controllings sind häufig auf unzureichende Information der Gründer und teilweise auch ihrer Berater zurückzuführen.[49] Sie sind auch ein Spiegelbild von Defiziten bei Start-ups:

Ein typisches Beispiel ist der „Zeitmangel", unter dem gerade junge Unternehmer durchweg leiden.

Die Ursachen liegen nicht nur in mangelnder Delegationsfähigkeit, sondern oft auch in der unzureichenden personellen Ausstattung begründet. Dadurch ergeben sich häufig weit überdurchschnittliche Arbeitszeiten. Dies gilt besonders für Gründer von Unternehmen mit hohen Wachstumszielen: Man kann sich nicht des Eindrucks erwehren, dass gerade hier ein über jedes vernünftige Maß hinausgehender Arbeitseinsatz inzwischen Normalität ist.

Folge: Aktionismus, fehlende Distanz vom Operativen und vermeintlich fehlende Freiräume für eine fundierte ergebnisorientierte Steuerung sowie strategische Ausrichtung des jungen Unternehmens.

In den Vorbehalten kommt aber auch ein Missverständnis zum Ausdruck: Controlling wird fehlinterpretiert als starres System, welches dem Unternehmer keine Möglichkeit mehr lässt, „eigene" Ideen und Vorstellungen durchzusetzen. Hinter der vermeintlichen Flexibilität von Start-ups ohne Unterstützung durch Controlling-Instrumente verbergen sich oft nur unsystematische ad-hoc-Entscheidungen als verspätete Reaktionen auf bereits eingetretene Fehlentwicklungen. Fundiertes flexibles Handeln erfordert klare Vorgaben und Kenntnisse über eventuelle Abweichungen, um zielorientiert Steuerungsmaßnahmen ergreifen zu können.

Es wäre zu wünschen, dass in der Praxis die Bedeutung von Controlling auch für konventionelle imitatorische Start-ups stärker erkannt würde. Die Unterstützung der Geschäftsleitung eines Start-ups durch dieses Instrument geht weit über das hinaus, was isolierte Ist-Informationen des Rechnungswesens bieten. Wie der Flugplan einem Piloten den Weg zum Ziel zeigt, unterstützt Controlling die Unternehmensleitung des Start-ups: Es hilft ihr, das Unternehmen auf dem geplanten Kurs zu halten, zeigt ungewollte Entwicklungen frühzeitig auf und liefert fundierte Informationen zu Gegensteuerungsmaßnahmen. Damit ermöglicht es, bereits Start-ups professionell und ergebnisorientiert zu führen. Richtig eingesetzt gibt es Transparenz, Sicherheit und Ordnung nicht nur für die Unternehmensleitung, sondern auch für die Finanziers. Und: die zusätzlichen zeitlichen und finanziellen Ressourcen für dieses Instrument sind gering.

Der Abbau der dargestellten Vorbehalte vieler Jungunternehmer gegen Controlling bleibt ein weites Feld für die betriebswirtschaftliche Praxis.

Anmerkungen

1 Vgl. Horváth (Controlling), S. 70; Bischoff (Controlling), S. 93.
2 Vgl. Bischoff/Breitbach/Zelter (Selbstständigkeit), S. 9 ff.
3 Vgl. Mittendorfer (Venture Capital und Private Equity), S. 48.
4 Vgl. dazu – statt aller Strunk (Gründungsstatistiken), S. 14 ff. und S. 52 ff., der je nach Einigung des Begriffes Start up weit niedrigere Risiken ermittelt hat.
5 Start up also wird synonym mit dem Begriff „junge Unternehmung" verwandt; Vgl. dazu auch Bischoff (Controlling), S. 94 ff.
6 Nicht Betrachtungsgegenstand sind also sog. „derivative" Unternehmensgründungen; Vgl. dazu auch Struck (Gründungsstatistik), S. 5 ff.
7 Vgl. Nathusius (Venture Capital), S. 181.
8 Vgl. Volkmann (Führung in wachsenden Unternehmen), S. 287.
9 Vgl. Bischoff/Breitbach/Zelter (Selbstständigkeit), S. 153.
10 Vgl. Deutsche Bundesbank (Monatsbericht 10/2000), S. 17.
11 Vgl. Hundsiek/May-Strobel (Entwicklungslinien).
12 Vgl. Heill (Erfolgsfaktoren), S. 18.
13 Vgl. Heill (Erfolgsfaktoren), S. 13.
14 Vgl. Hundsiek/May-Strobel (Entwicklungslinien), S. 75.
15 Vgl. Heill (Erfolgsfaktoren), S. 35.
16 Vgl. Heill (Erfolgsfaktoren), S. 35.
17 Interne Analyse der Prof. Dr. Bischoff Unternehmensberatungs AG bei 25 jungen Wachstumsunternehmen in Deutschland.
18 Vgl. Nathusius (Venture Capital), S. 180 ff.
19 Vgl. Auge-Dickhut/Moser/Widmann (Praxis der Unternehmensbewertung), Kap. 4.3..
20 Vgl. zu den Renditeerwartungen: Nathusius (Venture Capital), S. 192 ff..
21 Vgl. Nathusius (Venture Capital), S. 195.
22 Vgl. Mann (Controlling), Sp. 220.
23 Vgl. Mann (Controlling), Sp. 221.
24 Hahn (Unternehmensführung), S. 1135.
25 Vgl. Hahn (Unternehmensführung), S. 1135.

26 Matthes (Gründungscontrolling), S. 321.
27 Nur der Vollständigkeit halber: Entwicklungscontrolling wird als ein Controllingansatz verstanden, der auf die besonderen Anforderungen von Unternehmen in einzelne Entwicklungsphasen angepasst wurde.
28 Vgl. Bischoff/Breitbach/Zelter (Selbstständigkeit), S. 8.
29 Weiterführend dazu Bischoff (Controlling), S. 96 ff.
30 Vgl. Mann (Controlling), Sp. 225.
31 Vgl. Bischoff/Breitbach/Zelter (Selbstständigkeit), S. 11 ff.
32 Vgl. Bischoff/Breitbach/Zelter (Selbstständigkeit), S. 14.
33 Vgl. Franke/Hax (Finanzwirtschaft), S. 56 ff.
34 Vgl. Franke/Hax (Finanzwirtschaft), S. 56 ff.
35 Vgl. Weitnauer (Handbuch Venture Capital), S. 123.
36 Die Untersuchung wurde im Magazin WISO am 08. März 1999 ausgestrahlt.
37 Vgl. Struck/Thomsen/Kuhn (Gründungsfinanzierung), S. 15 ff.
38 Interne Studie der Prof. Dr. Bischoff Unternehmensberatungs AG; zu Ähnlichen Ergebnissen kommt auch Pinkwart für den Siegener Raum, wonach knapp 50% bei der Gründung einen Kapitalbedarf von über 100TDM hatten und nur 7% von bis zu 30TDM. Das arithmetische Mittel betrug 76TDM.@TITEL: Vgl. Pinkwart (Einflussbedingungen)
39 Mann (Controlling), Sp. 225.
40 Vgl. Mann (Controlling), Sp. 225.
41 Vgl. Mann (Controlling), Sp. 225.
42 Vgl. Lachnit (Unternehmensführung), S. 36.
43 Vgl. Peemöller (Controlling), S. 54.
44 Vgl. Hundsiek/May-Strobel (Entwicklungslinien), S. 75.
45 Vgl. Reichmann (Controlling), S. 257 ff.
46 Vgl. Reichmann (Controlling), S. 251 ff.
47 Vgl. Ihring (Einführung), S. 27 ff.
48 Basierend aus den in Endnote 1) dargestellten Erfahrungen
49 Vgl. Bischoff/Breitbach/Zelter (Selbständigkeit), S. 97 ff.

Literatur

Auge-Dickhut, S./Moser, U./Widmann, B. (Praxis der Unternehmensbewertung): Praxis der Unternehmensbewertung, Lanzberg/Lech 2001.
Bischoff, J. G.(Controlling): Operatives Controlling bei jungen Unternehmungen, in: Federmann, R. : Betriebswirtschaftslehre, Unternehmenspolitik und Unternehmensbesteuerung – Gerhard Mann zum 65. Geburtstag, Berlin 1993, S. 93–107.
Bischoff/Breitbach/Zelter (Der Schritt in die Selbständigkeit): Der Schritt in die Selbständigkeit, 5. Aufl., Köln 1995.
DATEV (FIBU-Anwenderbuch): FIBU-Anwenderbuch, Lose-Blattsammlung, o.O., o.J.
Deutsche Bundesbank Monatsbericht 10/2000.
Franke, G./Hax, H. (Finanzwirtschaft): Finanzwirtschaft des Unternehmens am Kapitalmarkt, Berlin, Heidelberg 1988.
Hahn, D. (Unternehmensführung): Integrierte und flexible Unternehmungsführung durch computergestütztes Controlling, in: Zeitschrift für Betriebswirtschaft, 59. Jg., 1989, S. 1135–1158.
Heil, H. (Erfolgsfaktoren von Wachstumsführern): Erfolgsfaktoren von Wachstumsführern, Bonn 1999.
Horváth, P. (Controlling): Controlling, 7. Aufl., München 1999.
Hundsiek, D./May-Strobel, E. (Entwicklungslinien): Entwicklungslinien und Entwicklungsrisiken neu gegründeter Unternehmen, in: Schriften zu Mittelstandsforschung NF Nr.9, Stuttgart 1986.
Ihring, H. C. (Einführung): Einführung in das Controlling für Mittelstandsunternehmen, Schriften des Österreichischen Controller-Instituts, Band 3, Wien 1986.

Lachnit, L. (Unternehmensführung): EDV-gestützte Unternehmensführung in mittelständischen Betrieben, Controlling-Systeme zur integrierten Erfolgs- und Finanzlenkung auf operativer und strategischer Basis, München 1989.

Mann, R. (Controlling): Controlling und Planung, in: Handwörterbuch der Planung, Stuttgart 1989, Sp. 219–228.

Matthes, W. (Gründungscontrolling): Gründungscontrolling zur Sicherung des Unternehmenserfolges, in: Koch/Zacharias (Hrsg.): Gründungsmanagement, München 2001, S. 321–340.

Mittendorfer, R. (Venture Capital und Private Equity): Die Szenerie der Investoren, in Stadler, W. (Hrsg.): Venture Capital und Private Equity, Köln 2000, S. 43–72.

Nathusius, K. (Venture Capital): Eigenkapitalfinanzierung durch Venture Capital, in: Koch/Zacharias (Hrsg.): Gründungsmanagement, München 2001, S. 177–196.

Nelles, M./Rocke, R.(Gründungsfinanzierung): Gründungsfinanzierung, in: Koch/Zacharias (Hrsg.): Gründungsmanagement, München 2001, S. 163–176.

Peemöller, V. H. (Controlling): Praktisches Lehrbuch Controlling und betriebliche Prüfung, München 1978.

Pinkwart, A. (Einflussbedingungen): Gründungsrelevante Einflussbedingungen in der Siegener Region, Band 1, Siegen 2001.

Reichmann, T. (Controlling): Controlling mit Kennzahlen, München 1985.

Struck, J. (Gründungsstatistiken): Quo vadis Gründungsstatistik?, Berlin 1999.

Struck, J./Thomsen, U./Kuhn, C. (Gründungsfinanzierung): Gründungsfinanzierung und Überbrückungsgeld- Zwei Förderansätze, eine Zielgruppe?, Berlin 1998.

Volkmann, C. K.: Führung in wachsenden Unternehmen in: Koch/Zacharias (Hrsg.): Gründungsmanagement, München 2001, S. 283–298.

Weitnauer, W. (Handbuch Venture Capital): Handbuch Venture Capital, München 2000.

Witt, F.-J. (Controlling): Controlling, Stuttgart 2000.

Zusammenfassung

Im vorliegenden Beitrag wird ein Controllinginstrumentarium für Start up's entwickelt. Es baut auf Grundelementen auf, mit denen viele deutsche junge Unternehmen ohnehin arbeiten: Businessplan und gängige Finanzbuchhaltungssysteme. Entsprechend den Rahmenbedingungen des jeweiligen Start up's lassen sich diese Elemente differenzieren, erweitern und kombinieren und bilden so ein ganzheitliches Steuerungsinstrument. Betrachtungsobjekte sind nicht nur konventionelle Start up's, sondern auch junge Wachstumsunternehmen der New Economy. Bei der Businessplanung werden neben den Schritten der Finanz- und Ertragsplanung von Start up's auch z.B. die Einbeziehung von Meilensteinen und praktische Lösungen zur Vermeidung von § 19 InsO bei geplanten Kapitalgesellschaften beschrieben. Der Beitrag schließt mit einer Untersuchung der Voraussetzungen, Möglichkeiten und Grenzen des Controllings bei Start up's.

Summary

In this essay we develop a controlling instrument for start-up firms. It consists of basic elements which many new German entrepreneurs apply: business plans and common systems of financial accountancy. Corresponding to the context of a particular firm these elements are able to be differentiated, completed and combined and hence represent an entire controlling instrument. Objects of examination are not only conventional start-up firms but also new quickly growing companies of the New Economy. The business planning process involves besides the steps of finance and yield planning additionally, for example, the inclusion of milestones and practical solutions of avoidance of § 19 German Insolvency Act (§ 19 Insolvenzordnung (InsO)) of planned capital companies. The essay concludes with an examination of prerequisites, possibilities and limits of controlling of start-up firms.

84: Planungsrechnung und Controlling (JEL M49)

Kompakt und aktuell: Die Grundlagen der VW

Inhalt:

Die wichtigsten Begriffe der Volkswirtschaft

Die Klassische und Keynesianische Lehre

Den Monetarismus und die Neoklassisk

Die Neue Politische Ökonomie

Die Institutionenökonomie sowie alle wesentlichen Begriffe der Wirschaftspolitik.

Gabler Kompakt-Lexikon Volkswirtschaft

3.500 Begriffe nachschlagen, verstehen, anwenden
2002. X, 490 S.
Br. € 24,90
ISBN 3-409-11803-9

Zu Beginn ihres Studiums werden Studenten der VWL und auch der BWL mit einer Vielzahl von volkswirtschaftlichen Begriffen konfronti die ihnen neu sind. Im Kompakt-Lexikon Volkswirtschaft werden einfach und anschaulich alle Grundlagen erklärt, die man benötigt, um Zusammenhänge der Volkswirtschaftslehre zu verstehen.

Bearbeitet von Prof. Dr. Dirk Piekenbrock, Professor für Volkswirtschaftslehre und Fachleiter Handel an der Berufsakademie Mannheim.

Bestellung

Fax: 06 11.78 78-420

Ja, ich bestelle:

Expl. **Gabler Kompakt-Lexikon Volkswirtschaft**
2002. X, 490 S.
Br. € 24,90
ISBN 3-409-11803-9

Vorname und Name

Straße (bitte kein Postfach)

PLZ, Ort

Unterschrift

Änderungen vorbehalten. Erhältlich beim Buchhandel oder beim Verlag. Abraham-Lincoln-Str. 46, 65189 Wiesbaden, Tel.: 06 11.78 78-124, www.gabler.de   GABL

Einige grundsätzliche Bemerkungen zum Bewertungsproblem beim Börsengang junger Unternehmen

Von Thomas Hering und Michael Olbrich

Überblick

- Die Lösung des Bewertungsproblems beim Börsengang junger Unternehmen muss sich an den unterschiedlichen Funktionen der Wertfindung orientieren. Grundlage stellt dabei die Bestimmung der Grenzpreise von Aktienverkäufer und Investoren mittels des allgemeinen Zustands-Grenzpreismodells im Rahmen der Entscheidungsfunktion dar.

- Der Emissionspreis ergibt sich als Schiedswert im Rahmen der Vermittlungsfunktion. Seine Höhe wird von den Grenzpreisen der Parteien, der Mitwirkung der Emissionsbank im Preisfindungsverfahren und dem Verhandlungsverlauf bestimmt.

- Im Rahmen der Argumentationsfunktion generieren Verkäufer, Käufer und Bank Wertgrößen, die sie in die Preisverhandlungen mit dem Ziel einbringen, eine für sie jeweils möglichst günstige Festlegung des Schiedswerts zu erreichen.

Eingegangen: 22. November 2001

Professor Dr. habil. Thomas Hering, FernUniversität Hagen, Stiftungslehrstuhl für Betriebswirtschaftslehre, insbesondere Unternehmensgründung und Unternehmensnachfolge, Universitätsstraße 11/TGZ, 58084 Hagen (Westf.), http://www.fernuni-hagen.de/hering/.
Dipl.-Kfm. Dr. Michael Olbrich, FernUniversität Hagen, Stiftungslehrstuhl für Betriebswirtschaftslehre, insbesondere Unternehmensgründung und Unternehmensnachfolge, Universitätsstraße 11/TGZ, 58084 Hagen (Westf.), http://www.fernuni-hagen.de/hering/.

© Gabler-Verlag 2002

Thomas Hering und Michael Olbrich

A. Bewertungsfunktionen beim Börsengang junger Unternehmen

Junge Unternehmen, also solche, die sich im Rahmen ihres Lebenszyklus in der Gründungs- und Expansionsphase befinden, sind im Hinblick auf ihre Finanzierung – insbesondere im Falle kapitalintensiver Branchen wie beispielsweise der Biotechnik, der Telekommunikation oder dem elektronischen Handelsgeschäft – in aller Regel auf externe Eigenkapitalgeber angewiesen: Aufgrund der meist geringen Vermögensausstattung der Gründer selbst, der niedrigen Innenfinanzierungskraft des Unternehmens und der risikoscheuen und daher zurückhaltenden Fremdkapitalgeber sind es neben finanzkräftigen Privatleuten (sog. „business angels") insbesondere Wagniskapitalgesellschaften, die die jungen Betriebe mit der notwendigen Kapitaldecke ausstatten.[1]

Der Anlagehorizont der Wagniskapitalgesellschaft ist dabei in aller Regel nicht langfristiger Natur, sondern erstreckt sich lediglich auf einige wenige Jahre: Hat das junge Unternehmen in dieser Zeit eine attraktive Marktposition mit vielversprechenden Perspektiven für die zukünftige Geschäftsentwicklung erreicht, wählen die externen Eigenkapitalgeber meist einen Ausstieg aus ihrer Beteiligung, indem sie die Gesellschaft an die Börse bringen. Die Wagniskapitalgesellschaft veräußert ihr Aktienpaket – i.d.R. mit Hilfe einer Emissionsbank oder eines Bankenkonsortiums – an institutionelle und private Anleger und trennt sich auf diese Weise von ihrem Unternehmensanteil. Für den Gründer selbst ist der Börsengang von Vorteil, da die Präsenz seiner Gesellschaft in diesem Kapitalmarktsegment es ihm erlaubt, vergleichsweise einfach weiteres Eigenkapital im Zuge von Kapitalerhöhungen aufzunehmen, um das zukünftige Wachstum des Unternehmens zu finanzieren.[2]

Im Zuge des Börsengangs stellt sich sowohl für die Wagniskapitalgesellschaft als Verkäufer als auch für die vermittelnde Bank sowie die institutionellen und privaten Investoren als potentielle Aktienkäufer die Frage nach dem Wert der Gesellschaftsanteile und – darauf aufbauend – dem Emissionspreis der Papiere. Die Wertfindung hat sich dabei an der jeweiligen Funktion, das heißt an der Zielsetzung zu orientieren, die der Bewertende zu erfüllen hat. Eine derartige zweckorientierte Bewertung unterscheidet drei Hauptfunktionen, und zwar die Entscheidungsfunktion, die Vermittlungsfunktion und die Argumentationsfunktion:[3]

Im Rahmen der *Entscheidungsfunktion* ist es die Aufgabe des Bewertungssubjekts (Verkäufer bzw. Käufer), seine jeweilige Grenze der Konzessionsbereitschaft bezüglich der Konditionen des Eigentumsübergangs an dem durch die Aktien verkörperten Unternehmensteil zu ermitteln. Der dabei bestimmte Wert stellt den Entscheidungswert der betreffenden Partei dar. Er zeigt Verkäufer bzw. Käufer bei gegebenem Entscheidungsfeld und gegebenem Zielsystem, unter welchem Komplex von Bedingungen die Realisation einer vorgesehenen Handlung den ohne diese Handlung erreichbaren Grad der Zielerfüllung gerade noch nicht mindert. Der Entscheidungswert entspricht damit im hier nur betrachteten eindimensionalen Fall dem *Grenzpreis* des Bewertungssubjektes, das heißt demjenigen Preis, den der Aktienkäufer gerade noch zahlen kann oder den der Aktienverkäufer mindestens erhalten muss, wenn er durch die interessierende Transaktion keinen Nachteil hinnehmen möchte. Im Rahmen der *Vermittlungsfunktion* sucht der Bewerter als Schiedsgutachter den Interessenausgleich zwischen den über den Aktienpreis verhandelnden Parteien. Der aufgrund dieser Zielsetzung bestimmte Schiedswert in Form des Emissionspreises soll einen Kompromiss darstellen, der für alle Parteien zumutbar ist und ihre jeweiligen unterschiedlichen Interessenlagen wahrt. In der *Argumentationsfunktion* generieren die Parteien jeweils Werte, die gezielt der Preisverhandlung dienen: Derartige Argumentationswerte helfen der sie anwendenden Partei, ihre eigene Verhandlungsposition zu verbessern und die der Gegenpartei entsprechend zu schwächen; Ziel ist es, dadurch den interessierenden Eigentumsübergang zu Konditionen zu realisieren, die möglichst nah an der Konzessionsgrenze der Gegenseite und entsprechend fern vom eigenen Entscheidungswert liegen. Um ihre Stellung in der Verhandlung zu ihren Gunsten auszubauen, offenbart die jeweilige Partei daher der Gegenseite nicht ihren tatsächlichen Grenzpreis, sondern teilt dem Verhandlungspartner vielmehr Argumentationswerte mit, die als vermeintliche Entscheidungswerte oder Schiedswerte präsentiert werden.

Wie die angeführten Entscheidungs-, Schieds- und Argumentationswerte aus der Sicht von Wagniskapitalgesellschaft, Anlegern und Emissionsbank ermittelt werden können, arbeitet der Beitrag im Folgenden heraus.

B. Ermittlung der Entscheidungswerte beim Börsengang

I. Einigungsintervall

Eine finanzwirtschaftliche Unternehmensbewertung läuft auf die Beurteilung des künftigen, unsicheren Zahlungsstromes hinaus, der zwischen dem Unternehmen und seinen Eigentümern fließt.[4] Als Rechengröße dienen Zahlungen, und zwar die Geldausschüttungen des Unternehmens an die Anteilseigner (einschließlich eventueller Zahlungen aus Synergieeffekten, die durch das Unternehmen verursacht werden, aber außerhalb von ihm angesiedelt sind). Nach dem Theorem von Lücke können alternativ auch Gewinngrößen Verwendung finden, was aber nur bei sachgerechter Bemessung kalkulatorischer Zinsen gelingt.[5]

Im einfachsten Fall agieren die Käufer und Verkäufer auf einem vollkommenen Kapitalmarkt und können zum einheitlichen Kalkulationszins i beliebig hohe Geldbeträge anlegen oder als Kredit aufnehmen.[6] Besteht überdies keine Datenunsicherheit (oder rechnet der Bewerter fest mit dem Eintreffen seiner einwertigen Prognose), so ergibt sich der Grenzpreis oder Entscheidungswert des über die Börse zu veräußernden Unternehmensteils direkt als *Ertragswert* E (Zukunftserfolgswert) zum Kalkulationszins i, d.h. als Kapitalwert des zwischen Unternehmensteil und Bewertungssubjekt (Käufer bzw. Verkäufer) fließenden künftigen Zahlungsstroms $\mathbf{g} = (g_1, g_2, \ldots, g_t, \ldots, g_n)$.

$$E := \sum_{t=1}^{n} g_t \cdot (1+i)^{-t}.$$

Der Kauf des Unternehmensteils zum Preis p stellt für die Gesamtheit der Käufer eine vorteilhafte Investition dar, wenn der Kapitalwert C aus Sicht der Käufer nichtnegativ ist: $C_K = -p + E_K \geq 0 \Leftrightarrow p'' E_K$. Der Ertragswert E_K ist also als *kritischer Preis* die Preisobergrenze, die die Käufer gerade noch akzeptieren können, ohne dass der Kauf für sie ökonomisch nachteilig wird. Umgekehrt überlegt sich der Verkäufer, dass gelten muss: $C_V = p - E_V \geq 0 \Leftrightarrow p \geq E_V$. Für den Verkäufer bildet sein Ertragswert E_V ebenfalls den kritischen Preis, nämlich die Preisuntergrenze. Der Grenzpreis definiert in der Kalkulation beider Seiten jeweils die kritische Anfangsaus- oder -einzahlung, bei der das Vorzeichen des Kapitalwerts wechselt. Das Einigungsintervall für die Preisverhandlungen wird durch die jeweiligen Entscheidungswerte begrenzt: Im Bereich $E_V \leq p \leq E_K$ ist die Übereignung des Unternehmensteils zum Preis p für Käufer und Verkäufer ein vorteilhaftes Geschäft mit nichtnegativem Kapitalwert.[7]

Selbst wenn Käufer und Verkäufer des Unternehmensteils auf demselben Kapitalmarkt agieren und (vor Steuern) den gleichen Kalkulationszins verwenden, gelangen sie im allgemeinen nicht zum gleichen Grenzpreis, weil nicht notwendig auch die realwirtschaftlichen Gegebenheiten des jeweiligen Entscheidungsfeldes[8] übereinstimmen. Beide Seiten unterscheiden sich beispielsweise im unternehmerischen Geschick sowie in bezug auf das Synergiepotential und die steuerlichen Rahmenbedingungen (Freibeträge, Verlustvorträge, Grenzsteuersatz). Die Zahlungsreihe des Bewertungsobjekts umfasst aber neben den Ausschüttungen an das Bewertungssubjekt auch die indirekten Zahlungskonsequenzen aus den Synergieeffekten.[9] Der Unternehmensteil muss ceteris paribus für die Käufer wertvoller sein als für den Verkäufer, sonst gäbe es keinen Verhandlungsspielraum hinsichtlich des für beide Seiten akzeptablen Preises, und der Börsengang müsste verschoben werden. Ein leeres Einigungsintervall führt zum (vorläufigen) Scheitern des Börsenganges.

II. Entscheidungswert des Verkäufers

Mit Hilfe des *allgemeinen Zustands-Grenzpreismodells (ZGPM)* lassen sich Grenzpreise für junge Unternehmen auch auf dem für sie relevanten[10] unvollkommenen Kapitalmarkt ermitteln, wobei unter bestimmten Bedingungen die Ertragswertmethode ihre Gültigkeit behält. Nicht zuletzt kann das Modell sowohl in theoretischer als auch in heuristischer Weise auf den Unsicherheitsfall übertragen werden.[11]

Für den Verkäufer des Aktienpakets mögen die folgenden Rahmenbedingungen gelten: Geplant wird über n Perioden (oder bei Aufgabe der Sicherheitsannahme n − 1 zukünftige unsichere Umweltzustände). Zur Diskussion stehen für ihn in der Ausgangssituation m Investitions- oder Finanzierungsobjekte. Die Zahlungsreihe des Investitions- oder Finanzierungsobjekts j sei $(g_{j0}, g_{j1}, \ldots, g_{jt}, \ldots, g_{jn})$ mit g_{jt} als Zahlungsüberschuss im Zustand t. Die Entscheidungsvariable x_j gibt an, wie oft das Objekt j realisiert wird. Möglicherweise gibt es für bestimmte x_j auch eine Obergrenze x_j^{max}. In jedem Zustand t falle darüber hinaus ein autonomer Zahlungssaldo b_t an, welcher insbesondere auch die bei Fortführung unter eigener Regie angenommenen Entnahmemöglichkeiten aus dem an die Börse zu bringenden Unternehmensteil enthält.

Zu bewerten ist der dem Verkäufer nach dem Börsengang entgehende zustandsabhängige Zahlungsstrom $(g_{V1}, \ldots, g_{Vt}, \ldots, g_{Vn})$. Der Verkäufer möge die Maximierung seines Endvermögens (Endwerts) im Zeitpunkt (Zustand) n anstreben. Durch Liquiditätsnebenbedingungen ist zu gewährleisten, dass in jedem Zustand t die Auszahlungen die Einzahlungen nicht übersteigen. Im ersten Schritt wird durch den folgenden *Basisansatz*

Bewertungspoblem beim Börsengang junger Unternehmen

der maximale Endwert EW = EW* der Ausgangssituation (d.h. noch ohne Berücksichtigung des Börsengangs) bestimmt:

max. EW; EW := G_n

$$-\sum_{j=1}^{m} g_{jt} \cdot x_j \quad \leq b_t \qquad \forall t \in \{0, 1, 2, \ldots, n-1\}$$

$$-\sum_{j=1}^{m} g_{jn} \cdot x_j + G_n \quad \leq b_n$$

$$x_j \quad \leq x_j^{max} \qquad \forall j \in \{1, 2, \ldots, m\}$$

$$x_j \quad \geq 0 \qquad \forall j \in \{1, 2, \ldots, m\}$$

$$G_n \quad \geq 0$$

Ist EW* als optimale Lösung dieses Ansatzes bekannt, kann im zweiten Schritt das Bewertungsobjekt (die autonomen Zahlungswirkungen aus dem zu veräußernden Aktienpaket) aus dem Entscheidungsfeld ausgegliedert werden. Der folgende *Bewertungsansatz* ermittelt den Wert des Unternehmensteils als Grenzpreis, d.h. den minimalen Kaufpreis p = p*, der zu keiner Endwertverschlechterung im Vergleich zur Basissituation führt:

min. U; U := p

$$-\sum_{j=1}^{m} g_{j0} \cdot x_j - p \quad \leq b_0$$

$$-\sum_{j=1}^{m} g_{jt} \cdot x_j \quad \leq b_t - g_{Vt} \qquad \forall t \in \{1, 2, \ldots, n-1\}$$

$$-\sum_{j=1}^{m} g_{jn} \cdot x_j + G_n \quad \leq b_n - g_{Vn}$$

$$G_n \quad \geq EW^*$$

$$x_j \quad \leq x_j^{max} \qquad \forall j \in \{1, 2, \ldots, m\}$$

$$x_j \quad \geq 0 \qquad \forall j \in \{1, 2, \ldots, m\}$$

$$G_n \quad \geq 0$$

$$p \quad \geq 0$$

Es lässt sich zeigen, dass der Grenzpreis p* unter Verwendung der endogenen Abzinsungsfaktoren (Zustandspreise) ρ_t und der damit berechneten Kapitalwerte C_j wie folgt angeschrieben werden kann:[12]

$$p^* = \underbrace{\sum_{t=1}^{n} g_{Vt} \cdot \rho_t}_{\text{Ertragswert des Bewertungsobjekts}} + \underbrace{EW^* \cdot \rho_n}_{\substack{\text{Kapitalwert} \\ \text{des} \\ \text{Basisprogramms}}} - \underbrace{(\sum_{t=0}^{n} b_t \cdot \rho_t + \sum_{C_j > 0} x_j^{max} \cdot C_j)}_{\substack{\text{Kapitalwert des Bewertungsprogramms} \\ \text{(noch einschließlich Bewertungsobjekt)}}}.$$

Der Grenzpreis p* entspricht, anders betrachtet, der Gesamtkapitalwertdifferenz zwischen dem Basisprogramm (Lösung des Basisansatzes, d.h. bei Verzicht auf den Börsengang) und dem Bewertungsprogramm (Lösung des Bewertungsansatzes, d.h. nach Ausscheiden des an die Börse gebrachten Aktienpakets aus dem Entscheidungsfeld). Sofern die Zustandspreise ρ_t die gleichen sind wie im Basisprogramm, vereinfacht sich die ZGPM-Bewertungsformel zur Ertragswertformel:[13]

$$p^* = \sum_{t=1}^{n} g_{Vt} \cdot \rho_t.$$

Wenn unter Unsicherheit zu viele zustandsabhängige Zahlungsströme zu quantifizieren sind, kann das ZGPM auch durch Berechnungsexperimente (Sensitivitäts- und Risikoanalysen) heuristisch ausgewertet werden und liefert in diesem Falle Bandbreiten- oder Verteilungsinformationen für p*. Grundsätzlich dürfte das Entscheidungsfeld für den Anteilseigner eines an die Börse zu bringenden jungen Unternehmens übersichtlich genug sein, um das ZGPM ohne weitere modelltechnische Komplexitätsreduktionen direkt anwenden zu können. Aufgrund der Möglichkeit, Marktunvollkommenheiten und Rahmenbedingungen wie z.B. individuelle Grenzsteuersätze, Kreditlinien und Hausbank-Finanzkonditionen abbilden zu können, ist ein durch das ZGPM abgeschätzter subjektiver Grenzpreis einem durch „Discounted Cash Flow"-Ansätze ermittelten Wert konzeptionell sehr deutlich überlegen.[14]

Ob die Grenzpreisvorstellungen des Verkäufers am Markte durchsetzbar sind und der Börsengang somit Erfolgsaussichten hat, hängt vom Entscheidungswertkalkül der Käuferseite ab.

III. Entscheidungswerte der Käufer

Während institutionelle Kaufinteressenten im direkten Kontakt mit dem Emittenten und der Emissionsbank sehr detaillierte Einblicke in die Unternehmensplanung[15] des Bewertungsobjekts nehmen können, bleibt die Masse der privaten Kleinanleger auf die öffentlich in Unternehmensprospekten, Fernsehwerbung u.ä. verbreiteten Informationen über Geschäftsaussichten, Strategien und Ausschüttungspotentiale angewiesen.[16] Die Schätzung des Zahlungsstroms für den Käufer, $(g_{K1}, \ldots, g_{Kt}, \ldots, g_{Kn})$, ist demnach je nach Informationsstand bewertungssubjektindividuell.

Beiden Anlegergruppen ist jedoch gemein, dass das Engagement im zu bewertenden Unternehmen für das jeweilige Portefeuille i.d.R. zu keinen oder aber zu leicht überschaubaren Änderungen in der Investitions- und Finanzierungsstruktur führt. Beispielsweise wird ein Privatanleger wissen, ob er die Aktien des jungen Unternehmens fremdfinanziert und daher ein Kreditzins als Kalkulationszins relevant ist oder ob der Aktienkauf mit Geldanlagen in festverzinslichen Wertpapieren konkurriert. Da das theoretische Problem der Änderung von Zustandspreisen beim Übergang vom Basis- auf das Bewertungsprogramm für die Käuferseite demnach bedeutungslos sein dürfte und ihr die Kalkulationszinsfüße bekannt sind, kann diese ihren Grenzpreis gemäß ZGPM nach der Ertragswertmethode ermitteln:

$$p^* = \sum_{t=1}^{n} g_{Kt} \cdot \rho_t.$$

Durch Anwendung von Sensitivitäts- und Risikoanalysen verschaffen sich die präsumtiven Käufer (ebenso wie der Verkäufer) größere Klarheit über die Bandbreite ihrer Grenzpreisbereitschaft. Daraus ergibt sich am Markte die bei einem bestimmten Angebotspreis für die Aktien zu verzeichnende Nachfrage.

C. Ermittlung des Schiedswerts beim Börsengang

I. Die Emissionsbank als Vermittler

Existiert zwischen den Entscheidungswerten des Verkäufers und der Käufer ein Einigungsintervall, ist im Anschluss der Schiedswert zu bestimmen. Er stellt den Emissionspreis dar, zu dem die Aktien der Wagniskapitalgesellschaft an interessierte institutionelle und private Investoren abgegeben werden. Die Ermittlung des Schiedswertes ist dabei zunächst vom Emissionsverfahren abhängig, für das sich der Aktienverkäufer entschieden hat: Wählt er den – in der Praxis nur selten anzutreffenden – Weg der *Selbstemission*, sucht er seine Aktien ohne Zwischenschaltung einer Emissionsbank zu platzieren. In diesem Falle ergibt sich der Schiedswert aus der unmittelbaren Verhandlung zwischen der Wagniskapitalgesellschaft und den von ihr angesprochenen Investoren. Bevorzugt der Verkäufer statt dessen die – in der Realität übliche – Ausgabevariante der *Fremdemission*, erfolgt die Vergabe der Aktien unter Einschaltung einer Emissionsbank oder – insbesondere bei entsprechendem Umfang der zu platzierenden Aktienmenge – eines Bankenkonsortiums.[17] Die zwischen Verkäufer und Käufern vermittelnde Bank spielt in diesem Fall eine entscheidende Rolle bei der Bestimmung des Schiedswertes und damit des Emissionspreises.

Wie die Rolle der Bank im Einzelnen aussieht, resultiert dabei aus der Art der mit dem Verkäufer vereinbarten Zusammenarbeit:[18] Wünscht die Wagniskapitalgesellschaft die Kooperation in Form der *Begebung*, sucht die Emissionsbank die Aktien an interessierte Investoren zu vermitteln, ohne sie dabei in ihren eigenen Vermögensbestand zu übernehmen. Die Bank nimmt bei der Emissionspreisfindung zwischen Verkäufer und Anlegern dadurch eine Maklerrolle ein; das Risiko einer nur unzureichenden Platzierbarkeit der Aktien verbleibt beim Investor und wird nicht auf die Bank übertragen. Anders stellt sich die Situation bei der Zusammenarbeit in Form der *Übernahme* dar: Hier garantiert die Bank dem Verkäufer die Platzierung seiner Papiere. Gelingt es der Bank nicht, die Gesamtheit der Aktien bei Investoren unterzubringen, muss sie den nicht abgesetzten Rest folglich dem eigenen Vermögensbestand zuführen. Die Vermittlungsrolle der Bank hat hierbei aufgrund des Platzierungsrisikos Züge eines Zwischenhändlers und veranlasst sie zu einer aktiven Mitwirkung bei der Schiedswertbestimmung.

II. Verfahren zur Ermittlung von Schiedswerten

Wie die Mitwirkung der Bank bei der Schiedswertbestimmung im einzelnen aussieht, ist abhängig von der jeweiligen Methode der Emissionspreisfindung. Gemeinsam haben die Methoden, dass die Bank im Vorfeld der Preisfindung das Unternehmen in aller Regel eingehend im Rahmen einer Sorgfaltsprüfung („due diligence") analysiert, um die Geschäftssituation der Gesellschaft einschätzen und ihre Zukunftserfolge prognostizieren zu können.[19] Entscheidet sich der Verkäufer für das *Festpreisverfahren*, vereinbart er mit der Bank im Anschluß einen fixen Preis, zu dem die Aktien veräußert werden sollen.[20] Problematisch hierbei ist, dass Wagniskapitalgesellschaft und Bank bei ihrer Preisfestsetzung nur geringe Kenntnisse über die tatsächliche Nachfrage der Anleger nach den Papieren besitzen und folglich auf entsprechende Schätzungen angewiesen sind. Die Bank wird vor diesem Hintergrund regelmäßig versuchen, als Schiedswert einen Emissionspreis zu vereinbaren, der einen gewissen Abschlag von dem von ihr für angemessen gehaltenen Kurs aufweist (sog. „underpricing"):[21] Ein solcher Preisabschlag dient zum einen dazu, die Veräußerung aller Aktien sicherzustellen und damit das Platzierungsrisiko der Bank abzubauen. Zum anderen hat die Bank das Interesse, dass nach der Ausgabe der Aktien Potential für Kurssteigerungen verbleibt, was nur dann der Fall ist, wenn der Emissionspreis unterhalb der Grenzpreisvorstellungen der Investoren angesiedelt wird. Käme es statt eines Anziehens der Kurse zu einer Stagnation oder gar einem Kurssturz, wäre dies der Reputation der Bank am Kapitalmarkt abträglich. Auch der Ruf des jungen Unternehmens selbst würde dabei entsprechend geschädigt, so dass zukünftige Kapitalerhöhungen der Gesellschaft unter einer deutlich gesunkenen Aktiennachfrage leiden könnten. Für die Wagniskapitalgesellschaft als Veräußerer des Aktienpakets bedeutet der Preisabschlag dagegen einen Erlösentgang, der um so größer ausfällt, je niedriger der Ausgabepreis im Vergleich zu der bei der Emission tatsächlich eintretenden Nachfrage gewählt wurde.[22]

Deutlich reduziert wird die Unsicherheit über die bestehende Nachfrage nach den Aktien im Falle des *Preisspannenverfahrens* („bookbuilding").[23] Im Anschluß an ihre Unternehmensanalyse tritt die Bank hierbei mit ihren Ergebnissen an potentielle institutionelle Investoren heran, um sie auf das zum Verkauf stehende Aktienpaket aufmerksam zu machen und Hinweise auf ihre Preisvorstellungen zu erlangen. In Abhängigkeit von dem Interesse, das die angesprochenen Anleger den Aktien entgegenbringen, setzt die Bank dann gemeinsam mit dem Veräußerer eine Bandbreite fest, in deren Rahmen der Schiedswert liegen soll. Die Bank wird dabei versuchen, die gesamte Preisspanne unterhalb der von ihr geschätzten Entscheidungswerte der Investoren zu fixieren, um das Platzierungsrisiko abzubauen und nach der Emission eintretende Kurssteigerungen sicherzustellen.

Nachdem die Preisspanne am Kapitalmarkt bekannt gegeben wurde, treten Verkäufer und Bank im Anschluss in einen ausführlichen Dialog mit institutionellen Investoren, in dem sich die an die Börse strebende Unternehmung eingehend vorstellt. Im Gegensatz zu dem intensiven Informationsaustausch zwischen Verkäufer und institutionellen Anlegern wird die Masse der Privatinvestoren lediglich über Werbung in den Medien angesprochen, um bei ihr das Interesse an der Aktie zu wecken.[24] Die im Zuge dieser Vermarktungsphase eingehenden Kaufwünsche werden im Rahmen eines Auftragsbuchs gesammelt und bezüglich der Preisvorstellungen, der Nachfragemengen sowie der Art der Nachfrager untersucht. Auf der Basis dieser Analyse erfolgt im Anschluss die Festsetzung des Emissionspreises, wobei die Bank nicht notwendigerweise den höchstmöglichen Preis anstrebt, sondern auch auf eine zweckmäßige[25] Investorenmischung achtet – sowohl innerhalb der Gruppe der institutionellen Anleger als auch im Hinblick auf das Verhältnis zwischen institutionellen und Privatanlegern. Im Vergleich zur Festpreisvariante gilt für das Preisspannenverfahren, dass der Emissionspreis meist marktgerechter ausfällt, da seine endgültige Festlegung erst nach Hereinnahme der Zeichnungswünsche erfolgt.[26]

Das *Auktionsverfahren* als dritte Preisfindungsmethode ist in Deutschland kaum[27] verbreitet; es basiert auf der Versteigerung der zum Verkauf stehenden Aktien.[28] Die Bank setzt einen Mindestpreis für die Papiere fest; interessierte Anleger nennen daraufhin die gewünschte Aktienmenge und den Betrag, den sie für die Papiere höchstens zahlen wollen. Nach Abschluss der Zeichnungsfrist erhalten die Nachfrager, angefangen beim Höchstgebot, so lange eine Zuteilung, bis das Ausgabevolumen vollständig verkauft ist. Der Schiedswert als einheitlicher Ausgabepreis für alle Gebote resultiert dann aus dem niedrigsten Gebot, das noch zum Zuge kommt. Im Vergleich zu Festpreis- und Preisspannenverfahren kann die Wagniskapitalgesellschaft mit einem Auktionsverfahren vermutlich in vielen Fällen einen höheren Verkaufserlös realisieren. Problematisch aus Unternehmens- und Banksicht ist allerdings zum einen die Tatsache, dass sich die Vergabe der Papiere ausschließlich am Preisgebot, nicht aber z.B. an der voraussichtlichen Haltedauer der Investoren oder der Streuung der Aktien ausrichtet.[29] Zum anderen wird das im Anschluss an die Emission aus Gründen der Reputation angestrebte Kurssteigerungspotential durch das Versteigerungsprinzip beeinträchtigt.[30]

D. Ermittlung von Argumentationswerten beim Börsengang

I. Verhandlungsparteien und Argumentationswerte

Argumentationswerte werden im Zuge des Börsengangs von jenen Parteien angeführt, die aktiv in die Verhandlungen eingebunden sind und daher einen entsprechenden Einfluss auf die Höhe des Schiedswertes nehmen können. Aufgrund der im Abschnitt C gezeigten Strukturen und Prozesse der Verfahren zur Emissionspreisfindung sind es folglich vor allem der Aktienverkäufer, die Emissionsbank sowie die institutionellen Investoren, die eine bedeutende Rolle bei der Preisverhandlung einnehmen. Institutionelle Anleger sind dabei insbesondere im Falle des Preisspannenverfahrens beteiligt, in dessen Rahmen ihre Vorstellungen sowohl die Wahl der Preisbandbreite als auch die anschließende Festsetzung des Ausgabepreises innerhalb dieser Spanne beeinflussen. Private Anleger werden dagegen zwar von Seiten des Aktienverkäufers und der Bank in den Medien umworben, erfahren aber bei den Verhandlungen um den Schiedswert grundsätzlich keine aktive Einbindung. Lediglich auf der Ebene ihrer als Verbände organisierten Interessenvertretungen – wie bspw. der Deutschen Schutzvereinigung für Wertpapierbesitz e.V. – ist es ihnen möglich, ihren Anliegen zum Zwecke der Preisfindung ein gewisses Gehör zu verschaffen.

II. Verfahren zur Ermittlung von Argumentationswerten

Um zu einem Emissionspreis zu gelangen, der möglichst fern vom eigenen Entscheidungswert liegt, steht es den Beteiligten offen, sowohl im Hinblick auf die verwendeten Bewertungsgrößen als auch die eingesetzten Bewertungsverfahren zu verhandeln.[31] Im Falle der *Argumentation über Bewertungsgrößen* versuchen die Parteien, die für das ZGPM oder das Ertragswertverfahren verwendeten Rechengrößen – wie z.B. den prognostizierten Zukunftserfolg des Unternehmens – in ihrem jeweiligen Sinne darzustellen. So wird der Aktienverkäufer u.a. versuchen, das Unternehmen in dem der Bank und den Investoren vorgestellten Strategiebericht[32] („equity story") möglichst gewinnträchtig erscheinen zu lassen, wogegen die Anleger meist eine gewisse Skepsis in den Verhandlungen anführen werden. Vor allem bei jungen Unternehmen besteht im Hinblick auf ihre Zukunftsaussichten ein breiter Argumentationsspielraum, da im Gegensatz zu älteren Gesellschaften langjährige Zeitreihen, die eine Extrapolation der Geschäftsentwicklung erlaubten, nicht zur Verfügung stehen. Die Prognoseproblematik und damit auch der Argumentationsspielraum wachsen zusätzlich, wenn das Unternehmen in einer neuartigen Branche – wie z.B. der Nanotechnik – tätig ist, deren zukünftige Bedeutung und Gesamtentwicklung ebenfalls nur schwierig abgeschätzt werden können.[33]

Im Rahmen der *Argumentation über Bewertungsverfahren* versuchen die Parteien, durch den geschickten Einsatz von Rechenformeln, die der Gegenseite als scheinbar ökonomisch sinnstiftende Methoden der Wertfindung präsentiert werden, zu einem für sie jeweils günstigen Emissionspreis zu gelangen. Grundsätzlich gilt dabei, dass die in der Diskussion angeführten Berechnungen um so erfolgreicher eingesetzt werden können, je größer die Akzeptanz ist, die ihnen von den übrigen Parteien entgegengebracht wird. Eine erfolgreiche Argumentationshilfe können daher z.B. „Discounted Cash Flow"-Ansätze liefern: Ihre Ungeeignetheit zum Zwecke der Entscheidungswertfindung ist zwar im wissenschaftlichen Schrifttum[34] bekannt, doch erfreuen sie sich in der Praxis – anders als die früher populären Substanz- oder Kombinationsverfahren – nach wie vor großer Beliebtheit[35]. Ähnlich stellt sich die Situation im Falle der Multiplikatorverfahren – wie bspw. der Bewertung mittels „Kurs-Gewinn-Verhältnissen" – dar, mit denen versucht wird, über die Preise „vergleichbarer" Unternehmen oder Aktien auf den Wert der zum Verkauf stehenden Papiere zu schließen: Obwohl eine solche Vorgehensweise keine Grenzpreisbestimmung gestattet,[36] wird sie von Teilen der Praxis als sinnvolle Bewertungsmethode fehlinterpretiert[37]. Gehört das an die Börse gehende junge Unternehmen einer Branche der sog. „Neuen Ökonomie" – wie z.B. der Telekommunikation oder der Biotechnik – an, können die Parteien darüber hinaus versuchen, ihre Position mit „neuen Bewertungsverfahren" zu untermauern, die dem innovativen Charakter des Bewertungsobjektes besonders gerecht werden sollen. Grundsätzlich gilt selbstverständlich, dass junge Unternehmen in Wachstumsbranchen im Vergleich zu älteren Gesellschaften traditioneller Wirtschaftszweige lediglich höhere Anforderungen an die Prognose der Zukunftserfolge stellen, sonst aber ebenfalls im Rahmen des ZGPM oder der Ertragswertmethode zu bewerten sind; etwaiger „Bewertungsinnovationen" bedarf es folglich nicht.[38] Davon unbeeindruckt sehen Teile der Praxis und des wissenschaftlichen Schrifttums die Notwendigkeit, Unternehmen der „Neuen Ökonomie" mit vermeintlichen „Bewertungsinnovationen" zu beurteilen,[39] die jedoch theoretische Rückschritte darstellen. Die in diesem Zusammenhang postulierten Methoden wie das „Realoptionsverfahren" eignen sich aufgrund ihrer investitions- und entscheidungstheoretischen Defizite nicht zur Entscheidungswertfindung, können aber als Argumentationshilfe herhalten, falls die Gegenseite dies toleriert.[40] Die Tendenz einiger Beratungsgesellschaften ist unverkennbar, die im deutschsprachigen Raum vertraute, ökonomisch plausible Bewertungstheorie durch eine „Geheimwissenschaft" der exotischen Finanzoptionen zu ersetzen, die von in stochastischer Differentialrechnung geschulten Experten gegen hohe Honorare in die Argumentation eingebracht wird. Bewertungstheoretisch versierten Verhandlungspartnern kann es nicht schwerfallen, derartige Modelle als „des Kaisers neue Kleider" zu entlarven, die zur Lösung des eigentlich zentralen Prognoseproblems nichts Neues beitragen können, da sie es lediglich hinter neuen unsicheren Modellparametern zu verbergen suchen.

E. Zusammenfassung

Junge Unternehmen sind aufgrund ihrer mangelnden Finanzkraft meist auf die externe Mittelzufuhr von Seiten einer Wagniskapitalgesellschaft angewiesen. Derartige Kapitalgeber verbleiben in aller Regel nur einige Jahre im Gesellschafterkreis und versuchen dann häufig, sich im Zuge eines Börsengangs von ihren Anteilen zu trennen. Ein zentrales Problem stellt in diesem Zusammenhang die Wertfindung des zum Verkauf stehenden Aktienpakets dar, dessen Lösung anhand der Funktionen der Unternehmensbewertung zu erfolgen hat. Grundlage ist dabei die Entscheidungsfunktion, in deren Rahmen die Grenzpreise sowohl des Verkäufers als auch der interessierten Käufer der Aktien bestimmt werden. Die Grenzpreisfindung erfolgt dabei mittels des ZGPM, das sich im Falle der Käufer meist zur Ertragswertmethode vereinfacht. Ziel der Vermittlungsfunktion ist die Fixierung des Emissionspreises im Sinne eines Schiedswerts. Seine Höhe resultiert aus den Grenzpreisen der Parteien, der Mitwirkung der Emissionsbank im Zuge des Preisfindungsverfahrens (z.B. Festpreis-, Preisspannen- oder Auktionsverfahren) und dem Verhandlungsverlauf. Letzterer wird außer von der jeweiligen Machtposition der Parteien insbesondere von dem Geschick beeinflusst, mit dem sich die Verhandlungsseiten argumentativ in die Preisdiskussion einbringen. Um eine aus ihrer jeweiligen Sicht möglichst günstige Festlegung des Schiedswerts zu erreichen, setzen die Parteien daher gezielt Wertvorstellungen in der Verhandlung ein. Ihre Generierung ist Inhalt der Argumentationsfunktion und kann sowohl auf einer Diskussion der Bewertungsgrößen als auch der mehr oder minder fundierten Bewertungsverfahren fußen.

Anmerkungen

1 Vgl. Bitz (2000), S. 140–143, von Tippelskirch (1997), Heinsius (2001).
2 Vgl. zum Ausstieg von Wagniskapitalgesellschaften mittels Börsengang ausführlich Voss (1999), Betsch/Groh/Schmidt (2000), S. 57–72, Harrer (2001).
3 Vgl. zum Folgenden u.a. Matschke (1975), Matschke (1976), Matschke (1979), Wegmann (1996), Olbrich (1999), S. 7–9, Hinz/Behringer (2000).
4 Vgl. z.B. Moxter (1983), S. 79.
5 Vgl. z.B. Hering (1995), S. 153.
6 Zum Folgenden vgl. Hering (1999), S. 20–27.
7 Zur Berücksichtigung der Unsicherheit können Sensitivitäts- und Risikoanalysen herangezogen werden, so dass sich der Entscheidungswert (Ertragswert) seinem Wesen gemäß als Bandbreite herauskristallisiert.
8 Vgl. zur Subjektivität des Entscheidungsfeldes auch Bitz (1981), S. 18–20.
9 Vgl. Matschke (1975), S. 309–318.
10 Auf junge Unternehmen treffen die in Hering (2000b) dargelegten Besonderheiten mittelständischer Unternehmen ebenfalls zu.

11 Zum ZGPM vgl. ausführlich Hering (1999), S. 27ff., 76ff. und 181ff. sowie kurz Hering (2000a).
12 Zum Beweis der Formel vgl. Hering (1999), S. 45 und 56.
13 Zum Beweis vgl. Hering (1999), S. 46 und 56.
14 Vgl. zur Diskussion „Ertragswert versus DCF" überblicksartig Hering (2000b).
15 Zur Vielfalt und zum inneren Zusammenhang der relevanten Teilpläne vgl. Rollberg (2001). Vgl. auch Keuper (2001).
16 Zur unterschiedlichen Behandlung institutioneller und privater Investoren im Hinblick auf die Zurverfügungstellung von Unternehmensinformationen durch Emittent und Emissionsbank vgl. Killat (2000), S. 218, Benner-Heinacher (2001), S. 289, Rohleder (2001), S. 398, Wilhelm (2001), S. 303f.
17 Zur Diskussion Selbst- versus Fremdemission vgl. Koch/Wegmann (2000), S. 217f., Schanz (2000), S. 299.
18 Vgl. zu den im Folgenden skizzierten Emissionsvarianten Begebung versus Übernahme Fürth (1911), Eilenberger (2000), S. 1650, Schanz (2000), S. 276f.
19 Vgl. zur Sorgfaltsprüfung u.a. Sebastian/Niederdrenk/Tesch (1999), Sebastian/Olbrich (2001).
20 Vgl. zu dem im Folgenden erläuterten Festpreisverfahren, das bis Mitte der neunziger Jahre in Deutschland üblich war, ausführlich Schanz (2000), S. 308f., Rohleder (2001), S. 396f.
21 Eine eingehende Darstellung des Preisabschlags und seiner Ursachen findet sich bei Wegmann (1999), S. 192f., Eilenberger (2000), S. 1651.
22 Zum Problem der Wahl eines nicht marktgerechten Emissionspreises im Rahmen des Festpreisverfahrens vgl. Bitz (2000), S. 144f., Rohleder (2001), S. 396f.
23 Vgl. zum im Folgenden dargestellten Preisspannenverfahren eingehend Bitz (2000), S. 145f., Koch/Wegmann (2000), S. 165–167, Schanz (2000), S. 310–315, Weiler (2000), Rohleder (2001), S. 397–403.
24 Zur Vorgehensweise der Aktienvermarktung bei institutionellen und privaten Investoren vgl. ausführlich Süchting (1986), Link (1993), Enke (1999), Simon/Ebel/Pohl (2002).
25 Die Zweckmäßigkeit der Investorenmischung ergibt sich dabei aus den Zielsetzungen von Emittent und Bank, z.B. bzgl. der Haltedauer der Anleger und der nationalen und internationalen Streuung der Papiere. Vgl. hierzu Weiler (2000), S. 271.
26 Vgl. Rohleder (2001), S. 402.
27 Die Trius AG ging 2000 mittels Auktionsverfahren an den Neuen Markt.
28 Vgl. zum Auktionsverfahren Rohleder (2001), S. 403f. sowie ausführlich Baumeister/Werkmeister (2001).
29 Vgl. Rohleder (2001), S. 403f.
30 Vgl. Schanz (2000), S. 315, Rohleder (2001), S. 404.
31 Vgl. Matschke (1977), S. 99–102.
32 Zum Inhalt und zur Bedeutung des Strategieberichts vgl. Koch/Wegmann (2000), S. 127 und 165, Simon/Ebel/Pohl (2002).
33 Vgl. zur Prognoseproblematik im Falle junger, innovativer Unternehmen ausführlich Sebastian/Olbrich (2001), S. 72f. sowie Wohlgemuth/Ranker/Zwirner (2001).
34 Vgl. u.a. Schneider (1998), Hering (2000b), Krag/Kasperzak (2000), S. 112–116.
35 Vgl. bspw. Klein/Krämling/Andreas (2000).
36 Zur mangelnden Eignung von Multiplikatorverfahren zur Grenzpreisbestimmung vgl. ausführlich Olbrich (2000) sowie Ballwieser (2001), S. 24ff.
37 Vgl. bspw. Seppelfricke (1999).
38 Vgl. Hering (1999), S. 91, Olbrich (2000), S. 462f., Olbrich (2002).
39 Vgl. bspw. Klein/Krämling/Andreas (2000), Achleitner (2001), Hommel/Lehmann (2001), Nelles/Rojahn/Berner (2001).
40 Vgl. ausführlich Hering (1999), S. 144f. und 173–177 sowie Olbrich (2002).

Literatur

Achleitner, A.-K. (2001): Start-up-Unternehmen: Bewertung mit der Venture-Capital-Methode, in: BB, 56. Jg. (2001), S. 927–933.
Ballwieser, W. (2001): Unternehmensbewertung, Marktorientierung und Ertragswertverfahren, in: Wagner, U. (Hrsg.), Zum Erkenntnisstand der Betriebswirtschaftslehre am Beginn des 21. Jahrhunderts, Festschrift für E. Loitlsberger, Berlin 2001, S. 17–31.
Baumeister, A., Werkmeister, C. (2001): Auktionsverfahren für Aktienemissionen, in: FB, 3. Jg. (2001), S. 44–49.
Benner-Heinacher, J. (2001): Erwartungen und Anforderungen von Privatanlegern an Neuemissionen, in: Dr. Wieselhuber & Partner GmbH (Hrsg.), Börseneinführung mit Erfolg, 2. Aufl., Wiesbaden 2001, S. 287–295.
Betsch, O., Groh, A., Schmidt, K. (2000): Gründungs- und Wachstumsfinanzierung innovativer Unternehmen, München/Wien 2000.
Bitz, M. (1981): Entscheidungstheorie, München 1981.
Bitz, M. (2000): Finanzdienstleistungen, 5. Aufl., München/Wien 2000.
Eilenberger, G. (2000): IPO, in: Gabler Wirtschaftslexikon, Wiesbaden 2000, S. 1649–1651.
Enke, M. (1999): Going Public – Konsequenzen für das Aktienmarketing, in: Amador, M., Lohmann, K., Pleschak, F. (Hrsg.), Beteiligungskapital in der Unternehmensfinanzierung, Wiesbaden 1999, S. 285–299.
Fürth, H. (1911): Das Begebungskonsortium, Breslau 1911.
Harrer, H. (2001): Venture Capital und Börsengang, in: ConVent (Hrsg.), Venture Capital 2001, Jahrbuch für Beteiligungsfinanzierung, Frankfurt a.M. 2001, S. 95–99.
Heinsius, M. (2001): Seed- und Start up-Finanzierungen, in: ConVent (Hrsg.), Venture Capital 2001, Jahrbuch für Beteiligungsfinanzierung, Frankfurt a.M. 2001, S. 31–33.
Hering, Th. (1995): Investitionstheorie aus der Sicht des Zinses, Wiesbaden 1995.
Hering, Th. (1999): Finanzwirtschaftliche Unternehmensbewertung, Wiesbaden 1999.
Hering, Th. (2000a): Das allgemeine Zustands-Grenzpreismodell zur Bewertung von Unternehmen und anderen unsicheren Zahlungsströmen, in: DBW, 60. Jg. (2000), S. 362–378.
Hering, Th. (2000b): Konzeptionen der Unternehmensbewertung und ihre Eignung für mittelständische Unternehmen, in: BFuP, 52. Jg. (2000), S. 433–453.
Hinz, H., Behringer, St. (2000): Unternehmensbewertung, in: WiSt, 29. Jg. (2000), S. 21–27.
Hommel, U., Lehmann, H. (2001): Einsatzmöglichkeiten des Realoptionsansatzes in der New Economy aus Controlling-Sicht, in: Controlling, 13. Jg. (2001), S. 15–21.
Keuper, F. (2001): Strategisches Management, München/Wien 2001.
Killat, G. (2000): Bewertung und Preisfindung bei Neuemissionen, in: Volk, G. (Hrsg.), Going public, 3. Aufl., Stuttgart 2000, S. 215–228.
Klein, H.-D., Krämling, M., Andreas, C. (2000): IPO-Bewertung von Wachstumsunternehmen – Empirie, konzeptionelle Systematisierung und Entscheidungshilfe, in: Volk, G. (Hrsg.), Going public, 3. Aufl., Stuttgart 2000, S. 229–247.
Koch, W., Wegmann, J. (2000): Praktiker-Handbuch Börseneinführung, 3. Aufl., Stuttgart 2000.
Krag, J., Kasperzak, R. (2000): Grundzüge der Unternehmensbewertung, München 2000.
Link, R. (1993): Investor Relations im Rahmen des Aktienmarketing von Publikumsgesellschaften, in: BFuP, 45. Jg. (1993), S. 105–132.
Matschke, M. J. (1975): Der Entscheidungswert der Unternehmung, Wiesbaden 1975.
Matschke, M. J. (1976): Der Argumentationswert der Unternehmung – Unternehmungsbewertung als Instrument der Beeinflussung in der Verhandlung, in: BFuP, 28. Jg. (1976), S. 517–524.
Matschke, M. J. (1977): Die Argumentationsfunktion der Unternehmungsbewertung, in: Goetzke, W., Sieben, G. (Hrsg.), Moderne Unternehmungsbewertung und Grundsätze ihrer ordnungsmäßigen Durchführung, Köln 1977, S. 91–103.
Matschke, M. J. (1979): Funktionale Unternehmungsbewertung, Bd. II, Der Arbitriumwert der Unternehmung, Wiesbaden 1979.
Moxter, A. (1983): Grundsätze ordnungsmäßiger Unternehmensbewertung, 2. Aufl., Wiesbaden 1983.

Nelles, M., Rojahn, J., Berner, Ch. (2001): Unternehmensbewertungsverfahren im Rahmen von Börsengängen am Neuen Markt, in: FB, 3. Jg. (2001), S. 322–327.
Olbrich, M. (1999): Unternehmungskultur und Unternehmungswert, Wiesbaden 1999.
Olbrich, M. (2000): Zur Bedeutung des Börsenkurses für die Bewertung von Unternehmungen und Unternehmungsanteilen, in: BFuP, 52. Jg. (2000), S. 454–465.
Olbrich, M. (2002): Zur Unternehmungsnachfolge im elektronischen Geschäft, in: Keuper, F. (Hrsg.), Electronic Business und Mobile Business, Wiesbaden 2002, S. 677–708.
Rohleder, M. (2001): Emissionspreisfindung und Emissionsverfahren, in: Dr. Wieselhuber & Partner GmbH (Hrsg.), Börseneinführung mit Erfolg, 2. Aufl., Wiesbaden 2001, S. 393–405.
Rollberg, R. (2001): Integrierte Unternehmensplanung, Wiesbaden 2001.
Schanz, K.-M. (2000): Börseneinführung, München 2000.
Schneider, D. (1998): Marktwertorientierte Unternehmensrechnung: Pegasus mit Klumpfuß, in: DB, 51. Jg. (1998), S. 1473–1478.
Sebastian, K.-H., Niederdrenk, R., Tesch, A. (1999): Market Due Diligence (MDD) – Die Sorgfältigkeitsprüfung aus der Sicht des Marktes, in: Berens, W., Brauner, H. (Hrsg.), Due Diligence bei Unternehmensakquisitionen, 2. Aufl., Stuttgart 1999, S. 291–310.
Sebastian, K.-H., Olbrich, M. (2001): Goldgrube oder Fass ohne Boden? Die Market Due Diligence bei Internet-Unternehmen, in: ConVent (Hrsg.), Venture Capital 2001, Jahrbuch für Beteiligungsfinanzierung, Frankfurt a.M. 2001, S. 72–75.
Seppelfricke, P. (1999): Moderne Multiplikatorverfahren bei der Aktien- und Unternehmensbewertung, in: FB, 1. Jg. (1999), S. 300–307.
Simon, H., Ebel, B., Pohl, A. (2002): Investor Marketing, in: ZfB, 72. Jg. (2002), S. 117–140.
Süchting, J. (1986): Finanzmarketing auf den Aktienmärkten, in: ZfgK, 39. Jg. (1986), S. 654–659.
von Tippelskirch, A. (1997): Risikokapital, in: Oetker, A. (Hrsg.), Mittelstand in Zeiten struktureller Umbrüche, München 1997, S. 37–53.
Voss, J. (1999): Eine Partnerschaft auf Zeit – Die Beteiligungsgesellschaft vor dem Börsengang eines mittelständischen Unternehmens, in: Koch, W., Wegmann, J. (Hrsg.), Mittelstand und neuer Markt, Frankfurt a.M. 1999, S. 69–92.
Wegmann, J. (1996): Die Bestimmung des Emissionspreises als Unternehmensbewertungsproblem, in: BFuP, 48. Jg. (1996), S. 149–163.
Wegmann, J. (1999): Alles Verhandlungssache – Ein praktischer Leitfaden für die Ermittlung des Emissionspreises, in: Koch, W., Wegmann, J. (Hrsg.), Mittelstand und neuer Markt, Frankfurt a.M. 1999, S. 191–208.
Weiler, L. (2000): Bookbuilding – Die neue Platzierungsform beim Gang an die Börse, in: Volk, G. (Hrsg.), Going public, 3. Aufl., Stuttgart 2000, S. 267–278.
Wilhelm, St. (2001): Institutionelle Investoren – Anlageziele, -strategien und -verhalten bei Neuemissionen, in: Dr. Wieselhuber & Partner GmbH (Hrsg.), Börseneinführung mit Erfolg, 2. Aufl., Wiesbaden 2001, S. 297–308.
Wohlgemuth, F., Ranker, D., Zwirner, Ch. (2001): Strategische Unternehmensanalyse als Instrument zur Ergänzung der traditionellen Bilanzanalyse, in: Buchführung, Bilanz, Kostenrechnung, 48. Jg. (2001), S. 661–674.

Zusammenfassung

Der Beitrag zeigt, dass das Bewertungsproblem im Rahmen des Börsengangs junger Unternehmen nach Maßgabe der Funktionenlehre der Unternehmensbewertung systematisiert und gelöst werden muss. Vor diesem Hintergrund wird herausgearbeitet, dass die Grenzpreise des Verkäufers und der Käufer der Aktien mit Hilfe des allgemeinen Zustands-Grenzpreismodells (ZGPM) zu bestimmen sind. Darauf aufbauend ergibt sich die Höhe des Emissionspreises als Schiedswert in der Verhandlung zwischen Veräußerer, Anlegern und Bank. Die Parteien entwickeln dabei Argumentationswerte, um das Ergebnis der Preisverhandlung in ihrem jeweiligen Sinne zu beeinflussen.

Summary

The article shows that the problem of valuation concerning the initial public offering of a "start-up" enterprise must be systematized and solved according to the functional theory of valuation of the firm. In this context it is brought out that the price limits of share seller and buyers must be determined by the "allgemeines Zustands-Grenzpreismodell" (ZGPM). Based on these findings the share price as an arbitration value results from negotiations between seller, investors, and bank. While engaged in negotiations with each other every party creates argumentation values that should help to lead to the share price it prefers.

74: Besondere Finanzierungsvorgänge (JEL G39)

DAS NEUE GABLER BANK LEXIKON

TOP-KNOW-HOW ZU BANK UND BÖRSE

Fundiertes Know-how

Für Profis

up to date

Jürgen Krumnow / Ludwig Gramlich / Thomas Lange / Thomas Dewner
Gabler Bank Lexikon
Bank – Börse – Finanzierung
13., vollst. überarb. u. akt. Aufl. 2002
ca. 1.400 S., Geb.
ca. EUR 75,00
ISBN 3-409-46116-7

Alles über Bank, Börse und Finanzierung in über 7.500 Stichwörtern. Das Gabler Bank-Lexikon liefert umfassende und praxisgerechte Informationen zu:

- allen Finanzprodukten und Finanzdienstleistungen
- zum Bankmanagement und
- zu den neuesten bankrechtlichen Entwicklungen.

Die aktuellen Diskussionen in der Finanzwelt werden von Top-Managern der europäischen Banken-Szene in Schwerpunktbeiträgen kommentiert.

Online
www.gabler.de

Für tagesaktuelle Informationen werden zu vielen Stichwörtern interessante Internet-Adressen angeboten. Zusätzlich werden alle Inhalte über einen Internet-Update-Service aktualisiert.

Änderungen vorbehalten.

Erhältlich im Buchhandel oder beim Gabler Verlag.
Abraham-Lincoln-Str. 46, 65189 Wiesbaden, Tel.: 06 11.78 78-124

GABLER

Hat das Familienunternehmen eine Zukunft?

Von Horst Albach

Überblick

- Der Beitrag untersucht die Bedingungen, von denen das Überleben von Familienunternehmen abhängt.

- Methodisch unterscheidet er drei Arten von Familienunternehmen. Für jede Art gelten andere Erfolgs- und Überlebensbedingungen. Die Arbeit beruht auf empirischen Untersuchungen von Familienunternehmen in Rheinland-Pfalz und auf persönlichen Erfahrungen und Interviews.

- Der Mittelstandsökonom kann aus diesem Beitrag Erfolgsbedingungen für das langfristige Wachstum des Familienunternehmens entnehmen. Er sei besonders auf den Gedanken des Öffnungsmanagement hingewiesen.

- Der Praktiker sollte die Regeln für den Senior und die Regeln für den Junior beherzigen. Sie resultieren aus vielfach abgesicherten Erfahrungen.

Eingegangen: 19. Dezember 2001

Professor Dr. Horst Albach, Waldstr. 49, 53177 Bonn.

© Gabler-Verlag 2002

A. Einleitung

Die Titel-Frage wird heute von vielen Menschen gestellt – von mittelständischen Unternehmern, die sich Sorge um die ihnen anvertrauten Arbeitsplätze machen, von Wirtschaftspolitikern, welche die Auswirkungen der Globalisierung auf den deutschen Mittelstand voraussehen müssen, um gute Wirtschaftspolitik machen zu können, von Industriesoziologen, welche die Arbeitswelt von morgen erforschen wollen. Der vorliegende Aufsatz beantwortet die Frage in drei Teilen. Diese Teile lauten:

1. Das Familienunternehmen als Eintagsfliege,
2. Das Familienunternehmen als Zwei-Generationen-Dynastie,
3. Das Familienunternehmen als „Old Soldier".

B. Das Familienunternehmen als Eintagsfliege

An dem zweiten Zehnwochen-Seminar des USW im Jahre 1970 nahm ein junger Abteilungsleiter eines Großunternehmens teil, der nicht nur durch seine sächsische Aussprache, sondern auch durch sein sehr unabhängiges Verhalten auffiel. Das war durchaus verständlich. Als er – mit Verlaub – „die Schnauze voll" hatte vom Sozialismus, war er in den Westen „getürmt". „Geflohen" wäre für ihn der falsche Ausdruck gewesen. „Gestürmt" hätte für ihn besser gepasst. Eines Tages kam er zu mir und sagte: Sie kennen mich doch nun schon seit einigen Wochen. Was halten Sie von mir? Das Gespräch ist für mich wichtig und völlig risikolos. Sie werden meinem Chef ja nicht davon berichten! Ich habe ihm damals gesagt: „Bleiben Sie so, wie Sie sind!" Dabei wusste ich sehr wohl, er würde nicht nur bei seinem derzeitigen Unternehmen, sondern bei jedem Großunternehmen scheitern. Er scheiterte zwar nicht, kam aber zwei Jahre später zu mir und sagte: „Ich mache mich selbständig. Können Sie mir dabei helfen?" Die ersten Jahre der Selbständigkeit waren hart, und ohne die Mithilfe der Ehefrau und dann auch der beiden Töchter wäre der Erfolg zweifelhaft gewesen. Im Frühjahr 1989 verkaufte er das Unternehmen und setzte sich zur Ruhe – bis zur Wende. Dann hielt es ihn nicht mehr, und er gründete in seiner sächsischen Heimat im Alter von 55 Jahren ein neues Unternehmen – wieder erfolgreich. Inzwischen hat er es verkauft, weil die Banken ihn dazu zwangen: „Ohne Nachfolger kein Kredit!" Aber finden Sie mal einen Nachfolger für einen solchen Urtyp eines Familienunternehmers! Menschen wie ihn habe ich in den letzten dreißig Jahren immer wieder kennen gelernt. Sie haben mich zu der Erkenntnis gebracht, dass es einen ganz besonderen Typ von Familienunternehmen gibt: Die Eintagsfliege.

Ich definiere die Eintagsfliege als ein Unternehmen, in dem ein Familienmitglied, z.B. der Vater, seine Selbständigkeit genießt und seine Abenteuerlust auslebt und die anderen Familienmitglieder wohl oder übel – mehr übel als wohl – im Unternehmen mitarbeiten, wenn sie Ehemann und Vater überhaupt sehen wollen, denn der verbringt 60 bis 70 Stunden in der Woche im Betrieb. Das ist übrigens nichts Neues. Neu ist nur, dass heute Familienleben und Berufsleben an verschiedenen Orten stattfinden. Das ist aber erst seit dem Entstehen der großen Fabrikbetriebe in der industriellen Revolution vor rund 150 Jahren der Fall. Bis dahin lebte die Familie des Kaufmanns oder des Handwerksmeisters im sel-

| Hat das Familienunternehmen eine Zukunft? |

ben Haus, in dem das Büro oder die Werkstatt den besten Platz einnahmen. Ein besonders schönes Beispiel für diese räumliche Einheit von Familie und Familienunternehmen sind die Kaufmannshäuser in Lübeck. Sie gleichen auf Land gesetzten Schiffen mit Kontor, Warenlager und Kajüten für die Familie und mit einem Aufenthaltsraum für die Familie und die Mannschaft.

Die Eintagsfliegen haben eine sichere Zukunft. Es wird sie immer geben. Selbst die Politiker, die nicht immer wissen, was sie tun, kennen die Edinburger Regel der Finanzwissenschaft: „Man soll die Hühner, die da goldene Eier legen, gar nimmermehr schlachten!" Schließlich liegt der Anteil der Familienunternehmen an der Gesamtzahl der deutschen Unternehmen zwischen 97 % und 99 %! In den USA, in Japan und in Brasilien liegen die Verhältnisse ähnlich.

Natürlich ist die Zukunft jedes einzelnen Familienunternehmens nicht sicher. Die Wahrscheinlichkeit, dass ein neu gegründetes Unternehmen die ersten vier Jahre überlebt, liegt bei rund 50 %. Man spricht daher auch von der „Säuglingssterblichkeit des Familienunternehmens". Und auch nach vier Jahren ist die Zukunft keineswegs sicher.

Aber die Gattung „Familienunternehmen" hat eine Zukunft: In Deutschland ist der Gründungssaldo positiv. Es werden also jedes Jahr mehr Familienunternehmen gegründet als abgemeldet.

C. Das Familienunternehmen als Zwei-Generationen-Dynastie

Die Familienunternehmer stecken nicht nur ihre ganze Zeit in ihr Unternehmen, sondern auch ihr ganzes Geld. Das Erbe, das sie ihren Kindern hinterlassen, ist das Unternehmen. Da die Unternehmer das natürlich voraussehen können, hoffen sie darauf, dass eines ihrer Kinder als Nachfolger in das Unternehmen eintritt. Wenn diese Hoffnung in Erfüllung geht, wird aus der Eintagsfliege eine „Zwei-Generationen-Dynastie".

Aber das ist keineswegs selbstverständlich. Manche Kinder wollen nicht Nachfolger werden. Der junge Buddenbrook wollte lieber Geiger werden. Manche Kinder wollen Nachfolger werden, eignen sich aber nicht dazu, und nur im glücklichen Fall findet sich ein Nachfolger, der kann und will.

In einem Familienunternehmen war ein Beirat aus familienfremden Mitgliedern geschaffen worden mit der Aufgabe, die Nachfolge zu regeln. In der Satzung des Unternehmens war ausdrücklich festgelegt worden, dass eine Nachfolge in der Familie nur dann in Betracht kommen sollte, wenn der Sohn vom Beirat als geeignet befunden würde. Der Beirat befand solches nicht. Daraufhin meinte die Mutter, der 5 % der Anteile gehörten – die restlichen 95 % lagen bei dem Vater –, es sei doch leichter, die Satzung zu ändern, als einen familienfremden Nachfolger zu finden. Und so geschah es. Der Sohn trat die Nachfolge an, und der Beirat trat zurück. In der Praxis spricht man bei einem solchen Vorgang davon, dass „Blut dicker als Wasser" sei.

Aber auch das gibt es: Ein Unternehmer hatte einen Sohn, den er zum Nachfolger bestimmte. Der Vater war ein Patriarch, und der Sohn gehorchte. Der Vater behielt die Stimmenmehrheit in der GmbH, und der Sohn war Geschäftsführer, dem der Vater unter Berufung auf das GmbH-Gesetz permanent in die Geschäftsführung hineinredete. Schließlich ging der Vater so weit, bei den eigenen Hausbanken Zweifel an den Fähigkeiten des

Sohnes zu äußern. Die Banken wurden vorsichtiger mit der Kreditvergabe, und das Unternehmen geriet in eine Krise. In der Theorie nennt man das „self-fulfilling expectations". Glücklicherweise für das Unternehmen starb der Vater vor dem Höhepunkt der Krise. Der Sohn meisterte sie und wurde ein sehr erfolgreicher Unternehmer – im Alter von 55 Jahren!

Und schließlich eine dritte wahre Geschichte: Ein Familienunternehmer hatte einen Sohn, der konnte und wollte. Aber der Beiratsvorsitzende war der Ansicht, dass er nicht sollte. Die Zukunft des Unternehmens war gefährdet, und der Sohn sollte nicht seine und seiner Familie Zukunft an die Zukunft des Unternehmens binden. Nach drei Stunden intensiver Diskussion kam der Beiratsvorsitzende jedoch zu der Überzeugung, dass die Zukunft des Unternehmens gesichert werden könnte, wenn der Sohn seine Zukunft mit der des Unternehmens verbände. Die Familiendynastie konnte fortgesetzt werden: in der vierten Generation.

Eine so lange Folge von Generationen im Familienunternehmen ist außerordentlich selten. Wir haben die Nachfolgeprobleme in Familienunternehmen des Landes Rheinland-Pfalz untersucht und festgestellt, dass in 64 % der Fälle ein Familienmitglied die Nachfolge antrat. In Westdeutschland waren es zwischen 1995 und 2000 nur 43 %. Das heißt: Rein statistisch gesehen, beträgt die Wahrscheinlichkeit, dass ein Unternehmen auch in der vierten Generation noch von einem Familienmitglied geführt wird, in Deutschland nur noch rund 8 % und bestenfalls, wie in Rheinland-Pfalz, 26 %. Unsere Untersuchungen zeigen aber auch, dass diese Wahrscheinlichkeit der Generationenfolge eine bedingte ist. Sie hängt davon ab, dass ein durch und durch gesundes Unternehmen übergeben wird. Genauer: es müssen von Vorgänger und Nachfolger bestimmte Regeln eingehalten werden, wenn eine Nachfolge in der Familien-Dynastie erfolgreich sein soll. Diese Regeln lauten:

Regeln für den Senior:

1. Fahre zweigleisig. Bereite deine Kinder vor, aber rechne nicht damit, dass sie auch bereit sein werden, dein Nachfolger zu werden. Gute Nachfolger haben Alternativen, und schlechte Manager sollte man nicht zu Nachfolgern machen.
2. Führe eine gute strategische Planung durch und installiere ein gutes strategisches Management mit deinen Mitarbeitern. Wer das hat, hat auch keine Angst vor der Regelung der Nachfolge.
3. Schließe einen Ehevertrag und einen Erbvertrag ab. Besser noch: führe eine vorweggenommene Erbfolge durch. Strategisches Management und Erbvertrag sind notwendige Voraussetzungen für eine erfolgreiche Nachfolge.
4. Scheide aus dem Unternehmen mit 62 oder mit 65 Jahren aus, und zwar definitiv. Dann haben dein Sohn oder deine Tochter schon genug Erfahrung und noch genug Biss, und du hast noch genug Freude daran, einen neuen Lebensabschnitt zu beginnen.
5. Stehe deinem Nachfolger zu Gesprächen zur Verfügung, aber nicht im Unternehmen. Nimm kein Beiratsmandat im Unternehmen an und schließe auch keinen Beratervertrag ab, schon gar nicht „auf Lebenszeit"! Wenn du partout weiterhin unternehmerisch tätig sein willst, gründe ein neues Unternehmen.

Regeln für den Junior:

1. Tritt die Nachfolge nicht an, wenn
   – der Senior die Regeln für den Senior nicht beachtet

> Hat das Familienunternehmen eine Zukunft?

- der Senior weiterhin 25 % oder mehr der Stimmen und des Kapitals am Unternehmen hält,
- der Senior das Unternehmen über Miet- und Pachtverträge in der Hand hat,
- du ein Familienmitglied nicht auskaufen kannst, dessen Ehepartner hohe Ausschüttungen liebt.

2. Wenn du die Nachfolge antrittst, scheue dich nicht, alles anders zu machen als der Senior. Das gilt
   - für die Produktionstechnologie,
   - für neue Produkte,
   - für Kunden- und Lieferantenbeziehungen,
   - und für die Methoden der Mitarbeiterführung.

In der Hälfte aller von uns untersuchten Unternehmen hat der Nachfolger derartige Änderungen im Unternehmen nach Übernahme der Verantwortung vorgenommen, und sie haben sich positiv auf das Unternehmen ausgewirkt.

Für die Familien-Dynastie gilt also: Die Wahrscheinlichkeit, dass ein einzelnes Familienunternehmen eine Zukunft hat, geht mit der Anzahl der Generationen gegen Null. Sie kann jedoch erhöht werden, wenn jede Generation das Familienunternehmen global wettbewerbsfähig erhält und kerngesund an die nächste Generation überträgt.

Diese Aussage lässt sich unternehmensgeschichtlich untermauern.

Von den 12 im Jahre 1964 größten Automobilunternehmen der Welt waren damals nur noch drei Familienunternehmen: Fiat, Toyota und Daimler-Benz. Alle drei waren börsennotiert.

Von den 12 im Jahre 1964 größten Chemie-Unternehmen der Welt war keines mehr ein Familienunternehmen. Nur die Namen erinnerten noch an die Gründerfamilien: DuPont, Bayer, Procter&Gamble, Poulenc und Monsanto.

Von den 12 im Jahre 1964 größten Elektro-Unternehmen der Welt war keines mehr ein Familienunternehmen. Nur die Namen Philips und Siemens erinnern noch an die Gründerfamilien. Der Name Hitachi ist übrigens kein Familienname, sondern der Name eines kleinen Fischerdorfes („aufgehende Sonne"), in dem Namihei Odaira im Jahre 1910 sein Unternehmen gründete.

Die Unternehmensgeschichte bestätigt also unsere Aussage: Das Familienunternehmen hat, über mehrere Generationen gesehen, keine Zukunft.

D. Das Familienunternehmen als „Old Soldier"

I. Beispiele

Mit dieser Aussage ist die gestellte Frage nicht abschließend beantwortet. Ich möchte die These aufstellen, dass das Familienunternehmen die Familie überlebt. Nach vielen Generationen ist die Familie nicht mehr im Unternehmen vertreten, aber in erfolgreichen Unternehmen lebt die Familie, leben ihre Werte, lebt ihre Kultur fort. In der Rechtsform der Aktiengesellschaft leben diese Unternehmen als „Old Soldiers" nach dem Wort von Alfred Marshall: „Old Soldiers never die" fort.

Zwei Beispiele, Siemens und Hohner, mögen das veranschaulichen. Beide Unternehmen wurden als Familiengesellschaften vor 140 bzw. 130 Jahren gegründet. An der Siemens AG hält die Familie nur noch einen geringen Anteil des Kapitals, an der Hohner AG ist die Familie überhaupt nicht mehr beteiligt. Eine taiwanesische Firmengruppe hält gut 72 % des Kapitals, der Rest befindet sich in Streubesitz.

Worin liegt der Unterschied zwischen beiden Unternehmen? Siemens ist immer noch mehr als ein Familienname. Siemens ist immer noch ein Familienunternehmen. Die Unternehmenskultur, die Werner Siemens geschaffen hat, wirkt auch heute noch und prägt das Verhalten der Menschen im Unternehmen. Bei Hohner ist aus dem Familiennamen ein „brand name" geworden. Das Unternehmen hat eine Krise von dreißig Jahren überlebt, weil Investoren an diesem Markennamen interessiert waren. Aber ich sage voraus, dass auch das neue Management das Unternehmen nicht aus der Krise führen wird, wenn es ihm nicht gelingt, die alten Familienmythen wieder zu beleben. In groß gewordenen Familienunternehmen gibt es so etwas wie einen „Zauber" der Familien-Vergangenheit. Die guten Manager sind die „alten Meister", die diesen Zauber „zu ihrem Zwecke" einzusetzen wissen. Schlechte Manager sind wie die „Zauberlehrlinge".

Wie sichern nun die „alten Meister" die Zukunft der großen alten Familiengesellschaften, der „Old Soldiers"?. Sie wenden zwei Formen des Management an:

Öffnungsmanagement und
Präzisionsmanagement

II. Öffnungsmanagement

Entscheidend für den Übergang von der Familien-Dynastie zum großen Familienunternehmen ist, rechtzeitig zu erkennen, dass das Unternehmen nicht mehr nach dem Grundsatz „Blut ist dicker als Wasser" geführt werden darf, sondern dass es sich öffnen muss. Ich habe diese Form der Führung von Familienunternehmen „Öffnungsmanagement" genannt. Erfahrungsgemäß fällt das nicht jedem Familienunternehmen leicht. Öffnungsmanagement umfasst:

1. Öffnung zum Arbeitsmarkt

Selbst große Familienunternehmen sind am Arbeitsmarkt nicht sichtbar. Bei Daimler oder McKinsey bewirbt sich (fast) jeder, auf jeden Fall jeder Gute. Große Familiengesellschaften haben Schwierigkeiten, gute Mitarbeiter zu finden. Die Öffnung zum Arbeitsmarkt spart sowohl Suchkosten als auch Lohn und Gehalt. Die Personalchefs großer Familienunternehmen sollten darüber nachdenken, warum so viele Schul- und Hochschulabsolventen bei Management Consultants tätig werden wollen. Diese bieten keinerlei Pensionsregelung, dafür aber große fachliche Herausforderungen, denen sich intelligente junge Menschen gerne stellen.

2. Öffnung zum Managermarkt

Die Öffnung zum Managermarkt ist die zweite wichtige Aufgabe im Rahmen des Öffnungsmanagement. In Deutschland gibt es keinen funktionsfähigen Managermarkt. Die

Hat das Familienunternehmen eine Zukunft?

Suche nach guten Managern ist teuer und Zeit raubend. Der Rückgriff auf Familienmitglieder mindert zweifellos die Suchkosten, erhöht aber das Risiko mangelnder Professionalität. Dem kann nur teilweise durch einen sorgfältigen Ausbildungsplan für das Familienmitglied begegnet werden. Auch die Annahme, man könne familienfremde Manager aus den Nachwuchskräften im eigenen Unternehmen rekrutieren, ist zumeist falsch. An der Einstellung von professionellen Managern von außen führt daher kein Weg vorbei. Gut geführte große Familienunternehmen nehmen sich doppelt so viel Zeit für die Suche nach einem neuen Manager wie schlecht geführte.

3. Öffnung zum Kapitalmarkt

Öffnungsmanagement umfasst auch Öffnung zum Kapitalmarkt. Selbst Familienunternehmen, die ihr Wachstum aus eigener Kraft finanzieren können, öffnen sich dem Kapitalmarkt, sei es, um unabhängig von den Banken zu werden, sei es, um sich der Diskussion mit den institutionellen Investoren zu stellen. Die Öffnung zum Kapitalmarkt bedeutet eine radikale Wende in der Politik gegenüber den Familiengesellschaftern. Sie dürfen nicht mehr als Familienmitglieder behandelt werden, die man mit Brosamen vom Tische des Unternehmens abspeisen kann. Sie müssen behandelt werden, als wären es fremde Kapitalgeber. In Abwandlung des bekannten Wortes von Goethe könnte man formulieren: Nur der verdient sich Geld, das andre geben, der täglich es erobern muss.

Diese Einstellung gegenüber den Familiengesellschaftern fehlt praktisch immer bei den Managern des großen Familienunternehmens, häufig aber auch bei den Familienmitgliedern selbst. Als ich die für jeden Betriebswirt selbstverständliche Aussage, dass die Gesellschafter einer Familiengesellschaft kapitalmarktgerechte Ausschüttungen erhalten müssten, einmal im Kreise der Familiengesellschafter eines großen Familienunternehmens machte, sagte ein Familienmitglied: „Aber das können wir doch gar nicht fordern, wir haben doch unseren Anteil am Unternehmen alle geerbt! Wir haben doch nichts dafür getan!" Eine solche das Management korrumpierende Einstellung kann man nur durch Öffnung zum Kapitalmarkt vermeiden. Wenn ein Familiengesellschafter weiß, dass er sich jederzeit von seinem Investment in dem Unternehmen zu einem fairen Preis, dem Marktpreis, trennen könnte und es doch nicht tut, dann ist das ein Signal für das Management, dass das Unternehmen erfolgreich geführt wird. Es ist die Anwendung des alten Grundsatzes der Personalführung, wonach man Zugvögel ziehen lassen soll, auf die Finanzierung. Das Management, das Zugvögel ziehen lässt, weiß natürlich sehr genau, dass es die heimischen Vögel braucht, und handelt entsprechend.

III. Präzisionsmanagement

Öffnungsmanagement ist eine wichtige Voraussetzung für die Zukunftsfähigkeit der großen Familienunternehmen. Eine zweite wichtige Voraussetzung ist: Präzisionsmanagement. Unsere Untersuchungen der gut geführten und der schlecht geführten Unternehmen haben gezeigt: Die guten sind besessen von Präzision. Sie sind nicht grundsätzlich besser, sie machen nur weniger Fehler als die Wettbewerber. Ich spreche deshalb auch von Null-Fehler Management. Es umfasst vor allem die Absatzpolitik, die Personalpolitik und die Finanzpolitik.

1. Null-Fehler-Absatzpolitik

Der erste Fehler, den große Familienunternehmen machen, lautet: „Erfülle jeden Kundenwunsch!" Ich habe bei Firmenübernahmen immer wieder beobachten können, wie bei an und für sich erfolgreichen Unternehmern das Jagdfieber ausbricht und das weidwunde Unternehmen, von den Banken den jagenden Unternehmern zugetrieben, erlegt wird, um „Marktanteile" auszuweiden. Erst dann stellt man fest, dass bei dem maroden Unternehmen alle Kunden gelandet sind, die auf Erfüllung jeden Wunsches bestanden und die deshalb keines der erfolgreichen Unternehmen in der Branche haben wollte.

Die gut geführten Familienunternehmen wissen, dass Kunden wie Schopenhauers Stachelschweine sind: Man muss nah genug an sie herankommen, um keinen Wettbewerber an sie heran kommen zu lassen, und man muss genügend Distanz halten, damit man sich nicht sticht und dann blutet.

Ein gut geführtes Unternehmen zeichne sich dadurch aus, dass es „fokussiert" sei, heißt es bei den Finanzanalysten. Als neulich dem Chef eines Familienunternehmens in einem Analysten-Gespräch vorgehalten wurde, das Unternehmen sei nicht fokussiert genug, antwortete er schlicht: „Vielleicht nicht fokussiert, aber sehr erfolgreich!" Es kommt bei der Absatzpolitik nicht darauf an, fokussiert zu sein, sondern darauf, weniger Fehler als die Wettbewerber zu machen und deshalb zu den zwei oder drei besten Unternehmen auf seinem Markt zu gehören.

2. Null-Fehler-Personalpolitik

Schlecht geführte Familienunternehmen zeichnen sich durch zu viele Fehler in der Personalpolitik aus. Einer dieser Fehler sind „Hausberufungen". Wir kennen sie aus den deutschen Universitäten. Der Niedergang der Fakultät, die Hausberufungen macht, ist sicher. Bei Familienunternehmen ist es nicht anders.

Eine schlechte Personalpolitik der Familienunternehmen ist zweitens dadurch gekennzeichnet, dass die Mitarbeiter zu gut behandelt werden. Familienunternehmer und Mitarbeiter bilden vielfach eine Familie. Bei vielen Familienunternehmen gehen die Mitarbeiter einschließlich des Betriebsrats für die Familie durchs Feuer. Aber die Kehrseite der Medaille ist, dass es am Standort des Unternehmens, der ja auch der Wohnort der Familie ist, sehr schwer ist, Massenentlassungen vorzunehmen, um die Wettbewerbsfähigkeit aufrechtzuerhalten. Da werden dann leicht zu viele Fehler gemacht, vielleicht, weil das Herz blutet, vielleicht, weil das unternehmerische Prinzip der sozialen Verantwortung falsch verstanden wird. Die Entscheidung für die notwendigen Entlassungen haben dann nach Ausbruch der Krise familienfremde Manager zu treffen. Auch sie, das sei ausdrücklich hinzugefügt, müssen es verstehen, das Vertrauen der Mitarbeitervertretung zu finden. Aber das ist ein Vertrauen, das die Japaner in den keiretsu, den Familienverbänden von Unternehmen, „kaltes Vertrauen" nennen: Es ist geprägt von Hinwendung zu den Mitarbeitern, aber emotionslos und ohne „Familienschwüre" zugunsten altgedienter Mitarbeiter effizient.

Ein gut geführtes Familienunternehmen beherzigt in der Personalpolitik den Grundsatz: „Class A people hire Class A people, Class B people hire Class C people". Erstklassige Spezialisten und Manager ziehen erstklassige Mitarbeiter an wie das Licht die Schmetterlinge. Im immer intensiver werdenden Wettbewerb um exzellente Mitarbeiter muss man eine erste Adresse sein, wenn das Familienunternehmen eine erfolgreiche Zukunft haben will.

Ein gut geführtes Unternehmen weiß auch um die Erkenntnisse der modernen Organisationssoziologie. Unternehmer haben keine anderen Gene als erstklassige Mitarbeiter. Wie könnte es auch anders sein angesichts der Tatsache, dass mehr angestellte Mitarbeiter jedes Jahr ein Familienunternehmen gründen, als Unternehmerkinder ein Familienunternehmen übernehmen! Alle Eigenschaften eines guten Familienunternehmens zeichnen auch einen guten Mitarbeiter aus.

3. Null-Fehler-Finanzmanagement

Gut geführte Familienunternehmen machen vor allem weniger Fehler in der Finanzpolitik als andere. Einer der größten Fehler ist es, dass Gesellschafter-Geschäftsführer zu lange in der Geschäftsführung bleiben. Die jüngeren Gesellschafter oder auch die Banken versuchen dann, sie mit Beratungsaufträgen oder mit Betriebsaufspaltung und Pacht der Betriebsgebäude durch die Betriebsgesellschaft zu überhöhten Mieten aus der Geschäftsführung herauszukaufen. Das führt zu Liquiditätsabflüssen, welche die Zukunft des Familienunternehmens gefährden. Ich habe es erlebt, dass ein Familienunternehmen einem ausscheidenden Gesellschafter-Geschäftsführer einen Lizenzvertrag auf Lebenszeit für seine Patente anbieten musste und schließlich hohe Lizenzen zahlte, obwohl die technischen Anlagen gar nicht mehr benutzt wurden, auf die der Gesellschafter die Patente hielt. Da gehören Dienstwagen und Sekretärin bis ans Lebensende noch zu den kleineren Fehlern, welche die Liquidität des Familienunternehmens gefährden.

Gut geführte Familienunternehmen betreiben eine stock-konservative Finanzpolitik. Sie wissen: Geld ist wie ein scheues Reh. Man darf es nicht jagen wollen oder gar müssen, es muss zu einem kommen. Und wenn die Banken mit dem Geld kommen, muss man wissen: In der Not sind sie mit dem Geld weg. Deshalb gehört zu einer guten Finanzpolitik die Öffnung zum Kapitalmarkt. Was man hat, kann man verlieren, aber es kann einem nicht mehr genommen werden.

Familienunternehmen sind dem Shareholder Value Prinzip verpflichtet. Aber glaubwürdig wird dieses Prinzip nur, wenn sich das Familienunternehmen dem Urteil des Kapitalmarkts stellt. Der Druck, der vom Kapitalmarkt auf die Unternehmensführung ausgeht, ist so heilsam, dass die Steigerung des Shareholder Value die Familienmitglieder bei der Stange hält. Eine kapitalmarktorientierte Finanzpolitik verbessert also die Zukunftschancen des Familienunternehmens.

Die „Old Soldiers", dem Kapitalmarkt geöffnet und von der Familientradition durchdrungen, bilden also einen fließenden Übergang zur Publikums-Aktiengesellschaft, zur „sociedad anónima". Einen Gegensatz zwischen großer Familiengesellschaft und Publikumsaktiengesellschaft mit Familientradition konstruieren zu wollen, ist methodisch bedenklich. Bei wenig erfolgreichen Unternehmen ist das besonders klar zu erkennen. In der Familiengesellschaft gibt es Zwist in der Familie, bei der Publikums-Aktiengesellschaft gibt es Streit im Vorstand. Nur: ein Vorstandsmitglied wird man leichter los als ein Familienmitglied!

E. Bedingungen für das Überleben von Familienunternehmen

Wir wollen nun die Bedingungen zusammenfassend skizzieren, von denen die Zukunft des Familienunternehmens abhängt. Ich unterscheide Bedingungen, die das Überleben unwahrscheinlicher machen, und solche, welche die Zukunft des Familienunternehmens sichern.

Fassen wir zunächst die Bedingungen zusammen, welche die Zukunft des Familienunternehmens gefährden:

1. Den Kunden des Unternehmens wird jeder Wunsch erfüllt,
2. Die strategische Planung existiert nur im Kopf des Unternehmers,
3. Hockey-Schläger-Prognosen werden für Planung gehalten,
4. Führungskräfte werden nicht auch extern am Manager-Markt rekrutiert,
5. Der Unternehmer ist nicht hart genug, sich rechtzeitig von Mitarbeitern zu trennen, wenn es die Aufrechterhaltung der Wettbewerbsfähigkeit gebietet,
6. Aus dem Controlling werden nicht die erforderlichen Konsequenzen gezogen,
7. Die Familiengesellschafter werden nicht angemessen mit Ausschüttungen bedient.

Die Bedingungen, deren Erfüllung durch den Familienunternehmer die Zukunft seines Unternehmens sicherer macht, lauten zusammenfassend:

1. Alle Mitglieder sind besessen von der Idee, die Nummer 1 (Ichiban-Prinzip) oder wenigstens die Nummer 2 auf ihrem Markt in der Welt zu sein und zu bleiben,
2. Dem Familienunternehmer sind die besten Mitarbeiter gerade gut genug,
3. Der Unternehmer betreibt daher sehr intensives Personalmarketing,
4. Der Unternehmer betreibt eine stockkonservative Finanzpolitik,
5. Dem Unternehmer ist Unabhängigkeit von den Banken oberstes Gebot der Finanzpolitik,
6. Der Unternehmer macht schon die Gesellschafterversammlung, auf der über die Höhe der Ausschüttung beschlossen wird, zu einem Familienfest und nicht erst das anschließende Dinner,
7. Das Familienunternehmen maximiert bei allen seinen Entscheidungen den Shareholder Value.
8. Das Unternehmen motiviert seine Mitarbeiter durch Beteiligung am Shareholder-Value
9. Das Unternehmen stellt sich der Diskussion mit den Finanzanalysten und Rating-Agenturen,
10. Das Unternehmen scheut den Gang an die Börse nicht, es lässt sich aber auch unter keinen Umständen zu diesem Gang von den Banken zwingen.

F. Schlussbemerkung

Das Familienunternehmen hat also eine Zukunft: als Eintagsfliege, als Familien-Dynastie und als „old soldier", den das, was man „den Geist des Hauses" in durchaus bewusster Anspielung auf Fürstenhäuser nennt, unsterblich macht. Die Anspielung auf Fürstenhäuser ist bei manchen Familienunternehmen der „guten alten Zeit" nicht einmal fehl am

Platze. Die Familienmitglieder wurden geadelt und lebten in Palästen, die Fürstenschlössern glichen. Man denke an die „Breakers" oder an die Villa Hügel. Der Hinweis auf Alfred Krupp zeigt aber auch einen Weg in die Zukunft des Familienunternehmens auf, der hier nicht behandelt wurde: aus den Familienunternehmen Krupp und Thyssen ist inzwischen das Unternehmen Thyssen-Krupp geworden. In Anspielung auf einen im Hause Habsburg geprägten Satz, der die Zukunft des Hauses sichern sollte, mag man versucht sein, mit dem Hinweis: „Tu, felix negotium familiale, merge!" zu schließen.

Zusammenfassung

Der Aufsatz arbeitet die Bedingungen für das Überleben von Familienunternehmen heraus. Es werden drei Arten von Familienunternehmen unterschieden: das Familienunternehmen für eine Generation, das Unternehmen, das in einer endlichen Zahl von Generationen von Familienmitgliedern geführt wird, und das große Familienunternehmen, das die Familientradition über den Zeitpunkt hinaus bewahrt, in dem die Familie ihren Einfluss auf das Unternehmen verliert. Die Bedingungen für das Überleben dieser drei Arten sind sehr unterschiedlich. Das Familienunternehmen der Gründergeneration muss die „Säuglingssterblichkeit" überwinden und bereit sein, hart und viele Stunden in der Woche zu arbeiten und hohe Risiken einzugehen. Das Unternehmen, das eine Generation überlebt, muss die Generationenfolge effizient managen. Dafür werden eine Reihe von Bedingungen angegeben. Das große Familienunternehmen überlebt nur, wenn es ein konsequentes Öffnungsmanagement neben einem harten Präzisionsmanagement betreibt und gleichzeitig die Familientradition mit „kaltem Vertrauen" pflegt.

Summary

The paper analyzes the conditions for survival of family companies. Three types of family companies are distinguished, the one-generation company, the company with a few generations of family control, and the large family company that harbors the family tradition beyond the point when the family no longer controls or even owns the company. The conditions for survival are very different for these three types of family companies: the one-generation company has to cope with the "infant mortality" problem. The owner has to be ready to work hard and long hours and to take major risks. The family company that remains in family control for a few generations has to manage the transition from one generation to the next efficiently. Rules that have to be observed in this process are given for the exiting generation and for the incoming generation. The large family company has good chances to survive and to become what Alfred Marshall called "the old soldier" if it applies what can be called "opening-up-management", if it manages for precision and competitiveness with a tough hand and if it continues to harbor the family traditions and values with what the Japanese call "cold trust".

21: Unternehmensführung (JEL M19)

Produktmanagement kompakt und umfassend

Inhalt:

Ziele, Aufgaben und Grundkonzept

Strategische Aspekte

Neuproduktplanung und -kontrolle

Management existierender Produkte

Organisation

Programmpolitischer Entscheidungsbereich

Kontrolle produktpolitischer Entscheidungen

Ausgewählte Beispiele

Die Herausgeber:

Sönke Albers/
Andreas Herrmann (Hrsg.)
Handbuch Produktmanageme
Strategieentwicklung – Produktplanu
– Organisation – Kontrolle
2., überarb. u. erw. Aufl.
2002. XX, 1114 S.
Geb. mit SU € 99,00
ISBN 3-409-21595-6

Dieses Handbuch liefert einen Überblick über alle wichtigen Aufgaben im Produ management und vermittelt Lösungen zu vielfältigen Fragen der Produktgestalt Die 2. Auflage wurde überarbeitet und um Überlegungen zur Markenbildung erw tert. Unternehmen wie Audi, Simon, Kucher & Partners, Roland Berger & Partr Pirelli, Procter & Gamble, GfK, Schott u.a. stellen ihre Konzepte vor. „Kundeno tierte Produktgestaltung wird immer wichtiger. Technik verkauft sich nicht von selbst. Das vorliegende Buch vermittelt Top-Informationen zu Entwicklung, Proc tion und Vermarktung von Produkten." Hermann Simon, Simon, Kucher & Partn Bonn

Prof. Dr. Sönke Albers ist Inhaber des Lehrstuhls für Betriebswirtschaftslehre Marketing an der Christian-Albrechts-Universität zu Kiel und Direktor des Insti für betriebswirtschaftliche Innovationsforschung.

Prof. Dr. Andreas Herrmann ist Dirketor des Instituts für Medien- und Kommun tionsmanagement an der Universität St. Gallen.

Bestellung

Fax: 06 11.78 78-420

Ja, ich bestelle:

___ Expl. Albers/Herrmann (Hrsg.) **Handbuch Produktmanagement**
Geb. mit SU € 99,00
ISBN 3-409-21595-6

Vorname und Name

Straße (bitte kein Postfach)

PLZ, Ort

Unterschrift

Änderungen vorbehalten. Erhältlich beim Buchhandel oder beim Verlag. Abraham-Lincoln-Str. 46, 65189 Wiesbaden, Tel: 06 11.78 78-124, www.gabler.de

State of the Art des Internationalen Management

Inhalt:

Grundlagen des internationalen Managements

Chancen und Probleme des internationalen Markteintritts

Vorbereitung und Alternativen des internationalen Engagements

Internationalisierung über Export

Internationalisierung über Kooperationen

Internationalisierung durch Direktinvestitionen

Internationalisierung durch virtuelle Unternehmen und E-Business

Kontrolle der internationalen Aktivitäten

MACHARZINA/OESTERLE
HANDBUCH INTERNATIONALES MANAGEMENT

GABLER

Klaus Macharzina/
Michael-Jörg Oesterle (Hrsg.)
Handbuch
Internationales Management
Grundlagen – Instrumente
– Perspektiven
2., überarb. u. erw. Aufl. 2002.
XXXIV, 1190 S.
Geb. mit SU € 124,00
ISBN 3-409-22184-0

Führende Wissenschaftler sowie namhafte Praktiker vermitteln einen umfassenden Überblick über den Stand und die zukünftigen Entwicklungen der internationalen Unternehmensführung. Für die 2. Auflage überarbeitete sowie neue Beiträge zu den Kernbereichen des Internationalisierungsprozesses – Eintritt in fremde Märkte, strategische Gestaltung des Engagements und dessen koordinative Kontrolle – gewährleisten ein hohes Maß an theoretischer und praxisbezogener Problemorientierung.

Professor Dr. Klaus Macharzina ist Inhaber des Lehrstuhls für Unternehmensführung, Organisation und Personalwesen, Leiter der Forschungsstelle für Export- und Technologiemanagement sowie Präsident der Universität Hohenheim. Seine besonderen Forschungsinteressen liegen auf den Gebieten der Unternehmensführung und des Internationalen Managements.
Professor Dr. Michael-Jörg Oesterle ist Inhaber des Lehrstuhls für Allgemeine Betriebswirtschaftslehre, insbesondere Internationales Management, an der Universität Bremen. Seine besonderen Forschungsinteressen liegen auf den Gebieten der Organisationstheorie und des Internationalen Managements. Die Autoren sind anerkannte Vertreter von Theorie und Praxis.

Bestellung

Fax: 0611.7878-420

321 02 102

Ja, ich bestelle:

_____ Expl. Klaus Macharzina/
Michael-Jörg Oesterle (Hrsg.)
Handbuch
Internationales Management
Geb. mit SU € 124,00
ISBN 3-409-22184-0

Änderungen vorbehalten.
Erhältlich beim Buchhandel oder beim Verlag.

Vorname und Name

Straße (bitte kein Postfach)

PLZ, Ort

Unterschrift

Abraham-Lincoln-Str. 46, 65189 Wiesbaden, Tel: 0611.7878-124, www.gabler.de

GABLER

Grundsätze und Ziele

Die **Zeitschrift für Betriebswirtschaft** ist eine der ältesten deutschen Fachzeitschriften der Betriebswirtschaftslehre. Sie wurde im Jahre 1924 von Fritz Schmidt begründet und von Wilhelm Kalveram und Erich Gutenberg fortgeführt. Sie wird heute von zwölf Persönlichkeiten aus dem Bereich der Universität und der Wirtschaftspraxis herausgegeben.

Die Zeitschrift für Betriebswirtschaft verfolgt das Ziel, die **Forschung auf dem Gebiet der Betriebswirtschaftslehre** anzuregen sowie zur Verbreitung und Anwendung ihrer Ergebnisse beizutragen. Sie betont die Einheit des Faches; enger und einseitiger Spezialisierung in der Betriebswirtschaftslehre will sie entgegenwirken. Die Zeitschrift dient dem **Gedankenaustausch zwischen Wissenschaft und Unternehmenspraxis.** Sie will die betriebswirtschaftliche Forschung auf wichtige betriebswirtschaftliche Probleme in der Praxis aufmerksam machen und sie durch Anregungen aus der Unternehmenspraxis befruchten.

Die Qualität der Aufsätze in der Zeitschrift für Betriebswirtschaft wird nicht nur durch die Herausgeber und die Schriftleitung, sondern auch durch einen Kreis von Gutachtern gewährleistet. Das **Begutachtungsverfahren** ist doppelt verdeckt und wahrt damit die Anonymität von Autoren wie Gutachtern gemäß den international üblichen Standards.

Die Zeitschrift für Betriebswirtschaft veröffentlicht im Einklang mit diesen Grundsätzen und Zielen:

- **Aufsätze** zu theoretischen und praktischen Fragen der Betriebswirtschaftslehre einschließlich von Arbeiten junger Wissenschaftler, denen sie ein Forum für die Diskussion und die Verbreitung ihrer Forschungsergebnisse eröffnet,
- **Ergebnisse der Diskussion** aktueller betriebswirtschaftlicher Themen zwischen Wissenschaftlern und Praktikern,
- **Berichte** über den Einsatz wissenschaftlicher Instrumente und Konzepte bei der Lösung von betriebswirtschaftlichen Problemen in der Praxis,
- **Schilderungen von Problemen** aus der Praxis zur Anregung der betriebswirtschaftlichen Forschung,
- **„State of the Art"-Artikel,** in denen Entwicklung und Stand der Betriebswirtschaftslehre eines Teilgebietes dargelegt werden.

Die Zeitschrift für Betriebswirtschaft informiert ihre Leser über **Neuerscheinungen** in der Betriebswirtschaftslehre und der Management-Literatur durch ausführliche Rezensionen und Kurzbesprechungen und berichtet in ihrem **Nachrichtenteil** regelmäßig über betriebswirtschaftliche Tagungen, Seminare und Konferenzen sowie über persönliche Veränderungen vorwiegend an den Hochschulen. Darüber hinaus werden auch Nachrichten für Studenten und Wirtschaftspraktiker veröffentlicht, die Bezug zur Hochschule haben. Die ZfB veröffentlicht keine Aufsätze, die wesentliche Inhalte von **Dissertationen** wiedergeben. Sie rezensiert aber publizierte Dissertationen.

Dem **Internationalen Herausgeberbeirat** gehören namhafte Fachvertreter aus den USA, Japan und Europa an. In der ZfB können auch – wenn auch in begrenztem Umfang – englischsprachige Aufsätze veröffentlicht werden. Durch die Zusammenfassungen in englischer Sprache sind die deutschsprachigen Aufsätze der ZfB auch internationalen Referatenorganen zugänglich. Im Journal of Economic Literature werden die Aufsätze der ZfB zum Beispiel laufend referiert.

Herausgeber / Internationaler Herausgeberbeirat

Schriftführende Herausgeber

Prof. Dr. Uschi Backes-Gellner
Universitätsprofessorin und Inhaberin des Lehrstuhls für Allgemeine Betriebswirtschaftslehre, insbesondere empirische Methodik der Arbeitsbeziehungen und der Personalökonomik an der Universität Zürich. Ihre Hauptarbeitsgebiete sind Personal- und Organisationsökonomik, Mittelstandsforschung und Hochschulökonomie

Prof. Dr. Günter Fandel
Universitätsprofessor und Inhaber des Lehrstuhls für Betriebswirtschaftslehre, insbesondere Produktion und Investition an der FernUniversität Hagen. Seine Hauptarbeitsgebiete sind Industriebetriebslehre, Produktionsmanagement und Hochschulmanagement.

Prof. Dr. Wolfgang Kürsten
Universitätsprofessor und Inhaber des Lehrstuhls für Allgemeine Betriebswirtschaftslehre, insbesondere Finanzierung, Banken und Risikomanagement an der Universität Jena. Seine Hauptarbeitsgebiete sind Finanzkontrakte, Bankbetriebswirtschaftslehre und kapitalmarktorientierte Unternehmensführung.

Herausgeber

Prof. (em.) Dr. Dr. h.c. mult. Horst Albach
Professor der Betriebswirtschaftslehre an der Humboldt-Universität zu Berlin, Honorarprofessor an der Wissenschaftlichen Hochschule für Unternehmensführung Koblenz (WHU).

Dr. Dieter Heuskel
Senior Vice President, The Boston Consulting Group. Leiter des Management Teams der BCG Deutschland und Mitglied des weltweiten Executive Committees von BCG.

Dr. Detlef Hunsdiek
Gesamtleiter Personal der Bertelsmann AG. Er ist Vorsitzender des Beirats des Reinhard Mohn Stiftungslehrstuhls an der Universität Witten/Herdecke und Mitglied des geschäftsleitenden Ausschusses des mcm Instituts St. Gallen.

Dr. Bernd-Albrecht v. Maltzan
Deutsche Bank AG, Frankfurt, Bereichsvorstand Private Banking.

Prof. Dr. Werner Pascha
Lehrstuhl für Ostasienwirtschaft/Wirtschaftspolitik an der Gerhard-Mercator-Universität Duisburg.

Hans Botho von Portatius
Geschäftsführender Gesellschafter von Kappa IT Ventures Beteiligungs GmbH.

Prof. (em.) Dr. Hermann Sabel
Professor der Betriebswirtschaftslehre, insbesondere Marketing, der Universität Bonn und Mitglied im Wissenschaftlichen Beirat des Universitätsseminars der Wirtschaft (USW) in Erftstadt-Liblar.

Prof. Dr. Joachim Schwalbach
ist Inhaber des Lehrstuhls für Internationales Management, Humboldt-Universität zu Berlin.

Dr. med. Martin Zügel
Vorstandsmitglied der B. Braun Melsungen AG, Sparte Hospital Care.

Internationaler Herausgeberbeirat

Prof. Alain Burlaud
Professor für Betriebswirtschaftslehre, insbesondere Rechnungswesen und Management Control, am Conservatoire National des Art et Métiers in Paris. Er ist Expert Comptable und Mitherausgeber zahlreicher bedeutender französischer Fachzeitschriften.

Prof. Dr. Santiago Garcia Echevarria
Professor für Betriebswirtschaftslehre, insbesondere Unternehmenspolitik, und Direktor des Instituto de Dirección y Organización de Empresas der Universität Alcalá.

Prof. Dr. Lars Engwall
Professor für Betriebswirtschaftslehre an der Universität Uppsala.

Prof. Dr. Robert T. Green
Professor für Marketing und Internationale Betriebswirtschaftslehre an der University of Texas in Austin, Texas, und Director des Center for International Business Education and Research.

Prof. Hiroyuki Itami
Professor für Management an der Faculty of Commerce der Hitotsubashi Universität, Tokyo.

Prof. Dr. Don Jacobs
Gaylord Freeman Distinguished Professor of Banking und Dean der J. L. Kellogg Graduate School of Management der Northwestern University in Evanston bei Chicago.

Prof. Dr. Koji Okubayashi
Professor für Betriebswirtschaftslehre, insbesondere Human Resources Management in der School of Business Administration der Kobe University.

Prof. Dr. Adolf Stepan
Professor für Betriebswirtschaftslehre, insbesondere Industriebetriebslehre an der Technischen Universität Wien und Leiter der Abteilung Wirtschafts- und Managementwissenschaften an der Donau-Universität Krems.

Prof. Dr. Kalervo Virtanen
Professor für Betriebswirtschaftslehre, insbesondere Management Accounting, an der Helsingin Kauppakorkeakoulu, der Helsinki School of Economics and Business Administration.

Impressum / Hinweise für Autoren

Verlag

Betriebswirtschaftlicher Verlag Dr. Th. Gabler GmbH, Abraham-Lincoln-Straße 46, 65189 Wiesbaden, Postfach 15 46, 65173 Wiesbaden,
http://www.gabler.de
http://www.zfb-online.de
Geschäftsführer: Dr. Hans-Dieter Haenel
Verlagsleitung: Dr. Heinz Weinheimer
Programmleitung Wissenschaft: Claudia Splittgerber
Gesamtleitung Produktion: Reinhard van den Hövel
Gesamtleitung Vertrieb: Heinz Detering

SCHRIFTLEITUNG:
Professor Dr. Günter Fandel
FernUniversität Hagen
Fachbereich Wirtschaftswissenschaft
58084 Hagen
E-Mail: ZfB@FernUni-Hagen.de

Anfragen an die Schriftleitung: Briefe an die Schriftleitung mit der Bitte um Auskünfte etc. können nur beantwortet werden, wenn ihnen Rückporto beigefügt ist. Von Anfragen, die durch Einsicht in die Jahresinhaltsverzeichnisse beantwortet werden können, bitten wir abzusehen.

Redaktion: Ralf Wettlaufer, Tel.: 06 11/78 78-2 34,
E-Mail: Ralf.Wettlaufer@bertelsmann.de

Annelie Meisenheimer, Tel.: 06 11/78 78-2 32, Fax: 06 11/78 78-4 11, E-Mail: Annelie.Meisenheimer@bertelsmann.de

Kundenservice: Britta Christmann,
Tel.: 06 11/78 78-1 29/1 32, Fax: 06 11/78 78-4 23,
E-Mail: Britta.Christmann@bertelsmann.de

Abonnentenbetreuung: Doris Schöne, Tel.: 0 52 41/80 19 68,
Fax: 0 52 41/80 96 20

Produktmanagement: Kristiane Alesch, Tel.: 06 11/78 78-3 59,
Fax: 06 11/78 78-4 39, E-Mail: Kristiane.Alesch@bertelsmann.de.

Anzeigenleitung: Christian Kannenberg, Tel.: 06 11/78 78-3 69,
Fax: 06 11/78 78-4 30, E-Mail: Christian.Kannenberg@bertelsmann.de

Anzeigendisposition: Monika Dannenberger,
Tel.: 06 11/78 78-1 48, Fax: 06 11/78 78-4 30,
E-Mail: Monika.Dannenberger@bertelsmann.de.

Produktion/Layout: Gabriele McLemore

Bezugsmöglichkeiten: Die Zeitschrift erscheint monatlich. Einzelverkaufspreis 20,– Euro; preisgebundener Jahresabonnementpreis **Inland** 183,– Euro; für Studenten 105,– Euro (die aktuelle Immatrikulationsbescheinigung ist jeweils unaufgefordert nachzureichen); preisgebundener Jahresabonnementpreis **Ausland** 195,– Euro; Studentenpreis Ausland 132,– Euro inkl. Porto und ges. MwSt. Preis für besondere Versandformen auf Anfrage. Zahlung erst nach Erhalt der Abo-Rechnung. Persönliche Mitglieder des Verbandes der Hochschullehrer für Betriebswirtschaft e.V. erhalten einen Nachlaß von 20% auf den Abonnementpreis. Kündigung des Abonnements spätestens sechs Wochen vor Ablauf des Bezugszeitraumes schriftlich mit Nennung der Kundennummer. Eine schriftliche Bestätigung erfolgt nicht. – Jährlich können 1 bis 6 Ergänzungshefte hinzukommen. Jedes Ergänzungsheft wird den Jahresabonnenten mit einem Nachlaß von 25% des jeweiligen Ladenpreises gegen Rechnung geliefert. Kündigung des Abonnements spätestens sechs Wochen vor Ablauf des Bezugszeitraumes schriftlich mit Nennung der Kundennummer.

© 2002 Betriebswirtschaftlicher Verlag Dr. Th. Gabler GmbH, Wiesbaden.

Der Gabler Verlag ist ein Unternehmen der Fachverlagsgruppe BertelsmannSpringer.

Alle Rechte vorbehalten. Kein Teil dieser Zeitschrift darf ohne schriftliche Genehmigung des Verlages vervielfältigt oder verbreitet werden. Unter dieses Verbot fällt insbesondere die gewerbliche Vervielfältigung per Kopie, die Aufnahme in elektronische Datenbanken und die Vervielfältigung auf CD-ROM und allen anderen elektronischen Datenträgern.

Gesamtherstellung: Druckhaus „Thomas Muntzer" GmbH, 99947 Bad Langensalza.

Gedruckt auf säurefreiem und chlorfrei gebleichtem Papier.

Printed in Germany

ISSN: 0044-2372

Hinweise für Autoren

1. Bitte beachten Sie die „Grundsätze und Ziele" der ZfB.

2. Manuskripte sind in vierfacher Ausfertigung an die Schriftleitung zu senden. Für das Begutachtungsverfahren müssen die Beiträge anonymisiert werden. Daher darf der Name des Autors nur auf der Titelseite des Manuskripts stehen. Der Autor verpflichtet sich mit der Einsendung des Manuskripts unwiderruflich, das Manuskript bis zur Entscheidung über die Annahme nicht anderweitig zu veröffentlichen oder zur Veröffentlichung anzubieten. Diese Verpflichtung erlischt nicht durch Korrekturvorschläge im Begutachtungsverfahren.

3. Aufsätze, die im wesentlichen Ergebnisse von Dissertationen wiedergeben, werden nicht veröffentlicht. Um die Ergebnisse von Dissertationen breiter bekannt zu machen, hat die ZfB eine Rubrik „Dissertationen" im Besprechungsteil eingeführt. Hier werden vorzugsweise Erstgutachten von Dissertationen – in entsprechend gekürzter Form – abgedruckt.

4. Alle eingereichten Manuskripte werden, wie international üblich, einem doppelt verdeckten Begutachtungsverfahren unterzogen, d. h. Autoren und Gutachter erfahren ihre Identität gegenseitig nicht. Die Gutachten werden den Autoren und den Gutachtern gegenseitig in anonymisierter Form zur Kenntnis gebracht. Bei Unstimmigkeiten zwischen den Gutachtern wird ein dritter Gutachter bestellt. Durch dieses Verfahren soll die fachliche Qualität der Beiträge gesichert werden.

5. Die Manuskripte sind in Times New Roman, 12 Punkt, 1½zeilig mit 5 cm Rand links zu schreiben. Sie sollten nicht länger als 25 Schreibmaschinenseiten sein. Der Titel des Beitrages und der/die Verfasser mit vollem Titel und ausgeschriebenen Vornamen sowie beruflicher Stellung sind auf der ersten Manuskriptseite aufzuführen. Dem Beitrag ist ein „Überblick" von höchstens 15 Zeilen voranzustellen, in dem das Problem, die angewandte Methodik, das Hauptergebnis in seiner Bedeutung für Wissenschaft und/oder Praxis dargestellt werden. Die Aufsätze sind einheitlich nach dem Schema A., I., 1., a) zu gliedern. Endnoten (Times New Roman, 12 pt) sind im Text fortlaufend zu numerieren und am Schluß des Aufsatzes unter „Anmerkungen" zusammenzustellen. Anmerkungen und Literatur sollen getrennt aufgeführt werden. Im Text und in den Anmerkungen soll auf das Literaturverzeichnis nach dem Schema: (Gutenberg, 1982, S. 352) verwiesen werden. Jedem Aufsatz muß eine „Summary" in englischer Sprache von nicht mehr als 15 Zeilen Länge und eine deutsche Zusammenfassung gleicher Länge angefügt werden. Über Abbildungen und Tabellen ist eine Legende vorzusehen (z.B.: Abb. 1: Kostenfunktion, bzw. Tab. 2: Rentabilitätsentwicklung). Abbildungen und Tabellen sind an der betreffenden Stelle des Manuskripts in Kopie einzufügen und im Original (reproduzierfähig) dem Manuskript beizulegen. Mathematische Formeln sind fortlaufend zu numerieren: (1), (2) usw. Sie sind so einfach wie möglich zu halten. Griechische und Fraktur-Buchstaben sind möglichst zu vermeiden, ungewöhnliche mathematische und sonstige Zeichen sind dem Setzer zu erläutern. Auf mathematische Ableitungen soll im Text verzichtet werden; sie sind aber für die Begutachtung beizufügen.

Mit dem Manuskript liefert der Autor ein reproduzierfähiges Brustbild (Passphoto) von sich sowie eine kurze Information (max. 7 Zeilen) zu seiner Person und seinen Arbeitsgebieten.

6. Zur Vermeidung von Satzfehlern fügen Sie bitte Ihren Papiermanuskripten eine Diskette bei, die das von Ihnen verfasste Manuskript in Word- oder Tex-Format enthalten sollte. Bitte sehen Sie von einer Konvertierung in PS- oder PDF-Dateien ab, da diese Formate vom verlagsseitig eingesetzten Satzprogramm nicht verarbeitet werden können.

7. Der Autor verpflichtet sich, die Korrekturfahnen innerhalb einer Woche zu lesen und die Mehrkosten für Korrekturen, die nicht vom Verlag zu vertreten sind, sowie die Kosten für die Korrektur durch einen Korrektor bei nicht termingerechter Rücksendung der Fahnenkorrektur zu übernehmen.

8. Der Autor ist damit einverstanden, daß sein Beitrag außer in der Zeitschrift auch durch Lizenzvergabe in anderen Zeitschriften (auch übersetzt), durch Nachdruck in Sammelbänden (z. B. zu Jubiläen der Zeitschrift oder des Verlages oder in Themenbänden), durch längere Auszüge in Büchern des Verlages auch zu Werbezwecken, durch Vervielfältigung und Verbreitung auf CD ROM oder anderen Datenträgern, durch Speicherung auf Datenbanken, deren Weitergabe und dem Abruf von solchen Datenbanken während der Dauer des Urheberrechtsschutzes an dem Beitrag im In- und Ausland vom Verlag und seinen Lizenznehmern genutzt wird.

GPSR Compliance

The European Union's (EU) General Product Safety Regulation (GPSR) is a set of rules that requires consumer products to be safe and our obligations to ensure this.

If you have any concerns about our products, you can contact us on

ProductSafety@springernature.com

In case Publisher is established outside the EU, the EU authorized representative is:

Springer Nature Customer Service Center GmbH
Europaplatz 3
69115 Heidelberg, Germany

www.ingramcontent.com/pod-product-compliance
Lightning Source LLC
LaVergne TN
LVHW080313260326
834688LV00038B/1096